政治與文化的雙重變奏

五四運動的本事、紀念與詮釋

歐陽哲生———著

中華書局

自序

　　「五四」作為一個表現民主、科學精神的文化符號、一個青年學生愛國主義傳統的偉大象徵、一個中國知識份子的公共節日，是現代中國最富激情力量的精神源泉。對它的研究曾似眾星捧月般的顯學，被眾多海內外學人追尋。然而近三四十年來，伴隨對五四運動與傳統文化關係的各種爭議、非難、辯駁的聲音，「五四」似乎也成了一個複雜的存在。歷史就是這樣，它像左右搖晃的鐘擺，三十年河東，三十年河西，在不斷升溫的「國學熱」和讀經潮中，「五四」的面目今天多少顯得有些特異。

　　我對五四運動的研究興趣早在 1980 年代中期即已萌發，碩士畢業論文選題為《胡適早期政治思想研究》，意在探尋胡適走向新文化運動的心路歷程。1988 年夏應「驀然回首」叢書編委會的邀約，撰寫《新文化的迷霧——二十世紀中國文化批判》（最初題名，後改題《新文化的源流與趨向》），此著主題實際上也是圍繞五四新文化運動的源流來展開。當年之所以選擇五四新文化運動史作為自己的研究主題，首先當然是基於五四新文化運動在中國近代文化轉型中所處的關鍵地位這一認識，其次也與自己深受 1980 年代中期興起的「文化熱」的感染有關。我們這一代人經歷了長期的階級鬥爭風浪，在「文化大革命」結束以後，對政治漸生厭倦，甚至厭惡，從「去階級鬥爭化」到「去政治化」，對人生的選擇和學術的選擇都有意無意地疏離政治，規避政治，這是中國走向改革、

開放的重要思想基礎。1978 年通過高考我進入湖南師院政史系歷史專業，入校後不久政史系分家，歷史專業恢復其「文革」前歷史系的老牌，當時一些分在政治專業的同學很不高興，希望能去歷史系，有的同學甚至找到我要求對換專業，這個人生插曲也算是一則笑談。那時的中國知識份子轉向重視專業，整個國家以經濟建設為中心，都是以此為思想出發點。以後我研究胡適、傅斯年、丁文江這些歷史個案，他們都是新文化運動的典型代表，似乎也是順此思路向前自然演進。現在回顧自己走過的學術道路，自覺這真是歷史的恩賜，如果沒有新時期啟動改革、開放這樣的大背景提供的相對寬容的環境，我們的人生與學術肯定是另一番模樣。

在從事五四新文化運動史的研究過程中，我有幸接觸過多位在這一領域做出重要成就的前輩學者，如中國內地的彭明先生、丁守和先生、蕭超然先生、耿雲志先生，台灣的張朋園先生、汪榮祖先生、周昌龍先生，香港的金耀基先生、陳方正先生、陳萬雄先生；美國的周策縱先生、唐德剛先生、林毓生先生；日本的狹間直樹先生、齋藤道彥先生、小野信爾先生，聆聽過他們的教導，如今他們中好幾位已不在人世，與他們的交往經歷，自然成為自己珍貴的學術記憶。作為學術交流的一部分，我還組織同人接續翻譯周策縱先生的《五四運動史》（第八至十四章。按：港台版《五四運動史》當時只譯了前七章），使之完璧，如今這個譯本已成為在中國大陸最為流行的《五四運動史》版本，它先後在嶽麓書社、世界圖書出版公司、四川人民出版社幾家出版。

儘管對五四運動的歷史評價尚存不少爭議，但「五四」仍然是中國知識界最為關注的節日，也是海內外學術界同人喜歡群聚的紀念性日子。新時期每逢 9 字的年頭，國內海外都會舉行各種各樣紀念五四運動的學術研討會，這幾乎成為定規，因此這些年頭都是我的大年、忙年，海內外與五四運動相關的紀念性研討會，我都會

盡己之力，積極參與。北京大學作為新文化運動的搖籃和五四運動
的策源地，在主辦紀念性的五四運動學術研討會方面首當其衝、
責無旁貸，我擔負過籌備、組織北京大學紀念五四運動八十周年
（1999 年）、九十周年（2009 年）、一百周年（2019 年）三次國
際性學術研討會的工作，在中外同人之間架起學術對話、交流溝通
的橋樑。這三次學術研討會從策劃籌措，到具體組織，再到報道會
議的學術綜述、編輯論文集，都一手挑起，樂此不疲地為大家「跑
龍套」，將五四運動史研究一波一波向前推進。因為有這些特殊的
經歷，我自然能體會研究五四運動史的箇中滋味，五四研究是「顯
學」，也是「險學」，「五四」經驗是我學術經歷的重要組成部分。

　　我對五四運動史研究的興趣主要關涉四個方面內容：一是根
據原始文獻或檔案材料，客觀敘述五四運動的「本事」，為此撰寫
〈《新青年》編輯演變之歷史考辯——以 1920 年至 1921 年《新青
年》同人來往書信為中心的探討〉、〈作為「事件」的五四運動——
從檔案文獻看北洋政府對五四運動的處置〉、〈從五四時期的「主
義」建構到中共初創的行動綱領——五四思想史的動態考察〉等
文，這一組論文意在回到現場，還原歷史的本來面目。二是溯流窮
源、重新梳理新文化運動與傳統文化的關係，曾經發表〈試論中國
新文化運動的傳統起源〉、〈在傳統與現代性之間——以五四新文
化運動與儒學關係為中心〉、〈中國的文藝復興——胡適以中國文
化為題材的英文作品解析〉等文，這一組論文其實都是針對指斥新
文化運動與中國人文傳統關係的一些不實之詞所作的回應或澄清。
三是系統清理紀念五四運動的話語系統，為此發表〈自由主義與
五四傳統——胡適對五四運動的歷史詮釋〉、〈被解釋的傳統——
五四話語在現代中國〉、〈新文化的理想與困窘——蔡元培看五四
運動〉、〈紀念「五四」的政治文化探幽——1949 年以前各大黨派
報刊紀念五四運動的歷史圖景〉，這一組論文主要是展現紀念五四

運動的政治文化圖景，發現其中蘊含的複雜的主義之戰和話語權爭奪。四是探討五四運動代表性人物的思想主張及其活動，這方面我投入研究精力較多的是蔡元培、陳獨秀、胡適、丁文江、傅斯年這些新文化運動的主流派代表，對胡適、丁文江、傅斯年三位尤有專攻。我與五四新文化運動史研究相關的另一項重要工作是整理歷史文獻，已編輯、出版《胡適文集》（12 冊，北京大學出版社 1998年初版、2013 年修訂版）、《胡適全集·書信》（第 23—26 卷，與耿雲志合作，安徽教育出版社 2003 年）、《傅斯年文集》（7 卷，湖南教育出版社 2004 年初版、中華書局 2017 年增訂版）、《丁文江文集》（7 卷，湖南教育出版社 2008 年）等。2019 年我受命擔任《復興文庫》第一編第七卷《新文化運動》的編輯工作，2022年 9 月推出煌煌七冊，這是新文化運動文獻一次比較系統的整理彙編。這些書籍都已成為同行使用率較高的參考文獻。

　　作為近代中國的重大歷史事件，五四運動不像此前的戊戌變法、辛亥革命，主要是在政治層面撬動中國，它是在精神層面震撼國人的心靈，促使中華民族的覺醒，使民主、科學深入人心，它是現代性在中國紮根的標誌性事件。五四運動已過百年，對它的歷史認識和學術探索，不斷深化和拓展，五四的意義也在新的詮釋中不斷轉化、遞進。研究五四運動史關涉到激進、漸進、保守不同類型的歷史人物，以我的研究經驗而言，不管什麼思想主張，只要言之有理，講清自己的道理（歷史的、邏輯的），就有其存在的合理性。本此認識，即使對相對保守、傳統的孔教論者陳煥章，或現代新儒家代表梁漱溟，我也並不拘守門戶之見，對他們持「同情的理解」態度。陳煥章的博士論文《孔門理財學》之所以能「重見天日」、《孔教經世法》對戰爭與和平關係的探討價值再次得到確認，我確有難脫干係的發掘之責。我以為我們的時代已不必再取非此即彼的兩極選擇，而應謀求在各種文化主張中尋找新的綜合和平衡，

使中國新文化在健康、寬闊的大道上邁進。

　　不必諱言，從對傳統的珍惜和包容這一視角看，從對社會有序的穩定和企盼這一要求看，我們所處的年代正在日益呈現出某些後五四的精神特徵。但從中國社會發展的基本趨向並未改變是民主、科學這一方向看，我們仍處在五四的延長線上，五四作為具有強烈感召力的精神象徵，說明它的現實意義還遠未消化殆盡。五四現在是，在可見的未來還將是人們說不盡、道不完的話題。

　　自從出版《五四運動的歷史詮釋》（台北：秀威資訊科技股份有限公司，2011 年繁體版；北京大學出版社，2012 年簡體版）以後，又過去了十餘年，現在獻拙於讀者的這本《政治與文化的雙重變奏 —— 五四運動的本事、紀念與詮釋》彙聚了自己近七八年探研五四的系列論文。按內容將收文分為三篇：「本事篇」根據原始文獻或檔案材料，回到歷史現場，客觀呈現五四運動的本來面目；「紀念篇」溯流窮源，系統清理各大黨派紀念五四運動的話語系統，解析五四話語的政治文化蘊含；「詮釋篇」檢視百年五四新文化運動研究論域之拓展歷程，全方位地展現新文化運動的絢麗畫卷，重新估價五四運動的歷史意義。這三篇是為「五四三調」。當然，敘述「五四」的「本事」多少又包含着重新詮釋的意味，敘事本身就是詮釋；紀念喚起人們的「五四」記憶，親歷者的回憶構建不同版本的「五四」文本；詮釋是對意義的構造、價值的重估，它對「五四」敘事具有引導的作用。這三者很難截然分開。我之所以分此三篇，只是顯現研究的分層處理，以表現五四運動史研究的複雜性、多元性和豐富性。感謝中華書局（香港）有限公司副總編輯黎耀強先生給我這樣一個集成作品的機會，我又可再次將新近獲取的研究心得與大家作一次交流。

2023 年 10 月 27 日

於北京海淀水清木華園

本

事

篇

作爲「事件」的五四運動——從檔案文獻
看北洋政府對五四運動的處置

　　現有的五四運動史研究帶有兩個明顯的特徵：一是從「運動」
（Movement）的視角推演北京學生運動如何擴展為一場全國性的各
階層參與的愛國運動；二是根據運動一方人士的回憶和進步的新聞
報道敘說五四運動的歷史進程。這樣做當然是出於建構革命史的需
要。在革命話語支配「五四」敘事以後，北洋政府完全成為缺席審
判的反動政府。

　　檔案是研究五四運動的重要材料之一。現有關涉五四運動
的檔案文獻主要為官書文檔，收藏於政府機構之中，這些文獻在
1979 年以前五四運動史研究中幾乎很少被利用。與回憶錄具有私
人性質不同，這些檔案帶有「官方」性質，既然是官方的，在革命
話語中則被視為反動政府的文件，因而被棄置不用，即使利用也是
從反面理解。在前期五四運動史研究中，人們使用的材料主要是回
憶錄和當時的中文進步新聞報道，這些材料主要來自與國民黨、研
究系和後來與共產黨關係密切的運動人士或在野的報刊，他們提供
的材料和證詞自然帶有黨派的「成見」。

　　本文試圖轉換視角，從「事件」（Incident）的角度探討北洋政
府如何處置五四運動。通過發掘利用檔案文獻，參照相關新聞報道
和當事人的日記、回憶錄，還原北洋政府怎樣處置「火燒趙家樓」

事件、審訊被捕學生、應對迅速升級的北京學生罷課、上海「三罷」及隨後的事態發展，最後決定順從民意，准免曹汝霖、章宗祥和陸宗輿，拒簽巴黎和約這一歷史過程。我的立意並不在「翻案」，只是在尋求歷史真相時，力圖呈現當時北洋政府與運動人士互動關係的複雜面相，以對五四運動這曲大戲的戲劇性演變情節有更為周到、深入的了解，避免對北洋政府簡單化、臉譜化的評判。在一個聚集多重社會政治力量表演的歷史舞台，歷史研究者有必要傾聽來自各方發出的聲音，並對他們扮演的角色做出更為到位的解讀。

一、「火燒趙家樓」細節的偵結

　　火燒趙家樓是「五四」當天學生遊行的高潮，在五四敘事中具有傳奇甚至神話般的色彩。過去的五四運動史專著主要是以參加學生運動親歷者的回憶錄為主敘說這一事件的原委。如華崗著《五四運動史》即明說：「以上五四示威史實，主要根據許德珩先生所作五四回憶，許德珩本人就是當時被捕學生之一。」[1] 華所徵引的許德珩回憶是發表在 1950 年 5 月 4 日上海《文匯報》「紀念五四特刊」上的文章。周策縱著《五四運動史》則在徵引當事人的回憶材料之外，還採用了當時的英文報紙報道。[2] 彭明著《五四運動史》所引的回憶材料更多，包括參與學生運動的周予同、楊晦、許德珩、俞

1　華崗：《五四運動史》，上海：海燕書店，1951 年，第 110 頁。

2　參見周策縱著，陳永明、張靜等譯：《五四運動史》，北京：世界圖書出版公司，2016 年，第 102－121 頁。

勁、王統照、匡互生、范雲、蕭勞等人及《曹汝霖一生之回憶》。[3]
日本學者齋藤道彥著《五四運動的虛像與實像——一九一九年五月
四日 北京》廣徵當時中外報刊和已出版的中、日文有關五四運動
文獻史料，其中第三章「趙家樓事件」對整個事態細節考證甚詳，
並且注意採用《北京檔案史料》1986 年第 2 期刊載《關於火燒曹
宅、痛打章宗祥的調查》的新材料。[4] 這些五四運動史論著對「火
燒趙家樓」都做了正面敘述。

北京市檔案館編《五四運動檔案史料選編》（上、下冊，北京：
新華出版社，2019 年 5 月）對該館收藏的五四運動檔案史料作了
新的曝光，其中〈許德珩等三十二名被捕學生的供詞〉、〈京師地
方檢察廳訊問被捕學生偵察筆錄〉等文件係首次對外公佈，其史料
價值彌足珍貴。[5]

從京師地檢廳、審判廳對當事人的調查筆錄看，我們可以大
致復原當時現場的情形。京師地檢廳調查對象可分三組：第一組是
曹家管事、僕人，他們主要交代曹宅被焚和章宗祥在曹處被打的情
形。據 1919 年 5 月 13 日曹汝霖家管事張顯亭（五十三歲）供稱，
5 月 4 日中午一點左右，警察總監吳炳湘給曹家打電話，「說有許
多學生在天安門前開會」，會後「還要遊街」。下午兩點左右曹汝
霖回家得知此事，「說關上門就得啦。約至四、五時，突來許多學

3　參見彭明：《五四運動史》（增訂本），北京：人民出版社，1998 年，第 272－
291 頁。

4　斎藤道彥：《五・四運動の虛像と實像——一九一九年五月四日 北京》，東京：
中央大學出版部，1992 年。其中第 117－272 頁為第三章《趙家樓事件》，內
容佔全書篇幅一半以上，考證之周詳、徵引材料之廣博，體現了斎藤道彥治
學精細的特點。

5　該書將《北京檔案史料》1986 年第 2 期刊載白淑蘭、趙家鼎選編《關於火燒
曹宅——痛打章宗祥的調查》、《北京檔案史料》2009 年第 2 期《檔案中的北
京五四》專輯收入的北京市檔案館藏檔案史料 12 組的原件悉數影印出版。

生，先砸門，因門已關閉未砸開，不能進入，不料將窗戶砸破進來，將門開啟，蜂擁而入，遇物即搗，遂將宅內的東西均無一件完全的，後將書房用火燃着。後吳總監去了說拿他們，這才散了」。學生是用報紙、汽油將書房圍屏點着，然後屋內起火。章宗祥先在地窖躲避，後因火起跑出來，「就被學生圍起來亂打，後由東邊門走出」。事發時有巡警在場。吳總監到現場捉拿學生，「有在院中捕獲的，有在胡同捕獲的」。被燒的房子「不到十二間」。曹家的傭工燕筱亭（三十三歲）供述，補充了幾個細節，在吳總監給曹家打過電話，章宗祥隨曹汝霖從總統府出來，[6] 回到曹家，後左一區署長還來見過曹汝霖，「也說此事，說不要緊，總能維持」。學生「砸了半天門未砸開，後將窗戶玻璃砸破進去」，先進去三四個人將門打開。[7] 門邊雖有四位巡警，並未阻攔學生。「先到客廳摔

6　據《徐世昌日記》（5 月 4 日）載：「午刻約章仲和諸人宴集。」此處章仲和即章宗祥。《徐世昌日記》，第三冊，北京：北京出版社，2018 年，第 12 頁。

7　學生一方對如何進入曹宅院內的回憶有各種不同說法：一是匡互生首先砸破窗戶說。〈匡互生先生事略〉曰：「匡先生首先打破『曹府』牆上的窗門縱身跳進去，接着便有幾個人也跳了進去，裏面的衛兵只作壁上觀，而五四運動的第一幕便展開了。」（原載《匡互生先生紀念集》，1933 年。又收入《匡互生與立達學園》，第 64 頁）周予同回憶：「一位數理科四年級同學匡日休，也就是畢業後以字行的匡互生同學，他首先用拳頭將玻璃窗打碎，從窗口爬進去，再將大門從裏面打開。關於誰先打開大門，後來社會上有不同的傳說，但就我的了解，確是互生。因為我們當天傍晚回到學校，我在學生洗臉室碰到他，看見他的手上流着鮮紅的血。我問他是怎麼回事，他說是敲玻璃窗敲破的。從那天晚上起，我們同學中都已在宣揚匡日休打開賣國賊住宅大門的故事了！」（周予同：〈五四回憶片斷〉，原載《展望》，1959 年第 17 期）楊明軒回憶：「遊行隊伍到達趙家樓曹宅的時候，大門緊閉，戒備森嚴，無法進入，後由北京高師匡互生同學，破窗而入，跟着又進去了幾個同學。這樣從裏邊打開了曹宅大門，群眾一擁而入。」（楊明軒：〈在五四的日子裏〉，原載《光明日報》，1959 年 5 月 4 日）初銘音（大告）回憶，「高師同學匡日休奮勇踏着人肩從門房（傳達室）後窗爬進，打開大門，另外一個高師同學陳藎民越牆而入，學生們一湧而入，發現曹汝霖等聽到風聲已經從後門逃走。」（初大告：〈五四運動紀實〉，收入《五四運動與北京高師》，第 58－59 頁）不過，匡互生本人似並未明確說明是自己首先砸破窗戶，跳入曹宅。

砸，後奔西院摔砸後，就有在客廳用報紙汽油點起火來了」。由客廳起的火，燒向四方。「火起之後，章公使由地窖子內出來，學生見了，說那不是曹汝霖麼！有一學生手〔持〕木棍就是一下，就將章公使打倒，眾學生包圍起來亂打，打的時候我未看見」。[8]

　　根據 1919 年 6 月 20 日京師地方審判廳對曹宅管家張顯亭、僕人梁潤和李福三人所作的筆錄，張顯亭說：曹汝霖是下午三點多鐘

匡互生自述，「當走到曹宅前面的時候，大多數的學生都從牆外把所持的旗幟拋入牆內，正預備着散隊回校時，而那些預備犧牲的幾個熱烈同學，卻乘着大家狂呼着的時候，早已猛力地跳上圍牆上的窗洞上，把鐵窗衝毀，滾入曹汝霖的住宅裏去。」（匡互生：〈五四運動紀實〉，收入《五四運動回憶錄》，上冊，第 307 頁）與匡互生熟習的劉季伯對此另有看法，「匡文在敍述這一段打入曹宅的經過，沒有提到第一個從窗口爬入曹宅打開大門的是他自己。這是他的高師同學周予同先生在另一篇回憶五四的文章中透露的。」「他很看不起用五四做政治資本的人，如段錫朋、羅家倫之類。他平生絕口不談五四運動，至少我在立達兩年，卻從來不曾聽他談過。」（劉季伯：〈五四運動的英雄匡互生〉，收入《匡互生與立達學園》，第 111－112 頁）一是蔡鎮瀛首先破窗說。沈尹默曾憶，「第二天才知其詳，打進章宅第一個人是北大理科學生蔡鎮瀛，哲學系的楊晦也在內。兩年前楊晦來談，還提起這件事」（沈尹默：〈五四對我的影響〉，《解放日報》，1950 年 5 月 4 日。收入《五四運動回憶錄》，下冊，第 1002 頁）羅家倫回憶，「大家到門口了便大罵國賊，最初拿旗子向屋頂丟去，據我眼睛所看見的，乃是北大的蔡鎮瀛，一個預科的學生，和高等工業學校一個姓水的。大家看他們進去了，於是接上爬進去的幾十個人，把大門打開」。（羅家倫：〈蔡元培時代的北京大學〉，《傳記文學》，第 54 卷第 5 期，1978 年 5 月）一是陳藎民首先破窗進院說。陳藎民自述，「我身體較高，就踩在高師同學匡互生的肩上，爬上牆頭，打破天窗，第一批跳入曹賊院內。我和同學把大門門鎖砸碎，打開大門，於是，外面的同學一擁而入。」（陳藎民（宏勳）：〈回憶我在五四運動的戰鬥行列裏〉，原載《北京師大》，1979 年 5 月 8 日。收入《五四運動與北京高師》，第 52 頁）許德珩晚年回憶，「學生之中有兩個身材很高的同學，其中一個是高師的學生名叫匡日休，他的個子高，站在曹宅向外的兩個窗戶底下。我們趁軍警不備之際，踩上匡日休的肩膀，登上窗台把臨街的窗戶打開跳進去，接着打開了兩扇大門，眾多的學生蜂擁而入。」（許德珩：〈回憶五四運動〉，收入《五四運動親歷記》，第 29－30 頁）對照學生的這些回憶，再結合曹家管事、僕人的供詞，學生砸破窗戶入院應是可靠的說法。至於匡互生、蔡鎮瀛、陳藎民三人誰先入院，則實難確認。

8　〈京師地檢廳偵訊曹宅管事張顯亭、燕筱亭筆錄〉（1919 年 5 月 13 日），《北京檔案史料》，2009 年第 2 期，第 21－25 頁。

與章宗祥由總統府回家。學生四點多鐘才到。當時「四個門有幾拾個巡警，裏外都有巡警」。章宗祥是在盡東邊院子被打，「跑出去了又打了一回」。當時東洋人中江丑吉在曹家。曹汝霖是「借別處的汽車坐出來的，我家的車已經打壞了」，「我主人未有被打。我們老太爺被打了幾下，還有個樂家的少奶奶去串門子也挨了幾下」。事後曹家「有兩筒汽油，只剩一筒了」，[9] 由此判斷是由汽油點燃報紙圍屏。[10] 梁潤交代，下午四點鐘，學生「由西往東打碎窗子進來，幾人把大門開了，都擁進來了」。「汽車在院裏攔着，我看守汽車，不敢往別處去，後來我見東邊冒了煙，學生過來把汽車也砸了，我就跑了」。[11] 李福的筆錄稱，「學生在門外砸不開門，把

9　從後來的回憶看，放火與這桶油有直接關係。范雲〈五四那天〉（收入《五四運動回憶錄》續集，第 87 頁）一文提及這桶汽油的下落：「群眾找不着曹汝霖更加氣憤，有人在汽車房裏找到一桶汽油，大家喊着『燒掉這個賊窩』。汽油潑在小火爐上，當時火就燒起來了。」楊振聲〈回憶五四〉（收入《五四運動回憶錄》上冊，第 262 頁）也提及這桶油：「搜索到下房，有人發現半桶煤油，就起了『燒這些雜種』的念頭。」張石樵〈懷念五四壯士匡互生〉一文也可印證：「我又返回曹宅，親眼看到北京高師一同學用煤油把房子點着了，我還添了一把火，趙家樓頓時火起，這就是有名的『火燒趙家樓』的壯舉。」（北京師範大學校史資料室編：《匡互生與立達學園》，北京：北京師範大學出版社，1985 年，第 107 頁）

10　〈京師地方審判廳關於曹宅管家張顯亭的筆錄〉（1919 年 6 月 20 日），《北京檔案史料》，2009 年第 2 期，第 29 頁。

11　〈京師地方檢察廳關於曹宅僕人梁潤的筆錄〉（1919 年 6 月 20 日），《北京檔案史料》，2009 年第 2 期，第 31－32 頁。關於這輛汽車被砸的情形，後來有多人憶及。于力〈北京高師參加五四學生遊行示威的情況〉說：「院中一部嶄新汽車，早被同學們搗毀。」（收入北京師範大學校史資料室編：《五四運動與北京高師》，北京：北京師範大學出版社，1984 年，第 87 頁）初大告〈五四運動紀實〉稱：「學生們分批到各處搜尋逃者，一部分人砸壞曹的汽車、家具，混亂中發生火災。」（同上，第 59 頁）俞勁〈對火燒趙家樓的一點回憶〉：「院子內停着一輛小汽車，也把它搗毀了。」（同上，第 48 頁）周予同〈五四回憶片斷〉說：「舉一個小的例子吧，曹家的院子並不十分寬廣，幾乎擠滿了學生，院子裏停有一輛汽車，同學們在高呼口號後，也有許多人用拳頭去打汽車來泄餘憤的。」（同上，第 31 頁）上述四位回憶者均為北京高師學生，砸車極有可能是他們所為。

旗杆突進來，瓦都壞了，後來打爛窗子玻璃跳進來幾個學生，開了大門，全都進來了，見東西就砸，電車也被他們砸壞，我就躲開了」。章宗祥「是有人扶他出來到小舖躲避，學生見了追進去」。他親眼見「學生們拉章公使的腿拖了出來門外打」，「用磚頭打章公使的腦袋」。東洋人扒在章的身上，學生才止手。[12]

　　第二組調查對象是雜貨舖慶祥父子，他們主要交代章宗祥從曹宅逃到對面雜貨舖後再次被打的情形。據 1919 年 6 月 28 日〈京師地方審判廳訊問雜貨舖掌櫃慶祥筆錄〉，慶祥是鑲白旗人，六十歲，在城隍廟街南頭開東祥成雜貨舖，家裏沒有夥計，只有一個兒子興玉（二十二歲）在舖上。5 月 4 日下午四點鐘，「有個卅幾歲的人扶着個一身血的人到我舖上，後來學生知道追了來」。這兩個人「躲在後面櫃房裏」，「學生瞧見了，頭次學生去那卅幾歲的人拿名片出來大家看，大家看了說不是就退了，以後學生又來得更多，把我舖子圍上了」。二十多個學生「進去把那身上有血的人掀了出來了」。隨後他把門拴上，此後的事他都未見。學生是在西邊點，「挨曹總長大門那邊打」章宗祥。保安隊來後「攔住僱車拉上醫院去了」。身上有血的人「穿汗褂」，腦袋用白布兜着。卅幾歲的人「也是穿汗褂、戴頂洋帽，是個白胖子」。[13] 又據 1919 年 7 月 20 日〈京師地方審判廳訊問東祥成雜貨舖掌櫃慶祥之子興玉的筆錄〉，章宗祥被打了一身血，「是攙進去的，由後門出來到我舖上」，「我還遞杯水他喝了」，「躲在我櫃上後面」。學生「瞧見要進去，我直攔不住後來就進去了」。「頭回那東洋人跟幾個保安隊都說他們認錯了人，不讓進去，後來又有一班學生由後門全都過來

12　〈京師地方檢察廳關於曹宅僕人李福的筆錄〉（1919 年 6 月 20 日），《北京檔案史料》，2009 年第 2 期，第 32－34 頁。

13　載《北京檔案史料》，2009 年第 2 期，第 35－39 頁。

就進去了」。進去的學生有二十多人，把章宗祥掀到舖門外北邊街上打，「鄧署長過來說趕緊僱車送醫院去」，「以後就有兩個巡官一個巡警攛上車送醫院去了」。現場的學生「都是拿旗拿棍」，身穿長衣沒戴帽子。[14]

　　第三組調查對象是曹宅保安，他們提供了現場保安和學生追打章宗祥的情形。據 1919 年 7 月 10 日〈京師地方審判廳訊問曹宅保安何文貴的筆錄〉，何文貴為保安隊排長，四十二歲，5 月 4 日事發時他「帶人在曹家東角門外站着」，「學生進去打人才把門開了，叫我帶人進去，我見打得一身的血，還有個穿便服的人跟我們一塊攔阻。把那被打的人攛扶出來，在外邊雜貨舖躲避，後來見火起得很旺，我就上裏邊救火去了」。攛扶的是一排的九個隊兵。後來是由鄂士清、關榮斌、耆勝（琛）、洪全如四人送到醫院的。章宗祥被打時身穿白西服，保安烏慶林將他背出來。[15] 再據 1919 年 7 月 15 日〈京師地方審判廳訊問曹宅保安烏慶林的筆錄〉，事發時烏「在院裏站着」，章宗祥被打後，「我那時在正門邊站守，見不少學生打一人，躺下了，我過去叫人攛了出去」。動手打的學生「有二三十人」。他們將章攛扶到門外雜貨小舖。他既不知是誰動手打章宗祥，也不知是誰放的火。[16]

　　從訊問筆錄看，不管是曹家的管家、僕人和保安，還是雜貨舖掌櫃慶祥父子，都否認自己認識痛打章宗祥的學生，都否認自己親眼看見章宗祥被打，都不知曉誰放的火，這樣做可能出於自我保護，不願惹火燒身。但從法律的角度來看，在客觀上他們都沒有提供在場學生「犯罪」的證詞，這樣也就無從根據他們的供詞給被

14　載《北京檔案史料》，2009 年第 2 期，第 43－45 頁。
15　載《北京檔案史料》，2009 年第 2 期，第 39－41 頁。
16　載《北京檔案史料》，2009 年第 2 期，第 41－43 頁。

抓捕的學生定罪。現場另外一點值得注意的是警察的態度，根據〈京師地檢廳偵訊曹宅管事張顯亭、燕筱亭筆錄〉（1919 年 5 月 13 日），學生來曹宅時，「事先有巡警」；學生從窗戶跳進曹宅時，在場的警察並未阻攔，「警廳下令命他們敷衍，稍微攔攔他們」，裏面的四個巡警，「見學生去了也就閃了，並未攔他們」。[17] 又據〈京師地方檢察廳關於曹宅僕人李福的筆錄〉（1919 年 6 月 20 日），當時「四個門有幾拾個巡警，裏外都有巡警」。[18] 這些現場的巡警並未對學生採取強制措施，基本上聽任學生作為。[19] 時任交通銀行協

17　載《北京檔案史料》，2009 年第 2 期，第 22、23、24 頁。

18　載《北京檔案史料》。2009 年第 2 期，第 28 頁。

19　親歷者後來的回憶錄可證此説，匡互生自述：「這時曹汝霖宅內的十幾個全身武裝的衛兵，已被外面的呼聲鼓聲的震駭，並且受了跳進去的同學的勇猛的感動，已喪失了用武的膽量和能力，只得取下上好的利刀，退出裝好的子彈，讓繼續跳進去的五個同學從內面把那緊閉重鎖的後門打開！」（匡互生：〈五四運動紀實〉，收入《五四運動回憶錄》上冊，第 307－308 頁）羅家倫回憶，學生到曹宅院內時，「曹宅的院子裏還站着許多警察，因為學生向他們極力宣傳，所以他們已沒有什麼抵抗。」（羅家倫：〈蔡元培時代的北京大學與五四運動〉，台北《傳記文學》，第 54 卷第 5 期，1978 年 5 月）俞勁交代：「隊伍到達曹汝霖公館，只見公館大門緊閉，有數十名武裝警察守衛着大門。」「警察大概也由於良心發現，不敢開槍，改變了瞄準的姿態。」（俞勁：〈對火燒趙家樓的一點回憶〉，收入《五四運動回憶錄》續集，第 90 頁）尹明德回憶：「學生大隊到了趙家樓曹宅，曹宅早有準備，前後門都緊閉，內有一百多名軍警保衛，有五個學生不避危險，由後門旁的窗子扒進去，把門打開，大隊學生即一擁而入，全身武裝的軍警，到處佈置崗位，見學生人多勢眾，也不敢干涉制止，持槍直立，呆若木偶。」（尹明德：〈北京五四運動回憶〉，收入《五四運動回憶錄》續集，第 75 頁）蕭勞回憶：「那時院內有警察十餘人，持有槍械守衛，但對學生並無抗拒，只站在遠處觀看。」（蕭勞：〈火燒趙家樓的片斷回憶〉，原載北京《文史資料選編》，第 3 輯，收入《五四運動與北京高師》，第 83 頁）羅章龍回憶：「當時，院子裏站着一排軍警，都上着刺刀。我們在門外的同學，不斷地喊口號，有的還用磚頭、大石砸門，其勢甚為洶湧。警察未奉上級命令，不敢擅自開槍，也不敢隨便亂動。」（羅章龍：《椿園載記》，北京：三聯書店，1984 年，第 42 頁）

理任鳳苞覆電朱啟鈐時也稱現場「警察過於文明」[20] 事後核查時，對現場的學生都不肯指認，說明警廳及其下屬巡警對抓捕學生持消極態度。警察作為中國人對學生的愛國情緒雖不便表示支持，但應知「眾怒難犯」這一常理，故他們行動有所顧忌，一切聽命指揮。外界以「吳炳湘本兩面光之大滑頭，自善於做作也」形容其對於學生運動玩兩面派，顯示吳氏對此並「不負責任」的態度。[21] 過去常見專業的或非專業的學人指責現場巡警鎮壓學生，這一說法並不符合當時實情。曹汝霖回憶說，當天中午在徐世昌處就宴時，錢能訓反對時任衛戍司令段芝貴派軍隊「彈壓」學生，堅持「地方上事，應由警察負責，不必派兵彈壓」，交由警察總監吳炳湘出面處理；回家後他看見現場警察接到「『上頭命令，文明對待』，故連警棍都沒有帶」[22] 未帶警棍一說會遭人質疑，但現場的警察是本着「文明對待」的原則處置學生運動，所以並沒有釀成學生與警察衝突的事故。警察制度是清末「新政」的產物，參加天安門學生集會的十三所學校中就有北京法政專門學校、內務部警官學校，可見當時北京政法系統並不是鐵板一塊，現場警察對待學生運動謹慎從事，「依法」處理。

　　根據 1919 年 5 月 4 日北京日華同仁醫院外科主任主治醫學士平山遠〈章宗祥傷勢診斷書〉：「頭部挫創，全身各部打扑傷兼腦震盪」，「現今傷勢頗重，於今日非見其腦症狀之經過如何，不能判

20　參見〈任鳳苞覆朱啟鈐電〉（1919 年 5 月 6 日），收入中國科學院近代史研究所近代史資料編輯組編輯：《一九一九年南北議和資料》（《近代史資料》專刊第一號），北京：中華書局，1962 年，第 255 頁。

21　參見《申報》，1919 年 5 月 8 日。

22　曹汝霖：《曹汝霖一生之回憶》，台北：傳記文學出版社，1980 年，第 152－153 頁。曹汝霖說現場警察「連警棍都沒有帶」一說與學生一方的回憶矛盾，顯有自我辯護之意。

定將來也」。[23] 又據 5 月 5 日《京師地方檢察廳檢察官關於章宗祥被打曹宅被毀情形的報告》：檢察官會同內左一區警察署署員前往日華同仁醫院，「詢據該院常務員日人馬養八駝介聲稱，章公使傷勢稍痊，尚不十分危險，惟因靜養起見，來人概不接待」。「前往趙家樓胡同曹汝霖總長住宅，勘得該宅係路北大門內計三院共住房五十餘間，據該宅僕人燕森略稱，本月四日午後四時餘，突有不知姓名學生多人，手執小白旗擁集門前，要見主人，因見來勢洶湧，遂將街門關閉，詎該生等將門左首臨街之房後窗搗毀，由窗洞搭肩跨入，將街門開啟，群眾即蜂入院內，紛往各處搗毀雜物，任意毆人，維時家人奔避，曹總長即潛入房後浴室隱匿。適章公使來訪未去，亦被環毆。旋見院中火起，勢甚兇猛。巡警趕至，一面將章公使舁往醫院，一面圍護曹總長奪門而出。該生等始各散去。總計此次焚毀房屋十一間，所有各房全部門窗、家具、雜物悉被搗毀，衣箱尚未毀損，究竟失物與否？現尚無從查悉。」[24] 對於曹宅所蒙受的損毀和章宗祥遭遇的打擊，徐世昌派總統府秘書長吳笈孫送五萬元給曹、章二人，「一為蓋屋，一為養傷」。出於派系矛盾，曹遵段祺瑞之囑將這筆款子退還給了徐。[25] 1919 年 6 月 12 日《京師地方審判廳司法巡長王海關於章宗祥傷情是否平復等的報告》稱：「前日本公使章宗祥經該院醫生平山調治傷痕業已平復，已於六月三號出院，現在遷往總統府內正心齋。仍常請該醫生至府看視。」[26] 至此，對「火燒趙家樓」細節的調查筆錄和章宗祥的傷情、曹宅的實際毀損情形報告偵結，比對後來人們所見各種回憶材料，我以為當

23　載《北京檔案史料》，2009 年第 2 期，第 19 頁。
24　載《北京檔案史料》，2009 年第 2 期，第 20 — 21 頁。
25　參見《曹汝霖一生之回憶》，第 155 頁。
26　載《北京檔案史料》，2009 年第 2 期，第 25 頁。

年京師地檢廳、審判廳記錄的這些具有法律效應的證詞更為真實、可靠。

二、學生被捕後的審訊、釋放與結案

曹宅起火，章宗祥被學生痛打，大批軍警立即趕赴現場，包圍在場的學生，在曹宅附近及沿街逮捕現場尚在的三十二名學生，因此，北洋政府首先面臨的問題是如何處置這批被捕學生。

在現場被捕的三十二名學生，其中北京大學學生二十人：許德珩、熊天祉、梁彬文、李良驥、牟振飛、梁穎文、曹永、陳聲樹、郝祖齡、楊振聲、蕭濟時、邱彬、江紹原、孫德中、何作霖、魯其昌、易克嶷、潘淑、林君損、易敬泉；高等師範學堂學生八人：向大光、陳宏勳、薛榮周、趙永剛、楊荃駿、唐英國、王德潤、初銘音；工業學校學生兩人：李更新、董紹舒；中國大學學生一人：劉國幹；匯文大學學生一人：張德。從這份名單看，警察抓人並不全是無的放矢，而是有其盯睄的目標，至少許德珩、易克嶷是北大學生的骨幹，陳宏勳是最早破窗進入曹宅的北京高師學生。

5 月 4 日當晚警察廳即對被捕的學生展開訊問，從學生們的供詞，可以看出這些被捕學生的基本情況和參與運動的緣由：

姓名	學校	籍貫	年齡	參加遊行原因	事發現場
許德珩	北京大學文科肄業	江西九江	26	昨晚在法科大禮堂參加集會，得知中國外交失敗，為表達民氣，決定集會遊行。今日中午在北大操場集合，然後去天安門。	在隊伍後面，未進曹宅，自己沒有打人，也不知因何起火。走至石大人胡同處被抓捕。
熊天祉	北京大學預科理科肄業，本科一年級	四川西充縣	21	因閱報載青島歸日本，關係中國存亡。昨天不在學校。今早同學約於前往天安門開會。	在隊伍後面。在曹宅門外「意圖辱罵是實」。

（續上表）

姓名	學校	籍貫	年齡	參加遊行原因	事發現場
易克嶷	北京大學本科理科	湖南長沙	25	閱報載巴黎和會，中國外交失敗，青島將歸日本。遂於本日到天安門集會。	到曹宅後，不知何人放火和毆打章宗祥，未進入曹家。
梁彬文	北京大學預科肄業	四川長寧縣	21	今日得本校通告，約於一點在操場集合，隨隊到天安門。	在曹宅門前叫罵，見裏面火起散去被抓。
李良驤	北京大學法科肄業	江蘇淮安縣	27	昨天下午聞訊為青島問題有各校代表二十多人在學校開會，今天上午幫助寫旗子、標語。	未進曹宅。在東單牌樓處被捕。
牟振飛	北京大學	浙江黃岩縣	27	看到本校通告，為青島問題要求同學們到操場集合，前往天安門。	在隊伍後面，未能看清前面發生的事。
梁穎文	北京大學文科	四川長寧縣	22	昨晚參加本校聚會，得知青島將被日人侵吞，中國外交失敗。約於今天一點在操場集合，前往天安門。	在曹宅門前叫罵，見火起散去被抓。
曹永	北京大學文科肄業	四川漢源縣	26	中午見宿舍有傳單，知青島將被日人所佔，中國外交失敗，遂到天安門參加集會遊行。	將旗幟扔在曹家，在青年會門外被捕。
陳聲樹	北京大學法科肄業	陝西漢陰縣	24	昨晚聽說同學開會決定為青島問題遊行。今天中午到學校操場集合，前往天安門。	因人多未擠進曹宅，見火起欲往瞧看被抓。
郝祖齡	北京大學理科數學班肄業	陝西三原縣	26	昨晚聽說為青島問題在法科開會，今天中午到操場集合，前往天安門。	在隊伍後面，因人多未擠進曹宅。
楊振聲	北京大學補習班肄業	福建南安縣		昨日得本校通告，青島將被日人所佔，中國外交失敗。作為中國人要憤起救國。約於今天午後一點在北大操場集合。	在隊伍後面，未進曹宅，見火起上前瞧看被抓。
蕭濟時	北京大學理科肄業	湖北漢川縣	22	昨晚參加在北大法科舉行的集會，欲挽救巴黎和會外交失敗。今天午後到北大操場集合。	在隊伍後面，未進曹宅。
邱彬	北京大學補習班補習	江西寧都縣	19	同上。	因人多擁擠，未進曹宅。返回途中被警察抓捕。

(續上表)

姓名	學校	籍貫	年齡	參加遊行原因	事發現場
江紹原	北京大學文科	安徽 旌德縣	21	參與籌備集會，只是想到公使館要求伸張公理，約於今天一點在大操場集合去天安門。	走在隊伍後面，未進曹宅。
孫德中	北京大學文科一年級	浙江 錢塘縣	21	今天午後一點在北大操場集合，然後去天安門。	叫罵曹汝霖是賣國賊，將旗幟擲下。
何作霖	北京大學文科肄業	廣東 東莞縣	21	昨晚參加在北大法科大講堂集會，得知中國外交失敗，約於今天一點在北大操場集合，然後去天安門。	沒有參與打人、放火。
魯其昌	北京大學法文班肄業	湖南 常德縣	23	昨晚聞報載中國外交失敗，下午有同學開會討論青島問題，今天到天安門集會。	走在隊伍後面，未進曹宅，未放火打人。
潘淑	北京大學哲學門肄業	江蘇 宜興縣	23	今早看見傳單通知，為青島問題在學校操場集合，前往天安門。	當時在胡同西口，未能擠進曹宅。
林君損 (公頓)	北京大學理科二年級丁班	廣東平原	22	昨晚聽說同學為青島問題開會，決定遊行。今天在北池子遇到同學隊伍，遂隨隊到天安門集合。	在曹宅門外。見火起欲返校，被警察抓捕。
易敬泉	北京大學理科肄業	廣東 平原縣	27	聽說為青島問題昨晚同學開會，今天在北池子加入學生隊伍，到天安門集會。	在隊伍後面。未進曹宅。
向大光	高等師範學堂博物科肄業	湖南 衡山縣	不詳	聽同學通知為青島問題在學校操場聚會，前往天安門。	看見曹宅起火，學生往後跑時被抓。
陳宏勳 (薑民)	高等師範學堂數理科肄業	浙江 天台縣	23	看學校廣告得知中國外交失敗，中午一點在學校操場集合，前往天安門。	未進曹宅。看見許多學生往回跑，往回走時被抓。
薛榮周	高等師範學堂歷史地理部三年級肄業	直隸磁縣	23	從學堂出來碰到學生遊行隊伍，隨即加入。	未進曹宅。
趙永剛	高等師範學堂畢業，尚在練習	奉天錦縣	28	去北大看朋友，在街上臨時碰見學生遊行，隨即加入隊伍。	未進曹宅
楊荃駿 (明軒)	高等師範學堂理科肄業	陝西 西安府	29	聽同學報告中國外交失敗，青島將亡於日本。今天碰見學生遊行，遂加入隊伍。	未進曹宅。在內左一區被捕。

（續上表）

姓名	學校	籍貫	年齡	參加遊行原因	事發現場
唐英國	高等師範學堂體育科肄業	江西新建縣	21	聽說中國外交失敗消息，今天吃早飯時被通知參加集會。	到曹宅門口時將旗幟丟在他家。下午五時在街上被捕。
王德潤	高等師範學堂國文預科肄業	吉林寧安縣	23	今早前往北大尋找同鄉預科生張福全，得知中國外交失敗，北大學生聚會，遂加入遊行隊伍。	看見有人在曹家打人放火，本人未打人。未看清何人放火。
初銘音（大告）	高等師範學堂補習班肄業	山東萊陽縣	21	從報上知道中國外交失敗，在學校飯堂吃飯時聽同學傳達在操場聚會，前往天安門。	到曹家看見學生打章宗祥，自己並未動手。不知何人放火。
李更新	工業專門學校	湖南寶慶	20	在街上看見傳單宣傳青島問題，然後從住處去天安門參加集會。	未進曹宅。不知曹宅因何起火。未見打人。
董紹舒	工業專門學校	雲南騰沖	23	看見報載青島問題消息，與北京大學議定到天安門集會遊行。	未進曹家。不知何人放火打人，在米市大街被捕。
劉國幹	中國大學政治經濟專科三年級	直隸東鹿縣	19	通過《益世報》獲知青島將被日本侵吞。在北京飯店遇見學生遊行，為表示同情，隨後加入隊伍。	未進曹宅。
張德	匯文大學堂文科肄業	江蘇吳縣	22	昨日得知青島將被日人所佔，中國外交失敗。今早有人打電話通知到天安門集合，午後在東交民巷趕上遊行隊伍。	未進曹宅。

題名：《遊行示眾騷擾罪》。資料來源：北京市檔案館檔號 J065-001-00008。收入北京市檔案館編：《五四運動檔案史料選編》，上冊，第 157−273 頁。

　　從上述被捕學生供詞可見，他們的籍貫以來自革命勢力較大的南方為多；絕大多數已事先知道巴黎和會中國外交失敗、青島將被日本侵吞消息，因此參加集會遊行，表達愛國情緒，以示抗議；他們無人承認自己打人放火，大多未進曹宅，只是在門外辱罵賣國賊、「還我青島」的口號或擲旗。警察廳根據三十二名學生供詞筆錄，將他們分類：第一類以許德珩為代表，供稱「因報載曹汝霖對於青島問題電告顧、王兩代表讓步，大學校全體學生遂開大會，約

請各報館主筆報告外交緊急情形，並有各專門學校於四日在天安門齊集，意在先見美國公使，請求主持公理，不料美公使不得見，伊等又到曹汝霖家內向他辱罵，並無放火、打人之意，亦不知何人放的火，何人將章宗祥毆打，至於各學校代表為何人？伊說不清楚」。熊天祉、易克嶷、董紹舒、王德潤、初銘音、唐英國、曹永、陳宏勳、林公頓、易敬泉、向大光、潘淑、陳聲樹、郝祖齡等「均供與許德珩大致相同」。第二類為江紹原、邱彬、張德、李更新、蕭濟時、劉國幹、楊振聲、牟振飛、趙永剛、薛榮周他們供認，「因人擁擠，未能入門，其在外叫罵賣國賊屬實」。第三類梁穎文、魯其昌，供認「已入門，惟未動手」。第四類楊荃駿供認，「在門外向院內拋土」。第五類梁彬文、孫德中、何作霖供認，「進門摔砸窗戶，詰以放火、毆人各節均不承認」。第六類李良驥供，「至曹宅時不識學校學生甚多，突將簷瓦打落，破窗入院。當時秩序已亂，伊曾幫同巡警維持秩序，並救護曹宅被毆女眷葉姓，後伊自行走去，不料被遊緝隊將伊扭獲」。[27] 從 5 月 4 日被捕學生的供詞，實在找不出他們打人放火的直接「罪證」，不過，在他們當中，許德珩已被警方視為被捕學生的首要。

三十二名學生被捕後，北大同學十分焦急，5 月 4 日晚派出段錫朋、鍾巍、劉翰章三名代表前往警察廳送食慰問。警察廳隨即對三人「傳訊」。段錫朋供稱，「此次學生大會，國立法政學校曾派代表與大學校接洽，京報館人邵振清亦到會報告青島失敗情形，大學校學生謝紹民登台演說，慷慨激昂，激動全體學生愛國熱心，遂決定公舉代表謁美公使，請求主持公理。本日上午十一時曾在法政

---

27 〈京師警察廳司法處訊問許德珩等被捕學生情形〉（1919 年 5 月 4 日），《北京檔案史料》，2009 年第 2 期，第 2－3 頁。

學校先開聯合會，後到天安門前開全體大會。北京大學舉伊同許德珩、羅家倫、狄福鼎四人去見美公使。至於發起此事之人，各班有班長，此外亦有學生輔助班長辦事」。鍾巍、劉翰章則供，「非代表亦非經手辦事之人，所以説不詳細」。[28] 臨走段錫朋、鍾巍、劉翰章三人給被捕同學修書一封，「警廳京師總所待遇一切，諒能以紳士的資格看待，諸君在廳總望靜心養氣，勿用燥急。蔡元培先生及王寵惠先生允為即日設法取保釋放矣。再見不出一二日，呵呵！」[29] 信中最後一語透露的口氣，對於保釋被捕學生似乎滿有把握。

　　「五四」事件發生後，北洋政府迅速開會商議對策，時任國務院秘書的許寶蘅日記記載了這方面的動態。當晚總理錢能訓「召集傅、田、靳、朱四總長、陳次長、李統領、段司令、吳總監、馬警察長、姚院長在私宅會議維持以後辦法，處分此案辦法」。5 月 5 日，「商議對於逮捕學生辦法交法庭、對於學校辦法免蔡元培、對於警察辦法懲戒警察官，議論甚多，有要求釋放學生者，有勸告不宜壓迫者，有以黨望關係不贊成免蔡者，有以地方關係不宜懲戒者。謠言亦多，有謂商會有傳單罷市者，有謂工商團傳單暴動者。外交協會原定五月七日謂為國恥紀念日在中央公園開會，飭警廳阻止。」[30] 這時政府內部意見不一，尚無決斷。當天，教育部總長傅增湘諮文內務總長錢能訓表態：「昨日午後一時，突有本京公私立專門以上學校十三處，學生約二千人，齊集天安門外，對於青島外交問題，開會演説。繼復遊行街市，麇聚趙家樓曹宅地方，紛擾滋

28　〈京師警察廳司法處訊問許德珩等被捕學生情形〉（1919 年 5 月 4 日），《北京檔案史料》，2009 年第 2 期，第 3 頁。

29　〈北大學生段錫朋等給被捕學生的信〉（1919 年 5 月 4 日），《北京檔案史料》，2009 年第 2 期，第 4 頁。

30　許恪儒整理：《許寶蘅日記》，第二冊，北京：中華書局，2010 年，第 669 頁。

事，實屬狂熱過度。當經本部嚴切通行直轄各校及私立專門以上各
學校訓令內開：查學生在校修業期間，一切行為言論，自當束身法
則之中，不得軼出規範以外，乃本日午後一時，因外交問題，本京
各校學生聚集一二千人遊行開會，竟至釀成事端，殊堪驚駭。本部
為維持秩序，嚴整學風起見，用特切實通令各校，對於學生，當嚴
盡管理之責。其有不遵約束者，應即立予開除，不得姑寬，以敦士
習而重校規，仰即遵照。等因在案。相應諮行貴部，請煩查照，一
體令行部轄各校可也。」[31] 表達了「維持秩序，嚴整學風」的態度。
5 月 6 日，許寶蘅日記載：「山東議員及省議會議長等來謁，告以
青島交涉情形及政府致專使電。眾論對於四日逮捕之學生，不主張
交法庭辦。居仁堂會議，明日防範事宜。明令申飭警察官吏。」[32]
按照這天會議精神，徐世昌下令總理兼內務總長錢能訓：「本月四
日，北京大學等校學生，糾眾集會，縱火傷人一案。方事之始，曾
傳令京師警察廳，調派警隊，妥為防護。乃未能即時制止，以致釀
成縱火傷人情事。迨經警察總監吳炳湘親往指揮，始行逮捕解散。
該總監事前調度失宜，殊屬疏誤。所派出之警察人員，防範無方，
有負職守。着即由該總監查取職名，呈候懲戒。首都重地，中外具
瞻，秩序安寧，至關重要。該總監職責所在，務當督率所屬，切實
防弭，以保公安。倘再有借名糾眾，擾亂秩序，不服彈壓者，着即
依法逮捕懲辦，勿稍疏弛。」[33] 如聯繫上述會議精神體會徐世昌這

---

31 〈教育部嚴禁學生遊行集會諮〉(1919 年 5 月 5 日)，收入中國社會科學院近代
    史研究所、中國第二歷史檔案館史料編輯部編：《五四愛國運動檔案資料》，
    北京：中國社會科學出版社，1980 年，第 183 頁。

32 許恪儒整理：《許寶蘅日記》，第二冊，第 669 頁。

33 此件原載《北洋政府公報》1919 年 5 月 7 日第一一六九號，收入中國社會科
    學院近代史研究所、中國第二歷史檔案館史料編輯部編：《五四愛國運動檔案
    資料》，第 184－185 頁。

道訓令，它與其說是對當天在場警察「防範無方，有負職守」的表現不滿，不如說是為防範以後事態擴大所作的預案。

　　外界的報道不明究裏，對徐世昌、錢能訓、傅增湘三人的態度似有所臆測，以為北洋政府在處理學生運動時發生「裂變」。5月8日《申報》報道，總統徐世昌「意主和平」，「只曰涉及刑事當然逮捕，措詞不甚嚴切」。內閣「閣員之中至為複雜。然除傅增湘以外，殆少有息事寧人之念者」，主將北京大學解散。段派態度更為強硬，主張「從嚴懲創，且主將各官立校長一律撤職，教育總長免職」。傅增湘「對於解散大學之説謂古今中外無此辦法，以去就力爭」，提出辭呈。警察廳「迭致電話於各校，囑派人前往探視有無虐待情事。而各校學生得被捕諸人之函，亦曰待遇尚優，且可看報」。在野清流如王寵惠、林長民、汪大燮、熊希齡、范源廉、谷鍾秀等「憤慨殊甚。已各以個人私意進言於當局，不可罪及學生」，「以汪大燮領銜，向總統遞一公呈，請將學生釋放」。[34] 後來的史家根據當時《申報》的這則報道認為「五四」事件後，北洋政府方面反應不一。[35] 其實徐世昌、錢能訓、警察總監吳炳湘的態度基本一致，錢、吳二人都是聽命徐世昌，這不成問題。據徐世昌日記載，5月5日「晨起，到延慶樓閱公牘，見文武官二人，幹臣來談」。5月6日「晨起，到延慶樓閱公牘，見文武官多人」。「未刻後始飯。飯後閱公牘，見文武官，到懷仁堂約兩院議員遊園看牡丹，與之周旋開茶會。飯後許秘書長來談」。5月7日「晨起，到延慶樓閱公牘，見文武官，幹臣來談。飯後小憩，五弟為診脈，閱公牘，世博軒、幹臣先後來談，校詩」。[36] 徐的日記雖未透露他

34　〈北京通信（一）〉，《申報》，1919 年 5 月 8 日。

35　參見彭明：《五四運動史》，第 297－298 頁。

36　《徐世昌日記》，第 3 冊，第 12 頁。

與眾官會談的詳情，但從 5 月 5 日、7 日錢能訓（幹臣）三次到徐
處面談來看，錢顯然是彙報請示，唯徐世昌之馬首是瞻。警察總
監吳炳湘的態度更是如此。5 月 5 日北京涉事十四校校長在北大開
會，「以學生之行動為團體之行動，即學校之行動，決定只可歸罪
校長，不得罪及學生一人。先要求釋放被捕學生，而各校長自行辭
職，聽候處分」。下午五時齊赴警廳，要求釋放學生，總監吳炳湘
接見時明確表示：「是總統命令逮捕，必待總統命令釋放。我唯有
盡保護之責。」[37] 當時的北京政府雖然弱勢，徐世昌的態度也顯曖
昧，但還能維持機制運轉。

　　學生方面在繼續行動。5 月 5 日早晨，北京各大、專以上學校
學生相約罷課，並通電各方，宣佈其罷課理由：「各校學生既痛外
交之失敗，復憤同學之被拘，更有何心研究學問？此罷課之第一理
由也。青島問題當以死力爭，被拘同學亟宜營救，全體奔走，日無
暇晷，學雖至寶，勢難兼顧，此罷課之理由二也。」下午三時，在
北大法科召開各校全體聯合大會，討論進行之諸項方法，到會者
三千餘人。[38] 5 月 6 日北京中等以上學校學生聯合會宣告成立。學
生罷課的事態繼續擴大。面對這種情勢，吳炳湘害怕第二天事態擴
大，不可收拾，他一方面向總統請求「必須將學生釋放，若是總統
一定不放，北京的秩序如果紊亂，我可不負責任，並且我即刻辭
職，請總統再另簡賢能」。徐世昌自然不願事態擴大，遂答應了吳
氏的請求。另一方面，吳又向蔡元培提出釋放學生的兩個條件：
（一）7 日不許學生參加群眾大會；（二）各校在明日一律復課。蔡
元培接受了這兩項條件。5 月 6 日蔡元培一方面會同北大各科學長

37　〈北京通信（一）〉，《申報》，1919 年 5 月 8 日。

38　參見蔡曉舟、楊亮功編：《五四》，收入《五四愛國運動》，上冊，第 459 頁。

佈告:「為要求釋出被拘留諸同學,鄙人願負完全責任,但諸生必需嚴守冷靜態度,萬勿再有何等輕率之舉動為要。」[39] 一方面與中國大學、匯文大學、中央政法專門學校、北京醫學專門學校、北京高等師範專門學校、北京工業專門學校校長一起聯名保釋被捕學生。[40] 根據 5 月 7 日〈京師警察廳移交被捕學生案致京師地方檢察廳函稿〉:「惟連日研訊各該學生等,對於曹總長宅縱火及毆打章公使各節均不承認,並傳原解兵警到廳質訊,亦不能指出誰為在場行毆,誰係在場縱火,正研究主使之人。據看守官警及醫官報告,各該學生等腦熱如狂,現天氣炎燥,本廳屋宇狹隘,一經傳染,勢必發生險象。適據北京大學等校校長蔡元培等公同具函來廳,請保學生各回本校隨傳隨到等情,言詞懇摯,本廳為時機緊迫,保全公安起見,當即准其交保。」[41] 以交保釋放,「隨傳隨到」為由,警察廳找到了自己下台的合適台階。

　　被捕三十二名學生中,後有許德珩、楊振聲、楊荃駿、陳宏勳、初銘音五位留下了回憶。許德珩控訴了被拘後的待遇,「我們三十二人被囚禁在警察廳的一間牢房裏,極其擁擠骯髒,只有一個大炕,東西兩邊各放着一個大尿桶,臭氣熏天。晚上睡覺時,每半個小時還要聽命令抬一下頭,翻一下身,以證明『犯人』還在活着。到中午『放風』才能大便,呼吸一下新鮮空氣。看守的人員

39 〈北大校長關於諸生勿再有輕率舉動的佈告稿〉,收入北京市檔案館編:《五四運動檔案史料選編》,上冊,第 296–297 頁。又參見〈釋放學生之經過〉,上海《民國日報》,1919 年 5 月 10 日。

40 參見〈蔡元培等聯名保釋被捕學生的函〉,收入北京市檔案館編:《五四運動檔案史料選編》,上冊,第 298–300 頁。

41 載《北京檔案史料》,2009 年第 2 期,第 7 頁。此函原件收入北京市檔案館編:《五四運動檔案史料選編》,上冊,第 276–295 頁。

每天一桶開水，每人發一個大窩頭。」[42] 楊振聲的回憶頗為簡扼，「留在後面的被他們捕去了三十二人。當時還是無經驗，若大家整隊而入，整隊而出，警察是捕不了人的」。[43] 北京高師三人的回憶與許德珩基本同調，陳宏勳也特別強調被關進監牢待遇的惡劣，警察「把我們押解到步軍統領衙門，經過審問、登記，關進牢房」，「我們被關進牢房後，被嚴加監視，不許交談，不給飯吃，不給水喝。直到當晚半夜，又把我們押解到警察廳。第二天（5月5日），又經過分別傳訊，追查指使人，強迫我們承認打人放火是犯罪行為。」「當時，被捕的人分幾間房間關押。我和高師同學向大光及其他學校學生共七人關在一間房內，共用一盆洗臉水，待遇雖十分惡劣，但大家精神抖擻，毫不畏懼。」[44] 楊荃駿的回憶強調被捕同學意志堅強、視死如歸，「被捕的同學，一部分送警察總監部，一部分送到步軍統領衙門。我是被直接送往警察總監部的。」「我們被關在一所三間大的房子裏，擠在兩三個土炕上，雖然原來互不相識，但共同的事業把我們團結起來，大家意志堅強，表現樂觀，在鐵窗生活的折磨下，頗有視死如歸的氣概。」[45] 初銘音提到了審訊的情形，「把這麼多人關在一個大房間裏，睡在地上，直到第二天才給飲食。半夜後警察把學生從睡夢中叫起來說要去過堂（審訊）。推事（法官）個個吸足了鴉片，喝足了白酒，高坐堂皇，吹

42　許德珩：《許德珩回憶錄》，北京：中國青年出版社，2001年，第55頁。

43　楊振聲：〈回憶五四〉，收入《五四運動回憶錄》，上冊，第262－263頁。不知何故，許德珩在他的回憶錄裏，提到北大被捕的同學只有十九人，沒有楊振聲。參見許德珩：《許德珩回憶錄》，第54頁。楊在回憶錄中亦沒有提他這次被捕的具體情形，而是講述了他因編輯《五七週刊》，後來被警察扣留一週。但檔案裏存有楊振聲這次被捕的供詞。

44　陳藎民：〈對火燒趙家樓的一點回憶〉，收入《北京高師與五四運動》，第52頁。

45　楊明軒：〈在五四的日子裏〉，收入《五四運動回憶錄》，上冊，第236－237頁。

鬍子瞪眼，對被審訊者歷聲吆喝，企圖詐取他所需要的口供好去報功」，「但終於得不到他要陷害學生的口供;以後再也不敢提訊了」。5 日上午警察總監吳炳湘來看望學生，企圖訓話，不料反而遭受學生的質問，「他無法回答只說了幾個字『這事要從容緩和嘛。』」[46] 這些記憶都明顯帶有革命時代的話語痕跡。

　　這些年久之後的回憶因為當事者年事已高，與當年的記述顯有差異。關於警廳釋放被捕學生之事，5 月 5 日朱啟鈐致電任鳳苞過問:「聞京中學生暴動，曹宅被焚，章使毆傷，軍警拘捕學生並有槍斃之說。滬上謠傳甚盛，恐激起對外風潮。群情如何？盼隨時電示。」5 月 6 日任鳳苞覆電朱啟鈐:「拘捕在場學生二十餘人，在廳優待，無槍斃之事。但聞於七日在中央公園舉行大會，政府恐再滋事，正在設法解散。並聞今日將有處分明令。」顯示北洋政府從寬處理被捕學生之意向。5 月 8 日許寶蘅致電朱啟鈐透露了更多內情:「逮捕諸生，揆意原主從寬。六日下午會議決定，如七日各校照常上課，學生不再出外，即予赦免，用於法律、事實皆可兼顧。乃警廳於七日即准保釋，事前不先請示，釋後又不報告。幹揆本令〔以〕各方暗潮，應付困難，攘有退志，因此擬即辭職，閣亦擬總辭。」[47] 表明警廳釋放學生之舉，似為徐世昌與吳炳湘合謀而成，錢內閣因事先未與聞，頓生辭意。

　　《晨報》等進步報紙頗為關注被捕學生的境況。5 月 6 日《晨報》所載〈學生被捕後之狀況〉一則報道:「各學生被捕入警廳後，

46　初大告:〈五四運動紀實〉，收入《北京高師與五四運動》，第 59−60 頁。

47　收入中國科學院近代史研究所近代史資料編輯組編輯:《一九一九年南北議和資料》(《近代史資料》專刊第一號)，第 255、259 頁。許寶蘅 5 月 8 日日記載:「早謁，論揆辭職事，閣員總辭職。晚謁，論揆席事。六時到內務部與子昂談，同訪章仲和、曹潤田，潤田見關於處分學生命令甚憤慨，因敍述當日情事不符也。」參見許恪儒整理:《許寶蘅日記》，第二冊，第 699 頁。

前夕即由該廳略加訊問，未有結果。聞廳中對於學生尚不苛待，前夕共騰出房子三間，使三十二人者分居之。而學生則不願分居，仍在一處住。昨日由該廳備飯，每餐分為五桌，每桌坐六人或七人。有前往看視者，學生皆告以我輩在此尚未所苦，唯外交問題如何則極為關念。中有託人帶信，勉勵同學仍以國家為重者，並謂在廳閱報等尚頗自由云。」[48] 楊亮功編輯《五四》一書，大概根據這則報道略加改寫：「五四之夕被捕學生分在兩處：步軍統領領署十二人，警廳二十人。旋統歸警廳。三十二人共居一小屋，談話不能自由，便溺皆受偵察。翌日警廳總監知事體重大與尋常罪犯不同，乃親往慰勞，始移住較大之室，解除談話之禁，並贈報紙多份以備消遣。伙食准廳中科員例，每人每餐約費一毛有零，聚食之時共分五桌，每桌坐六人或七人。同學有往慰問者，並可託寄信外出。」[49] 龔振黃編《青島潮》時亦基本照搬這則報道文字。[50] 孫伏園晚年憶及此事說：「這時同學們有一個普遍的心情是：在步軍統領衙門隨時可以被槍斃或殺頭，到京師警察廳以後可能要文明些了。」[51] 為什麼會將被捕學生從步軍統領衙門轉移到京師警察廳？從 5 月 9 日《晨報》的報道可見緣由：「四日當學生被捕至警廳後，諸要人即在警廳中開一緊急會議。列席者有司法總長朱深、交通次長曾毓雋、大理院院長姚震、警備司令段芝貴、李統領、吳總監、憲兵陳總司令（興亞）等，會商處置學生方法，眾議不一：有主張最激烈者，立送交大理院審究主使，以為必受有何種運動，非從嚴懲辦不可；

---

48 〈學生事件昨聞〉，《晨報》，1919 年 5 月 6 日。

49 參見楊亮功：《早期三十年的教學生活　五四》，合肥：黃山書社，2008 年，第 126 頁。

50 參見龔振黃編：《青島潮》，收入《五四愛國運動》，上冊，第 293－294 頁。

51 孫伏園：〈回憶五四當年〉，收入《五四運動回憶錄》，上冊，第 258 頁。

其時有人以兩種例證告吳總監，日本國務總理桂太郎被毆及民國五年因公民團擾亂議院事，皆未移交法庭，今滋事同一律辦法未便歧異。吳納其說，始拘置廳內。」[52] 吳炳湘似並不想將學生升級處理。

北洋政府為防止事態的擴大，特別關注地方的動態。據 5 月 7日吳炳湘密電王懷慶，「四日，北京大學等十數學校學生二、三千人，因青島問題，在天安門前集合，擬赴各使館爭議。經派員警極力解說勸阻，旋有代表數人，赴美使館。繼赴曹潤田總長宅，其時已先飭區隊防護，卒以人眾，擁入曹宅搗毀器具，復縱火焚燒房屋十餘間。章仲和公使適由曹宅出門，致被毆傷。炳湘馳往彈壓，當場捕獲三十餘人，一面護送曹總長出宅，章公使入醫院。並將其餘學生立時解散。被捕之學生，現已移送法庭。本日各校均照常上課。仍嚴飭所屬，加意防範，地方秩序尚無他虞。恐遠道傳聞失實，特電奉達。」[53] 5 月 8 日徐世昌下令總理錢能訓、司法總長朱深、教育總長傅增湘：「據內務總長錢能訓轉據京師警察廳總監吳炳湘呈稱：本月四日，有北京大學等十三校，學生約三千餘名，手持白旗，陸續到天安門前齊集，議定列隊遊行。先至東交民巷西口，經使館巡捕攔阻，遂至交通總長曹汝霖住宅，持磚亂擲，執木毆人，兵警攔阻，均置不理。嗣將臨街後窗擊破，蜂擁而入。砸毀雜物，燃燒房屋，駐日公使章宗祥被其攢毆，傷勢甚重，並毆擊保安隊兵亦受有重傷，經當場拿獲滋事學生多名，由廳預審，送交法庭訊辦等語。學校之設，所以培養人材，為國家異日之用，在校各

---

52 〈學生被捕與釋放經過詳情〉，《晨報》，1919 年 5 月 9 日。

53 〈吳炳湘關於逮捕五四搗毀曹宅學生致王懷慶密電〉（1919 年 5 月 7 日），收入中國社會科學院近代史研究所、中國第二歷史檔案館史料編輯部編：《五四愛國運動檔案資料》，第 185 頁。《吳炳湘覆朱啟鈐電》（1919 年 5 月 7 日）內容與上電相同，收入中國科學院近代史研究所近代史資料編輯組編輯：《一九一九年南北議和資料》（《近代史資料》專刊第一號），第 254－255 頁。

生，方在青年，質性未定，自當專心學業，豈宜干涉政治，擾及公安。所有當場逮捕滋事學生應即由該廳送交法庭依法辦理。至京師為首善之區，各校學風，亟應力求整飭，着該部查明此次滋事確情，呈候核辦。並隨時認真督察，切實牖導，務使各率訓誡，勉為成材，毋負國家作育英髦之意。」[54] 確定將「滋事學生」送交法庭「依法」辦理。

5月9日，根據徐世昌的上述佈置，京師檢察廳票傳被保釋學生到法庭進行正式審訊。5月10日在京師地方檢察廳偵查處傳訊了三十一位保釋學生。這些學生分成四組審訊。第一組審訊學生許德珩、曹永、何作霖、孫德中、易克嶷、江紹原、蕭濟時、梁穎文、楊荃駿、向大光十人。第二組檢察官高熙、書記官陸紹治，審訊學生易敬泉、董紹舒、李更新、劉國幹、王德潤、林公頓六人。第三組審訊學生邱彬、魯其昌、李良驥、梁彬文、唐英國、陳宏勳、薛榮周七人。第四組審訊陳聲樹、牟振飛、張德、郝祖齡、熊天祉、潘淑、趙永剛、初銘音八人。審訊筆錄顯示，學生們都堅決否認他們有燒毀曹宅及毆打章宗祥的行為。[55]

5月13日，北京十六所高校的學生到京師地方檢察廳自行「投案」。學生們在檢舉書中寫道：「竊學生等本不應干預政治，近以山東青島問題禍迫眉睫，義憤所激不能自已，致有五月四日之事。學生等誠無狀，理合依法自行投案，靜候處分。」附呈北京高等專門以上十六所學校學生自行檢舉名冊一本，這份學生名冊有

---

54 〈大總統嚴禁學生干政並將被捕學生送交法庭令〉（1919年5月8日），原載《北洋政府公報》1919年5月10日，收入中國社會科學院近代史研究所、中國第二歷史檔案館史料編輯部編：《五四愛國運動檔案資料》，第187-188頁。

55 〈京師地方檢察廳訊問被捕學生偵查筆錄〉，北京市檔案館收藏，檔號：065-001-00008，題名：遊行示眾騷擾罪。收入北京市檔案館編：《五四運動檔案史料選編》，上冊，北京：新華出版社，2019年，第301-518頁。

五千五百餘名學生。[56] 5 月 14 日上午 11 時，許德珩等三十二名學生呈遞京師地方檢察廳聲明：「曹、章等賣國罪不容誅，凡有血氣罔不切齒。五月四日之事，乃為數千學生萬餘市民之愛國天良所激發，論原因不得謂之犯罪……檢舉曹、章等賣國各款按照刑律一百零八條、一百零九條之罪，代表國家提起公訴，始足以服人心。乃曹、章等賣國之罪，畏不檢舉，而偏出傳票傳訊學生，不平者一。學生等三十二人並無一人係當場捕獲者，既非當場捕獲，亦不過數千人中分子之一耳。鈞廳傳訊加以『嫌疑』二字，果有嫌疑耶，亦應與數千人同時訊問，何得單傳生等。不平者二。公民團搗毀議會，毆打議員，被逮者百餘人，釋放之後，未聞依法辦理。五月四日之事，痛外交之失敗，忿賣國之奸人，悲憤所激不能自已，非公民團所可比擬，而鈞廳公然傳訊。不平者三。以上三大不平，所謂『法律』二字者，寧復有絲毫價值之可言！……特提出聲明，如鈞廳認為有再訊之必要，嗣後不論其為傳票，為拘票，請合傳十六校學生，德珩等亦當尾同到廳靜候訊問，決不能單獨再受非法之提傳也」。[57] 強烈表達對地檢廳傳訊的抗議之聲。

6 月 4 日，京師地方檢察廳偵查終結，檢察官高熙、夏勤、楊天壽、查履忠、胡國洸提請將許德珩等三十二名學生以騷擾罪、放火罪、傷害罪嫌疑交地方審判庭預審。[58] 有趣的是，這份預審請求書載：5 月 10 日傳訊學生「於放火、傷人、砸毀雜物各節均堅不承認，反覆詳鞫，矢口不移」。5 月 12 日傳受傷保安隊兵李昌言等十四人來案驗明受傷屬實，但該隊兵等均稱，「我們所受之傷究竟被何人所毆，因當時學生人數多至數千，當場既未看清，事後亦

---

56 《北京檔案史料》，2009 年第 2 期，第 9 頁。
57 《北京檔案史料》，2009 年第 2 期，第 10 頁。
58 《北京檔案史料》，2009 年第 2 期，第 11－14 頁。

無法證明」。5 月 13 日傳訊曹家管事、僕人,「均稱放火、傷人、毀物各學生,因當時人數過多,不能辨認」。5 月 22 日傳訊北大文科、法科茶役李宗漢、楊明、馬成、周奎、曾啟等五名到案,均稱「學生開會演說及如何商量,如何預備旗幟,或因事請假出校或不在場,概不知情」。5 月 29 日覆准警察廳函覆調查現場情形,「略稱當時秩序紛亂,在場員警竭力彈壓、救護,對於下手之人數若干及有無特別標誌均無從指認」。因此,「綜核本案前後情形,除當場逸去之學生三千餘名,誰為實施犯罪行為之人,事後殊無相當之證明」。[59] 根據這樣的預審請求書,自然根本無法判罪。

　　1925 年 1 月 31 日,京師地方審判廳刑事第一庭推士吳奉璋對該案進行審理,最後做出裁決:「本案被告人許德珩等三十二人被訴犯刑律第 165 條第三款之騷擾罪,及第 316 條第三項之傷害罪,犯罪時期均在本年一月一日臨時執政大赦令以前。除依照該項赦令及刑訴條例第 275 條、第 249 條第一款、第 248 條第三款應不起訴外,所應研究者即該被告等是否構成放火罪是也。查是日學生赴曹宅時,初因大門緊閉在外囂罵,追砸毀後窗始行搭肩跨入。其時軍警在場彈壓。該宅西北隅火焰大起,雖警察等有目睹學生用火柴燃燒窗戶之舉,及曹宅僕人張顯亭、燕筱亭供有學生用報紙、汽油將圍屏點着,始行起火等語,究竟何人放火,該被告等三十二人有無放火行為,及起火當時該被告等是否在場,傳訊當時在場彈壓之保安隊長李昌言、隊兵關材厚等十餘人及曹宅僕人張顯亭、燕筱亭二人,均稱不認識。則該被告等是否確係放火正犯,已屬無從證明。況查被告等三十二人或在曹宅門外拿獲;或在曹宅後門外拿獲;或在曹宅附近各胡同拿獲,並無一人在曹宅門內被捕者。質訊該被告

---

59 《北京檔案史料》,2009 年第 2 期,第 12－13 頁。

等又均供稱伊等是日均因人多擁擠未進曹宅等語。察該校情形尚非狡飾之辭。綜上論斷，許德珩……等被訴放火一罪，證據均嫌不足。依刑訴條例第 275 條、第 249 條第二款應不起訴。」[60] 從這份裁決書可知，這三十二名被保釋的學生最後是以「應不起訴」而告結。這份裁決書和前面的預審請求書說明，當時京師地方檢察廳、地方審判廳在法律的意義上並未真正實施對被捕學生的法辦措施。

三、學生被捕案的輿論反應及政府對策

「五四」事件發生後，人們聚焦「火燒趙家樓」一幕。各家新聞媒體對此報道不一。5 月 5 日《晨報》報道：「時正下午四鐘且見火焰騰騰從曹宅屋頂而出，起火原因如何，言人人殊，尚難確悉，惟聞房屋僅毀一部分。然曹氏心愛之貴重物品，則已盡付諸一炬。一時東堂子胡同石大人胡同一帶，人山人海。且有保安警察隊、步軍游擊隊、消防隊、各救火會等紛紛馳往防衛，路上交通因而斷絕，至六時許，火光始息。學生仍將整列散歸而警察乃下手拿人，學生被執者聞有數十人之多，但所執者，未必即為打人毀物之人。」[61]《每週評論》對現場的描述有些戲劇化：「先是一進曹宅就有火起——據說是曹宅家人放的——到這時候，火勢已大，不能再停，一齊出去。警察總監吳炳湘等也就帶隊趕到。」[62] 署名「大中華國民」的撰文〈章宗祥〉說：「據昨日所傳起火之由，約有三說：（一）謂學生放火（是否屬實，看後文當可辨明）。（二）曹氏家人

60 《北京檔案史料》，2009 年第 2 期，第 16－17 頁。

61 〈山東問題中之學生界行動〉，《晨報》，1919 年 5 月 5 日，第 2 版。

62 〈一周中北京的公民大活動〉，《每週評論》第 21 號，1919 年 5 月 11 日。

自行放火，希圖搶掠財物。（三）打破電燈因而起火。由此三説觀之，第三説庶乎近理。當火起時，學生已陸續出外，而軍警麇集，對學生空放數槍。學生此時以不能見曹汝霖，章宗祥亦已逃跑，留此無益，既見火起，又聞槍聲，遂急整隊歸校。」[63] 這些出自進步者手筆的言説，一方面為保護學生計，把起火原因弄成懸案；一方面在敘説「火燒趙家樓」情節時又顯露幸災樂禍之感。

當年出版的幾種有關五四運動小冊子，也故弄懸虛，對曹宅起火原因作不確定處理。蔡曉舟、楊亮功編輯《五四》時視曹宅起火為無頭案：「曹宅既遭焚，起火之因，共有四説：（一）謂群眾覓曹氏不得，故毀其宅以洩憤；（二）謂曹氏眷屬縱火，冀驚散眾人以免曹氏於難者；（三）謂群眾毀曹家具，誤損電燈，流電起火者；（四）謂曹宅僕人乘亂竊物，放火滅跡者。以上四説皆有理由，究竟如何起火，至今尚無人能證明之者。」[64] 署名蕭山詧盦編輯的《學界風潮記》記曰：「後又擁至曹宅。初極文明。因警彈壓，激動公憤。其時章適在曹宅，為學生毆傷。曹倉皇乘汽車，奔赴使館界，避居六國飯店。曹宅遂付之一炬。惟起火原因，迄未證明。」[65] 龔振黃編輯的《青島潮》描寫道：「門前衛兵向之喝阻，致啟衝突，徒手之學生數十人湧入門內，衛兵隨之互鬥。曹氏之客廳正中，懸一日皇御像，群以為此賣國媚日之鐵證也，取而碎之。時在酉正，電燈已燃。未幾，火起，眾大憤，始知曹將燒死學子，以為洩怨計

---

63 大中華國民：《章宗祥》，愛國社，1919 年 6 月再版。轉引自陳占彪編：《五四事件回憶》，北京：三聯書店，2014 年，第 139 頁。

64 楊亮功：《早期三十年的教學生活　五四》，第 125 頁。此書由北京同文印書局 1919 年 9 月初版。

65 中國社會科學院近代史研究所近代史資料編輯組編：《五四愛國運動》，上冊，北京：中國社會科學出版社，1979 年，第 375 頁。此書由中華書局 1919 年 9 月初版。

（或曰，曹將自毀其秘密文件也。兩説殆皆有因）。眾逾牆入，為曹衛兵格傷者數人。卒啟門，呼先入者出。當火起時，有人見警察總監挾鐵箱一，急馳去。曹自後窗跳出而免。」[66] 這些當年的敍説頗具戲劇性，言詞雖不盡一致，但不確定曹宅起火之原因則同。

　　親歷者後來對曹宅起火原因有不同的説法。從北京高師這邊傳出的説法，承認是學生放火洩憤，匡互生 1925 年撰寫的〈五四運動紀實〉首出此説：「因為他們到處搜不出那確實被大家證明在內開會未曾逃出的曹汝霖、陸宗輿、章宗祥，只得燒了他們藉以從容商量作惡的巢穴，以泄一時的忿怒。」[67] 周予同 1933 年撰文紀念匡互生時，只是説「五四」當天：「當時匡互生最起勁，因為得不到武器，於是設法分帶火柴和小罐煤油等等。」並未具體説誰放的火，「我當時被群眾所擠，仆倒在地，因為忽傳警察開槍，有許多人從前面反退下來，所以沒有走進曹氏住宅，不知互生兄曾做了些其他什麼工作。」[68] 1959 年他再寫〈五四回憶片斷〉，雖沒有指名道姓是誰放的火，也認同為學生放火，「衝進上房臥室，沒有看見人影，打開枱子的抽屜，也沒有什麼重要文件；於是帶有火柴、火油的同學們便將臥室的帳子拉下一部分，加上紙頭的文件，放起火來了。這一舉動沒有得到所有在場同學的贊同，火焰在短時間內也並不旺揚。」[69] 而在 1979 年回憶這一場景時，他將與上述情景相關

66　中國社會科學院近代史研究所近代史資料編輯組編：《五四愛國運動》，上冊，第 168 頁。此書由上海泰東圖書局 1919 年 8 月 10 日初版。

67　匡互生：〈五四運動紀實〉，收入北京師範大學校史資料室編：《匡互生與立達學園》，北京：北京師範大學出版社，1985 年，第 8 頁。

68　周予周：〈五四前夕——悼互生兄〉，原載《立達學園園刊》，1933 年。收入北京師範大學校史資料室編：《匡互生與立達學園》，第 94－95 頁。

69　周予同：〈五四回憶片斷〉，原載《展望》，1959 年第 17 期。收入北京師範大學校史資料室編：《五四運動與北京高師》，第 30－31 頁。

的人物一一對號入座，且說自己參與打砸汽車和點火燒宅。「院子
裏停着曹汝霖的汽車，我滿懷憤怒一拳把車窗玻璃打碎，自己的手
也劃破了，鮮血淋漓」；「我們找不到幾個賣國賊，便要燒他們陰謀
作惡的巢穴。於是，匡互生便取出火柴，同我一起將臥室的帳子拉
下一部分，加上紙頭的信件，便放起火來了。這一舉動，被擔任遊
行大會主席的北大學生段錫朋所發覺，跑來阻止我們說：『我負不
了責任！』匡互生毅然回答：『誰要你負責任，你也確實負不了責
任。』我倆將火點着，而火焰在短時間內並不旺揚。」[70] 這樣，匡
互生不僅成了第一個砸窗跳進曹宅的好漢，而且是放火燒趙家樓的
英雄。周氏三次回憶，一次比一次細，他的敘說帶有「故事新編」
的性質，且不乏將自己帶入故事的情節。

　　北大這邊學生的回憶相對比較模糊，羅家倫稱，「至於放火的
舉動，乃是高等師範的學生開始的，我看見有兩個學生，自身上掏
出許多自來火來，如果他們事前沒有這個意思，為什麼要在身上帶
來這許多自來火呢？結果，曹宅燒起來了，徐世昌便下了緊急命
令，叫軍警捉人。」[71] 楊晦說：「火怎麼起的，始終沒有弄清楚。有
人說是北大學生黃堅點的火。據匡互生的〈五四運動紀實〉說是他
放的火。也還有人認為是曹家自己放的，這些無恥政客，國都可以
賣，還有什麼事做不出來？一放火，造成學生的刑事犯罪，豈不就
可以逮捕法辦了嗎？」[72] 對照北京高師和北大學生兩方面的回憶，

70　周予同：〈火燒趙家樓〉，收入北京師範大學校史資料室編：《五四運動與北京
　　高師》，第 36−37 頁。

71　羅家倫：〈蔡元培時代的北京大學與五四運動〉，台北《傳記文學》，第 54 卷
　　第 5 期，1978 年 5 月。

72　楊晦：〈北京大學與五四運動〉，收入中國社會科學院近代史研究所編：《五四
　　運動回憶錄》，上冊，北京：中國社會科學出版社，1979 年，第 225 頁。內
　　中「據匡互生的〈五四運動紀實〉說是他放的火」一語不確，匡並沒有說是
　　他放的火。

北京高師學生縱火的可能性較大。[73]

在三十二名學生被捕的事件發生後，輿論界圍繞此案涉及的法律問題展開過討論。梁漱溟最先提出法律解決的辦法，「我願學生事件付法庭辦理，願意檢廳去提起公訴，審廳去審理判罪，學生去遵判服罪」；「在道理上講，打傷人是現行犯，是無可諱的。縱然曹、章罪大惡極，在罪名未成立時，他仍有他的自由。我們縱然是愛國急公的行為，也不能侵犯他，加暴行於他。縱然是國民公眾的舉動，也不能橫行，不管不顧，絕不能說我們所作的都對，就犯法也可以（使得我們民眾的舉動就犯法也可以使得）。在事實上講，試問這幾年，那一件不是借着『國民意思』四個大字，不受法律的制裁，才鬧到今天這個地步。」[74] 梁氏的這一看法若如一石激起千層浪，引發了報界的爭論。

《國民公報》社長藍公武首先反問梁漱溟，「吾要問梁君的，學生如照着梁君的話做，就能貫徹了法律、道德的主張麼？恐怕未必見得。」他辯駁說：「凡是群眾運動，是一個意志，一種共同感情的作用，這裏頭決不能分別輕重。」「全體學生都去領罪，似乎法律上也說不過去。若是拿幾個人去頂罪，不問挑選或是自首，在法律上是冤枉，在道德上是作偽，與法律、道德的真義卻是大相背馳」。五四事件，「在沒有公眾運動的中國，自然詫為奇事，大驚小怪。若在近世文明的國家，真是尋常茶飯，算不了什麼。」「講到法律、道德，就不能拿『擾亂治安』、『目無法紀』這些罪名，

73　關於北京高師學生「醞釀激烈舉動的預備」及其在火燒趙家樓過程中的表現，參見匡互生：〈五四運動紀實〉，收入北京師範大學校史資料室編：《五四運動與北京高師》，第 5–10 頁。

74　梁漱溟：〈論學生事件〉，《國民公報》，1919 年 5 月 9 日。1919 年 5 月 18 日《每週評論》第 22 期轉載。

加到國民示威運動的頭上來了」。[75]《國民公報》刊登兩篇意見相左的文章，其意似欲發起一場群眾運動與法律關係的討論。

署名「少少」的作者認為，「據吾人所見，國家原以國家本身及群眾福澤為其目的，而以各種法律為達此目的之手段、方法。談法者，決不可認指作月，即認手段、方法為其目的。故其方法，有時不適於得福利之目的者，則改其方法可也」，所以「此次，大學生竟蒙當道允保釋放，此不可謂非吾國一大可慶倖之事」。[76] 視釋放被捕學生為「法律能活用」的一大案例。

俞頌華認可學生運動的合法性，「今日北京學生之表示，實足以為個人自覺之明證。各方面有識者，咸表同情於北京之學生，亦足見吾社會未常不有自覺之萌芽，此或將來吾國法律本位進步之原動力，願國民勿以義務本位古陋之法律思想，判斷北京學生此次之功罪。彼北京學生，對曹、章之行為，以法律之形式揆，或未盡合。然以法律之實質論，非但無背於法律之精神，且為促進法律本位之元勳，此國人之所宜深察者也」。[77] 他認為法律應與正義、輿論保持一致性，以促「社會之進步」。

一位北京《晨報》的讀者發出疑問：「第一個疑問，就是國家和正義到底能不能一致？我們人類對於反乎正義的國家裁判，到底有沒有服從的義務？第二個疑問，就是法律的功用，到底能不能除暴去惡，或是單在維持秩序？死板板的法律條文，到底能不能合乎

---

75 知非（藍公武）:〈評梁漱溟君之學生事件論〉,《國民公報》,1919 年 5 月 10 日。1919 年 5 月 18 日《每週評論》第 22 期轉載。

76 （劉）少少:〈活法律與法律〉,北京《新民報》,日期不詳。1919 年 5 月 18 日《每週評論》第 22 期轉載。

77 澹廬（俞頌華）:〈北京學生之表示與法律本位之受遷〉,原載上海《時事新報》,1919 年 5 月 14 日。收入楊亮功:《早期三十年的教學生活　五四》,第 184－185 頁。

情理？」他明確表達願望：「我們的法律順着正義走，不要專重維持秩序一方面，忘記了除暴去惡一方面，對於人民行使正當防衛權的時候，不要嚴格拿那死板板的條文拘束他們才是。」[78]

《益世報》主編杜竹軒對徐世昌頒佈明令將被捕學生送交法庭明確表示不滿，「彼賣國之賊，殘民之官，及奸殺焚掠暴戾恣睢之武人，皆享有自由違法之特權」，「獨於被拘之學生，不問事實為何，民意為何，必欲一施其執法如山之威嚴，嗟呼！豈真小民該死耶？」[79]

陸才甫從法律、國家、外交三方面對徐世昌就釋放學生作出「移交法庭之命令」發表不同意見，以為「應處學生以暴動、傷人之罪。鄙人不敏，竊不謂然」。[80]

從輿論界的反應看，大家對「法辦」學生都不以為然，以為法律不僅是為了維護秩序，更是追求正義、為民謀福之工具。儘管如此，當時的學生的確如梁漱溟所建議的那樣，5 月 13 日北京高等專門以上十六學校學生自行向京師地方檢察廳提交檢舉名冊一本，表示「學生等誠無狀，理合依法自行投案，靜候處分」。[81] 如此龐大的學生群體「伏荊請罪」，北洋政府怎能奈何得了 ?!

被捕學生之所以沒有被「法辦」，除了京師警、檢、法部門「不力」外，與社會上強大的聲援浪潮構成的壓力有很大關係。從楊亮功編輯的《五四》一書第五章「文電錄要」收集的九十六封各

---

78 〈學生事件和國家法律的問題〉，《晨報》，1919 年 5 月 11 日。收入楊亮功：《早期三十年的教學生活　五四》，第 185–187 頁。

79 竹宣（杜竹軒）：〈大總統果欲置學生於法耶？〉，《晨報》，1919 年 5 月 11 日。收入楊亮功：《早期三十年的教學生活　五四》，第 187 頁。

80 陸才甫：〈學生無罪〉，《國民公報》，具體日期不詳。收入楊亮功：《早期三十年的教學生活　五四》，第 188–192 頁。

81 載《北京檔案史料》2009 年第 2 期，第 9 頁。

方電文看，唐紹儀、朱啟鈐、康有為、孫中山、梁啟超這些重量級的政界要人和各省議會、學生聯合會、國民大會、商會等單位、組織致電大總統徐世昌，表達對學生愛國運動的理解甚至聲援之意。[82] 民初以來，如此眾多政見不一的政界人士和黨派表態支持學生運動，實屬首見。這既是民族情緒高漲的表現，也包含「民意可用」因素的算計。正是因為有強大的民意支持作為後盾，北洋政府才不得不有所顧忌，對學生不敢肆意妄為，最後以「應不起訴」不了了之。

四、處理學生運動後續發展的舉措

「五四」事件以後，學生運動開始向全國蔓延。面對形勢發展，北洋政府面臨的又一個問題是如何處置正在向全國持續擴散的學生愛國運動和日漸失控的局勢。

5 月 17 日教育部訓令學生愛國「必尊重法律」：「近年以來，民智日新，人知愛國，此為吾國文化增進之徵第。愛護國家則必尊重法律。若勵學之年，質性未定，其始傳聞誤會，亦激於愛國之誠……凡茲莘莘學子皆國民優秀之選，夙聞文教，當知大義，須知綜持政綱責任，有屬以言愛國，同此心期，惟當挽濟艱屯，端名持以鎮靜，稍涉紛擾，恐速淪胥，名為愛國，適以誤國。」[83] 京師警察廳上呈教育部的公函也表態勸誡學生：「蓋以學校學生正在求學時期，對於學術上之尋究，方苦日力之不足，若分其精神於政治方

82　參見楊亮功：《早期三十年的教學生活　五四》，第 197－209 頁。

83　北京檔案館藏：〈教育部照錄大總統關於各校學生不得干預政治的訓令及京師學務局給各校的訓令〉，編號 J004-001-00189。

面，則於學術方面即不無妨礙。且學生正在求學，尚未到問世時期，既於政治問題素無研究經驗之可言，即有所表示，亦不能洞中窺要。乃先拋棄其求學時期至可寶貴之光陰，而從事於未有研究經驗之事業，在政治上未見有益，而在學術上先有所損，所謂兩失之道。為學生本身計亦不應。」[84] 這些溫和的告誡，表達了相關管理部門的基本態度。

　　5 月 19 日北京學生實行總罷課，參加者達二萬五千餘人。此後學生組織演講團；抑制日貨，提倡國貨；發行日刊，擴大宣傳。[85] 5 月 20 日北京商會總會開全體大會，議決抵制日貨辦法。到會者五十餘行。[86] 事態開始出現新的升級。京師警察廳嚴密監控學生運動，5 月 21 日第三分所巡官白光本、陳世濤謹呈：「上午八時餘，有第一中學學生二十餘名，手持白布旗，上書講演團等字樣，進地安門往南至景山後往東。又上午十一時餘，有北京中學學生八名，手持白旗，由北長街往北出地安門。又午後三時餘，有法文館學生十餘名，手持白旗、五色旗，出西磚門進三座門，過御河橋。又五時餘，有農工專門學校學生八名，進地安門往南過御河橋。雖未演說，而有散放傳單者。經加派長警勸諭而去。又六時餘，有北京大學校學生在油漆作東口演說。隨經加派長警勸諭，往南至景山後往東。」第四分所巡官白瑞啟、王仁澤、李光宇呈謹：「午正十二時，至下午七時，見中學及大學法文專學，又有中學學生均執旗由北長街至南長街門往來經過，在界內意欲講演，當即勸其他行，巡官帶同長警，沿途隨時照料，並無事故等情。」第一分所巡官陳恒泰、

84　北京檔案館藏：〈京師學務局轉發教育部關於禁止學生結社集會、印發傳單給京師各中學的訓令〉，編號 J004-002-00243。

85　參見彭明：《五四運動史》，第 304−311 頁。

86　參見《五四愛國運動》，下冊，第 501 頁。

黃瑞祺、杜泉澂、第三派出所巡長復俾者、黃兆瑞謹呈報：「午後二時餘，有商業學校講演團十餘人，在望橋上迤南，散放傳單，並欲演說抵制日貨。該學生團當經委長和平勸解，免講始行走去。並索取散放傳單四紙，一併遞署。」第一分所巡官陳恒泰、黃瑞祺、杜泉澂、第一派出所巡長唐文浩謹呈報：「下午七時餘，有北京大學學生講演團第一、二組十餘人，行至表章庫口外，意欲在彼講演。長警等用婉言勸諭，始行一律往北而去，並索取傳單。」第一分所巡官陳恒泰、黃瑞祺、杜泉澂、第三派出所巡長復俾者、黃兆瑞謹呈報事：「午後十二時餘，有京兆第一中學校學生九名，意欲在望恩橋上講演。委長和平勸解，始行走去等情。」[87]窺察派出所這些呈報，警察一方面嚴密監視學生的行動，控制事態的發展；一方面對學生講演團有所節制，採取「和平勸解」的辦法，讓學生自行散去。

　　5 月 22 日內務部兩次訓令警官高等學校校長王履康，重申 5 月 14 日大總統令，明確「自此次通令之後，京外各校學生，務各安心向學，毋得干預政治，致妨學業。在京由教育部，在外由省長督同教育廳長，隨時申明告誡，切實約束，其有不率訓誡、糾眾滋事者，查明斥退。總期成德達材，及時效用，異日敷陳政論，共抒謨猷，是固國家無窮之望，其共勉之」。[88]「着由京畿警備總司令督同步軍統領、京師警察廳總監、軍警督察長、京兆尹等。一律認真防護，共維秩序。遇有糾眾滋事不服彈壓者，仍遵照前令，依法逮

87　〈白光本等關於北京大中學生講演團活動報告〉，收入中國社會科學院近代史研究所、中國第二歷史檔案館史料編輯部編：《五四愛國運動檔案資料》，第190－192 頁。

88　〈內務部轉飭平禁學生干預政治訓令稿〉，收入中國社會科學院近代史研究所、中國第二歷史檔案館史料編輯部編：《五四愛國運動檔案資料》，第192－193 頁。

懲。其餘關於保衛治安事宜，均責成該總司令等，悉心調度，妥慎辦理。」[89] 這是明令軍隊協同警察處理學生運動的徵兆。5 月 23 日內務部訓令京師警察廳總監吳炳湘：「近聞京師地方排日風潮，愈演愈烈，竟有製成泥偶，指作日人，陳列道路，加以種種污辱。又各學校所組織之學生演說團遊行街市，所有旗幟及宣言，有指日本為敵國，日人為敵人字樣。似此昌言不諱指斥日本，不惟妨害國家交誼，亦且擾亂地方治安。且現聞安徽蕪湖地方，並有擊毀日人商店，毆傷日人情事。萬一京師地方亦遇有前項同一事實發生，殊非所以慎重邦交、維持治安之道。合亟令行該廳密行查察，分別依法辦理。」[90] 對國內出現的排日風潮顯然作為負面處理。5 月 25 日，大總統徐世昌對國務總理兼內務總長錢能訓、陸軍總長靳雲鵬下達鎮壓反日運動令：「近日京師及外省各處，輒有集眾遊行、演說、散佈傳單情事。始因青島問題，發為激切言論。繼則群言氾濫，多軼範圍。而不逞之徒，復藉端構煽，淆惑人心。於地方治安，關係至巨。值此時局艱屯，國家為重。政府責任所在，對內則應悉心保衛，以期維持公共安寧；對外尤宜先事預防，不使發生意外紛擾。着責成京外該管文武長官剴切曉諭，嚴密稽察。如再有前項情事，務當悉力制止。其不服制止者，應即依法逮辦，以遏亂萌。京師為首善之區，尤應注重。前已令飭該管長官等認真防弭，着即恪遵辦理。倘奉行不力，或有疏虞，職責攸歸，不能曲為寬假也。」[91] 表

89　〈內務部轉飭鎮壓學生愛國運動訓令稿〉，收入中國社會科學院近代史研究所、中國第二歷史檔案館史料編輯部編：《五四愛國運動檔案資料》，第 193－194 頁。

90　〈內務部鎮壓北京反日運動訓令稿〉，收入中國社會科學院近代史研究所、中國第二歷史檔案館史料編輯部編：《五四愛國運動檔案資料》，第 195－196 頁。

91　原載《北洋政府公報》一九一九年五月二六日第一一八八號，收入中國社會科學院近代史研究所、中國第二歷史檔案館史料編輯部編：《五四愛國運動檔案資料》，第 197－198 頁。

現了強硬制止反日運動的意志和決斷。從 22、23、25 日內務部到
大總統的這三道嚴令來看，北洋政府已經預感到一場政治風暴的可
能到來，為防止事態產生發酵效應，決定採取嚴厲措施。

　　日本方面對學生運動的強烈反應所構成的壓力，可以說是北
洋政府採取上述措施的直接原因。5 月 21 日，日本公使向北洋政
府提出嚴厲的外交照會，要求取締反日宣傳和所謂「過激」言論。
所列舉的事例有三：一、外交委員會會員、幹事長林長民在 5 月 2
日《國民公報》署名發表〈警告書〉曰：「今果至此。膠州亡矣！
山東亡矣！國不國矣！願我四萬萬合眾誓死圖之！」此文故意煽
動，「致釀成五月四日北京大學生縱火傷人之暴動」。二、5 月初，
以北京騾馬市大街湖廣會館為會場之國民自決會致電各省商會、省
議會及其他之團體，內稱「日本背棄信約，違反協約國保持民族領
土主權之宣言，乘意國離會之時，劫持和會，攘奪我山東，政府懦
不能恃，國民若不急圖自決，國亡旋踵。同人等組織國民自決會，
共圖挽就〔救〕，宣誓即與日本斷絕工商業並各友誼的關係」。三、
5 月 19 日《國民公報》登載北京民國大學生之外交救濟會啟事，
以「倭奴為中國之患久矣」為首句。[92] 日本方面對於《國民公報》
和國民自決會表現出的反日傾向極為惱火，利用外交施壓，企圖撲
滅這場烈火。

　　5 月 30 日外交部致內務總長公函稱：「准日使來照：以關於山
東青島問題，近來北京方面，散佈傳單，傳之各省各處。此種傳單
及其他之檄文、宣言等，不能不認為讒誣中傷之行動，請取締等
語。究應如何從嚴取締，俾免外〔人〕藉口之處，相應照錄日使來

---

92 〈外交部等處理日使要求取締散發反日宣傳品文件〉，收入中國社會科學院近
　　代史研究所、中國第二歷史檔案館史料編輯部編：《五四愛國運動檔案資料》，
　　第 200－202 頁。

照，函達貴部，即希查照核辦，並見覆為荷。」內附《中華民國八年五月三十日照譯日本公使來照》。[93] 日本公使的外交照會，對北洋政府形成了相當大的壓力，也是一個嚴重的提醒。5 月 23 日京師警察廳查封北京學生聯合會刊物《五七》日刊，並扣押了前去京師警察廳請願的四位學生。[94] 5 月 24 日凌晨，京畿警備總司令部下令查封《益世報》北京館，京師警察廳當晚傳訊該報總編潘智遠，指控 5 月 23 日《益世報》登載〈魯軍人痛外交失敗之通電〉一則「顯係煽惑軍隊，鼓蕩風潮」。[95] 5 月 25 日林長民被迫向徐世昌提出辭去外交委員會委員及事務長一職，其呈文曰：「今者日本公使小幡西君有正式公文致我外交部，頗以長民所任之職與發表之言論，來相詰問。長民憤於外交之敗，發其愛國之愚，前者曾經發表論文有山東亡矣，國不國矣，願四萬萬眾誓死圖之等語，激勵國民，奮於圖存，天經地義，不自知其非也，但無加害於日本人之據，彼日本人絕無可以抗議之理由。」[96] 明確表達了對日本施壓的憤懣。封殺《五七》日刊、《益世報》北京館以及逼迫林長民辭職，這些都是北洋政府對日本公使照會壓力做出的連鎖反應。

　　6 月 3 日內務部訓令京師警察廳總監吳炳湘：「案准外交部函稱：准日使來照：以關於山東青島問題，近來北京方面，散佈傳單，傳之各省各處。此種傳單及其他檄文、宣言等，不能不認為讒誣中

93　〈外交部等處理日使要求取締散發反日宣傳品文件〉（1919 年 5-6 月），收入中國社會科學院近代史研究所、中國第二歷史檔案館史料編輯部編：《五四愛國運動檔案資料》，第 201–202 頁。

94　學生被扣押情形參見楊振聲：〈回憶五四〉，收入《五四運動回憶錄》，上冊，第 263 頁。

95　〈京畿警備總司令部為查封《益世報》事致京師警察廳函〉，《北京檔案史料》，2009 年第 2 期，第 248 頁。關於此案的後續進展，參見〈1919 年《益世報》案史料〉選編者案語。

96　〈林長民辭職之呈文〉，《晨報》，1919 年 5 月 27 日，第 2 版。

傷之行動，請取締等語。究應如何從嚴取締，停免外人藉口之處，照錄日使來照，函達查照核辦見覆等因。到部。合亟照抄原抄件，訓令該廳注意取締，並將近日辦理情形，迅予覆部，以憑轉知。」[97] 傳達日本公使要求繼續追查反日動向的照會。6 月 6 日京師警察廳呈報內務部：「復經本廳將前准京畿警備總司令部交查《國民公報》論調，經於五月二十三日派員赴該報館認真檢查；並由廳佈告該報館：嗣後關於此類事件，務須慎重登載。於六月二日具文呈覆。先後各在案。茲奉前因，除由廳令行各區隊，對於該項傳單、宣言等件，隨時注意取締外，理合將本廳辦理該兩案經過情形，呈覆憲部鑒核。」[98] 彙報對《國民公報》反日言論的核查和處理。

　　從內務部和京師警察廳這一來一回的公文往覆中可見，北洋政府秉承日方的要求，對《國民公報》立案調查並進行處理。5 月以來，研究系主導的《國民公報》屢次刊登反日言論，被日本方面視為眼中釘，北洋政府亦以激進報紙待之，當時可能因顧忌輿論，北洋政府不敢對《國民公報》動手，等到學生運動風波停歇後，10 月 24 日以「觸犯刑律及出版規定」為由，將《國民公報》查禁，並將編輯孫幾伊判處一年零兩個月徒刑。[99]

　　5 月 31 日袁希濤發出不提前放假令密電：「北京各校前限三日上課，屆滿後，各校長請略寬期限，再加勸導。現有舉行考試及溫課者，均未上課。校外行動，經嚴重干涉後，尚無越軌情事。校內亦尚安靜。部中不發提前放假之命，但各校得酌量情形辦

97　收入中國社會科學院近代史研究所、中國第二歷史檔案館史料編輯部編：《五四愛國運動檔案資料》，第 203 頁。

98　〈京師警察聽呈〉（6 月 6 日），收入中國社會科學院近代史研究所、中國第二歷史檔案館史料編輯部編：《五四愛國運動檔案資料》，第 203－204 頁。

99　此案情形參見《1919 年國民公報案史料選》，《北京檔案史料》，2009 年第 2 期，第 258－282 頁。

理。」[100] 這實際上是為防止學生擴大事態，放假後回家將信息流播外地。

　　北洋政府面臨的另一個棘手問題是蔡元培的出走。5 月 9 日蔡元培辭職離京，5 月 11 日晚教育總長傅增湘離職出京。兩人不辭而別，成為影響北京教育界的又一事件。教育部次長袁希濤為挽留蔡元培，多次密電促其返校。5 月 12 日密電中國教育會會長沈信卿：「九日，大學蔡校長辭職，逕行出京。直轄各校長，亦遂辭職。各校員生，紛起請留。情勢急切，部已派商者，南來挽留。濤昨見首揆，頃謁元首。均囑部，速留蔡。倘蔡公抵滬，請先轉達。」[101] 5 月 13 日密電江蘇教育廳長胡家祺：「支日被拘學生，虞日已一律保出。至挽留蔡校長事，昨謁元首，面囑部速留。政府並已辦有挽留指令。惟傅總長離部未回，未副署。」[102] 5 月 15 日密電江蘇教育會副會長黃炎培：「政府留蔡指令，已發表。直轄各校長，亦多允仍任職。蔡公已否過滬，倘對於挽留一節，遽仍表示決絕，則風潮難息。牽連教育大局，深可危慮。」[103] 表達對蔡元培不歸北大的深切關注。5 月 17 日密電沈彭年：「前兩日直轄校長辭職者，均回校，大學秩序已漸回復。昨晚大學，又以政府所發命令不滿意，約集各校，發生風潮，現已設法維持。但再生枝節，則無法處置矣。蔡公蹤跡未得，如已託人在杭、紹物色，則公可即回京。」[104] 5 月 16 日北京高等師範學校校長陳寶泉等為挽留蔡元培密電江蘇教育

100〈袁希濤關於不發提前放假令密電〉（5 月 31 日），收入中國社會科學院近代史研究所、中國第二歷史檔案館史料編輯部編：《五四愛國運動檔案資料》，第 204 頁。
101《五四愛國運動檔案資料》，第 235 頁。
102《五四愛國運動檔案資料》，第 235－236 頁。
103《五四愛國運動檔案資料》，第 236 頁。
104《五四愛國運動檔案資料》，第 236 頁。

會沈、黃、蔣先生:「公去留關係極大,萬勿堅辭,為吾道留一生機。泉等現以時局艱難,暫出維持現狀,仍視公為去留。」[105] 袁希濤、陳寶泉這些電文清晰地表達了教育部和北京教育界對蔡元培去職所持的挽留態度。對北京方面伸出的「慰留」橄欖枝,蔡元培回電非常低調:「大總統、總理、教育總長鈞鑒:奉大總統指令慰留,不勝愧悚。學生舉動,踰越常軌,元培當任其咎。政府果曲諒學生愛國愚誠,寬其既往,以慰輿情,元培亦何敢不勉任維持,共圖補救。謹陳下悃,佇候明示。」[106] 蔡元培的表態給自己回歸留下了周旋的餘地。

風波再起是在 6 月 3 日。這天上午北京二十餘校數百學生上街展開宣傳活動,當局出動大批警察、軍隊逮捕上街的學生,驅散圍觀的聽眾,被捕人員達到一百七十多人。4 日軍警繼續拘捕學生七百餘人,這些被捕學生被送到北河沿北京大學法科校舍監禁。因被捕人數過多,馬神廟理科校舍也被當作臨時拘留場所。6 月 5 日許寶蘅日記載:「學生前、昨兩日被軍警擁送至法科、理科兩校舍者一千數百人,軍警監視甚嚴,眾論頗激。」[107] 事態發展出現了新的拐點。

五、從錢能訓內閣辭職到拒簽對德和約

周策縱先生以錢能訓內閣垮台和拒簽和約作為「五四」事件

105《五四愛國運動檔案資料》,第 236 頁。初稿此句下有「以息學界反對風潮」語,定稿時刪去。

106《五四愛國運動檔案資料》,第 238 頁。

107 參見許恪儒整理:《許寶蘅日記》,第二冊,第 672 頁。

解決的標誌。[108] 實際上，曹汝霖早在 5 月 6 日提出辭呈，要求辭去交通總長之職。[109] 5 月 8 日總統徐世昌指令、總理錢能訓批覆慰留曹汝霖，稱「該總長從政有年，體國公誠，為本大總統所深識。流言詆毀，致釀事端，馴致毀屋毆人，擾害秩序。該總長因公受累，實疚於懷。業經明令將當場逮捕滋事各生及疏於防務人員，分別懲辦」。[110] 5 月 10 日錢能訓提出辭職，「各方面皆不謂然」，因段祺瑞等「皆不擔認組閣，並誠意留揆」。[111] 此事才暫作罷。5 月 14 日徐世昌指令，錢能訓批覆慰留幣制局總裁陸宗輿，為其辦理膠州案件，交涉二十一條，處理對德宣戰辯護。[112] 5 月 19 日北京學生總罷課，明確提出「懲辦曹汝霖、章宗祥、陸宗輿等以除國賊」。[113] 5 月 23 日在徐世昌下達嚴禁學生罷課命令後，代理教育總長袁希濤亦密電上海教育會沈信卿，表示「懲辦曹陸問題，政府因各方面關係，於事實上亦不能照辦。學生此次要求目的，既難達到，而妨障〔礙〕秩序之事實，又復迭生。則外省言論上之鼓吹，此時宜相機注意，以免青年熱度沸騰，至不可收拾之地位」。[114] 這時北洋政府

108 參見周策縱著，陳永明、張靜等譯：《五四運動史》，第 161–167 頁。

109〈曹汝霖請求辭職呈〉（1919 年 5 月 6 日），收入中國社會科學院近代史研究所、中國第二歷史檔案館史料編輯部編：《五四愛國運動檔案資料》，第 301–303 頁。

110〈大總統慰留曹汝霖指令〉（1919 年 5 月 8 日），收入中國社會科學院近代史研究所、中國第二歷史檔案館史料編輯部編：《五四愛國運動檔案資料》，第 301 頁。

111 許恪儒：《許寶蘅日記》，第二冊，第 669 頁。

112〈大總統慰留陸宗輿指令〉（1919 年 5 月 14 日），收入中國社會科學院近代史研究所、中國第二歷史檔案館史料編輯部編：《五四愛國運動檔案資料》，第 304 頁。

113 楊亮功：《早期三十年的教學生活　五四》，第 138 頁。

114 收入中國社會科學院近代史研究所、中國第二歷史檔案館史料編輯部編：《五四愛國運動檔案資料》，第 304 頁。

尚不想鬆綁，免除曹、章、陸三人的職務。

　　6月5日上海「三罷」後，舉國沸騰。6月6日北京大學「法科、理科兩處學生已由各本校領回數百人，其餘不肯散出」。6月7日「南京、鎮江亦罷市。院部派人勸慰學生」。6月9日「天津罷市。津浦路工罷工」。[115]

　　面對風潮再起的愛國運動，北洋政府於6月9日召開內閣會議，決定接受曹汝霖、章宗祥、陸宗輿三人的辭職。[116]6月10日徐世昌發佈《大總統令》：「交通總長曹汝霖呈請辭職，曹汝霖准免本職。」同時，章、陸亦「准免本職」。其實徐世昌、錢能訓當日亦提出辭職書。徐世昌及內閣之所以做出這一決定，除了上海「三罷」形成的壓力外，地方大員的督請也不可小視。以徐世昌為首的中央政府畢竟是一弱勢政府。6月7日湖南督軍張敬堯致電徐世昌、錢能訓，要求「即頒明令斥免曹、章」。[117]6月8日坐鎮上海的淞滬護軍使盧永祥、滬道尹沈寶昌聯名致電徐世昌：「現在罷市業經三日，並聞內地如南京、寧波等處，亦有罷市之說，星星之火，可以燎原，失此不圖，將成大亂……現上海學界既堅以曹、陸、章三人去職為開市條件，商界亦曾有電請求，民心向背，即時局安危，亦不敢壅於止聞。可否查照上海總商會前電所呈，准將三人一併免職，明令宣示，以表示政府委曲求全，力顧大局之意。」[118]這兩封來自南方「諸侯」的電報，對北洋政府似乎是「哀的美敦書」，促使其做出「棄卒保帥」的決定。由於段祺瑞和兩院

---

115 參見許恪儒整理：《許寶蘅日記》，第二冊，第673頁。
116 參見〈曹汝霖再辭與政府〉，《公言報》，1919年6月9日。
117〈張督請罷曹章電〉，《大公報》（長沙），1919年6月13日，第7版。
118〈護軍使、道尹請免曹、章、陸電〉，《申報》，1919年6月10日，第11版。

議長的挽留，徐世昌才打消辭意。[119]

　　徐世昌免職令下達後，地方秩序很快轉向平穩。據 6 月 11 日〈內務部關於曹陸章已免職希求勸解滬市各界電〉：「曹、陸、章已令准免職。津埠本日開市。北京學界刻已籌議上課。京總商會本日亦有通電。滬市各界，希悉力勸解。」[120] 又據 6 月 12 日〈江蘇教育廳為曹章陸免職轉飭復課代電〉：「現在京校風已經平靜，秩序亦漸見恢復。本省各校應自遵照省、部電，迅將校務及善後諸端，悉心規劃，力圖整理，以期回復原狀。」[121] 這兩電均顯示在曹、陸、章三人被免職後，京、津很快恢復秩序。

　　6 月 12 日上海學生聞訊免除曹、章、陸三人的職務後，當晚結隊到法租界遊行慶賀，從法租界經帶鈎橋進入英界山東路，被印度馬巡阻止入界，「一時路人擁集，大為不平」。據淞滬警察廳廳長徐國梁報告，「公共租界總巡捕房聞警，派大隊印度馬巡及西探等，荷槍實彈馳至。因見人多擁擠不退，遂致互毆，印捕開槍轟擊，並用槍刺亂扎，當時被槍擊斃年約三十餘歲，上身無衣，下着單褲之無名男子一人」，同時被擊傷者十名，事後被送往仁濟醫院治療。「英國巡捕亦有頭部受傷者一名。幸地方平靜，尚未牽動市面」。[122] 這是自 6 月 5 日上海「三罷」以來發生的一起流血事故。

　　6 月 13 日徐世昌日記載：「今日准錢幹臣辭內閣總理職，以龔

119 6 月 11 日許寶蘅日記載：「元首辭職書昨晚送達兩院，外間議論甚多，皆不以為然，下午合肥來留，兩議長來留，聞外交團有緊急會議。」參見許恪儒整理：《許寶蘅日記》，第二冊，第 673 頁。

120 收入中國社會科學院近代史研究所、中國第二歷史檔案館史料編輯部編：《五四愛國運動檔案資料》，第 306 頁。

121 收入中國社會科學院近代史研究所、中國第二歷史檔案館史料編輯部編：《五四愛國運動檔案資料》，第 307 頁。

122 收入中國社會科學院近代史研究所、中國第二歷史檔案館史料編輯部編：《五四愛國運動檔案資料》，第 308 頁。

仙舟（心湛）暫兼代理」。[123] 當天許寶蘅日記對內閣更換作了較為
細緻的交代：「幹揆辭職照准，龔仙舟代，擬提周少樸。子昂代總
務。嘯麓回銓局任，余署參議，遠伯之缺。擬派幹揆督辦墾牧，田
煥老否認。元首辭職書昨兩議長送來，未收，又函送國務院。」[124]
至此，北洋政府因不堪強勢的社會壓力，只好做出退讓，接受學生
運動的要求，以妥協平定風波。

　　「五四」事件發生後，在處理對德和約問題上，北洋政府首鼠
兩端，表現猶疑。5 月 13 日國務院致各省區密電謂：「青島問題，
迭經電飭專使，堅持直接歸還，並於歐美方面多方設法。嗣因日人
一再抗議，協商方面極力調停，先決議由五國暫收，又改為由日本
以完全主權歸還中國，但得繼續一部分之經濟權及特別居留地。政
府以本旨未達，正在躊躇審議。近得陸使來電，謂美國以日人抗
爭，英、法瞻顧，恐和會因之破裂，勸我審察。交還中國一語，亦
未允加入條文甚是注重，既未達最初目的，乃並無交還中國之規
定，吾國斷難承認。但若竟不簽字，則於協商及國際聯盟種種關係
亦不無影響。故簽字與否，頗難決定。」[125] 同日〈錢能訓為對和約
簽字問題不可偏激致岑春煊等密電稿〉亦表達了同樣的意思。[126] 5
月 14 日山東督軍兼省長田中玉〈主張和約暫緩簽字密電〉稱：「竊
謂青島問題，關係國家之存亡甚重。又當此群情激昂之際，倘遽簽
字，國內或有沸騰之虞。若因此演出別項交涉，則辦理將更棘手。

123《徐世昌日記》，第三冊，第 16 頁。
124 許恪儒整理：《許寶蘅日記》，第二冊，第 673 頁。
125 收入中國社會科學院近代史研究所、中國第二歷史檔案館史料編輯部編：
　　《五四愛國運動檔案資料》，第 320 頁。
126 收入中國社會科學院近代史研究所、中國第二歷史檔案館史料編輯部編：
　　《五四愛國運動檔案資料》，第 321–322 頁。

故權衡輕重，似以暫不簽字，徐圖事後補救之說為較善。」[127] 田中玉「暫不簽字」的看法，在地方大員中具有一定代表性。

5 月 24 日，國務院致電各省（敬電），對和約簽字問題的態度有所調整：「經熟思審處，第一步自應力主保留，以俟後圖；如保留實難辦到，只能簽字。當經徵詢兩院議長及前段總理，意見亦屬相同。因時期促迫，已於昨日電覆陸專使照行。此次青島交涉，群情憤激，舉國騷然。政府初志，本主由歐會直接交還，屢經切實提議，嗣因義國出會，日本於青島問題抗爭甚力，歐會將成破裂，一變而成今日之局。政府如為曲徇輿論計，固不妨拒絕簽字，表示決心。而國家利害所在，即政府職任所在，設拒絕簽字後，弊害迭見，勢必歸咎於主謀之不臧。熟權利害，再四思維，如竟不簽字，則嗣後挽救惟難；簽字後，仍須國會議決，元首批准，尚不乏操縱餘地。」[128] 顯示北洋政府態度的退卻。這一打算遭到了眾議院的反對。5 月底，張玉庚等六位國會眾議院議員提案稱：「為巴黎會議各問題，政府決定此項草約，大體應行簽字，惟山東問題，聲明另行保留，請求同意。等因。曾經眾議院於五月二十六日開會一致同意在案。據此，查另行保留是否有先例可援，其期限，其保留是否確有把握，均在不可預定之列。萬一發生意外變動，是未收簽字之利，先召山東危亡之害矣。近來人心憤激，僉以拒絕簽字，為一致主張。如政府必欲拂多數人之心理，恐全國騷動，立召危亡。事變之口，不止山東一隅……為此，應請政府下最後之決心，如保留山東問題毫無把握時，即訓令赴歐專使，拒絕簽字，留將來挽救之

127 收入中國社會科學院近代史研究所、中國第二歷史檔案館史料編輯部編：《五四愛國運動檔案資料》，第 322 頁。

128〈萬擾中之和約簽字問題〉，《公言報》，1919 年 6 月 8 日。

餘地,即以收一線未絕之人心。」[129] 連署此案的有蔣棻、林柄華等十二人。可見拒絕簽字是眾議院一方的意見。

　　6月9日吳佩孚等直系將領致電徐世昌:「仰懇大總統以國體為念,以民心為懷,一面釋放學生,以培養士氣。一面促開國民大會,宣示外交得失緣由,共維時艱,俾全國一致力爭,收回青島,以平民氣,而救危亡。時機危迫,一髮千鈞,臨電不勝悚惶待命之至。」[130] 直系將領的高調表態,對當天內閣做出免除曹、章、陸的決定是否有直接關係雖難確定,但其制衡皖系的影響力當然不可低估。

　　從北京向全國各地波及的學生運動和上海新興的「三罷」,可以體察學生、市民對巴黎和會處理山東問題的民意取向,對免除親日派曹、章、陸三人職務的堅決態度;而田中玉等地方大員的致電、張玉庚等國會眾議院議員的連署,吳佩孚等直系將領的表態,可以看出北洋及上層的明顯「裂變」,段祺瑞為首的皖系及親日派勢成孤立,暫無公開招架之力。免除曹、章、陸三人職務、拒簽對德和約已成朝野上下絕大多數人的意願,巴黎和會中國代表拒簽和約可以説是順勢而為的一個結果而已。[131] 五四運動成功開啟了中國民間外交。

129 收入中國社會科學院近代史研究所、中國第二歷史檔案館史料編輯部編:《五四愛國運動檔案資料》,第 323－324 頁。

130 收入中國社會科學院近代史研究所、中國第二歷史檔案館史料編輯部編:《五四愛國運動檔案資料》,第 352 頁。

131 相關的最新研究參見:鄧野:《巴黎和會與北京政府的內外博弈:1919 年中國的外交爭執與政派利益》,北京:社會科學文獻出版社,2014 年;唐啟華:《巴黎和會與中國外交》,北京:社會科學文獻出版社,2014 年。

六、結語

　　北洋政府對五四運動的處理有一個演變過程。5 月 4 日學生運動爆發時，總統徐世昌表面上態度曖昧，「意主和平」，警察總監吳炳湘看其眼色行事。坊間流行「五四」事件是徐世昌與在野的研究系合謀，意在打擊握有實權的親日派段祺瑞，並非空穴來風，至少這兩派力量有意利用民意抗衡親日派和日本的高壓。[132] 這是運動的第一波。5 月 19、20 日，北京大、中學生再次罷課，各地學生紛紛響應，學生運動升級。5 月 21 日日本公使向中國外交部抗議。內外壓力促使北洋政府轉而對學生運動採取強硬措施。5 月 23 日查封北京學生聯合會刊物《五七》日刊。6 月 3、4 日逮捕走上街頭的數以百計的學生。這是運動的第二波。6 月 5 日上海爆發「三罷」，要求釋放學生，罷免曹汝霖、章宗祥、陸宗輿，形勢開始逆轉，運動走向第三波。6 月 10 日徐世昌准免曹、章、陸三人的職務，6 月 13 日再准錢能訓辭職。從政府角度而言，顯然是向民意退讓，表示對形勢失控負責。6 月 28 日參加巴黎和會的中國代表拒絕簽字，其決定不管是出自國內民意和會外巴黎華人的壓力，還是來自北洋政府的指令，民族情緒的高漲把各方力量重新扭結在一起。中國外交第一次在國際社會表達了自己的意願。這個結果是在國內多股勢力經過五十多天的幾度博弈之後做出的選擇，其代價不可謂不大。但北洋政府能夠根據民意和國家利益適時調整決策，在管控與協商之間保持彈性，在一定程度上體現了共和體制的運行機制，這與前清處理外交危機的方式確有本質不同。

---

132 參見吳虬：《北洋派之起源及其崩潰》，收入榮孟源、章伯鋒主編：《近代稗海》，第六冊，成都：四川人民出版社，1987 年，第 240－241 頁。

　　五四運動處理的是外交危機，其內驅動力是愛國救亡，然其運動方式卻是民主性的群眾運動。中國第一次在社會政治領域以新的方式──抗議性的公共集會、遊行、貼標語、撒傳單展開運動；政府依據現有的法律框架掌控局勢，雖在 5 月 4 日、6 月 3、4 日兩度出現批捕學生事件，但並未釀成流血衝突，且很快釋放被捕學生。朝野雙方在共和制的框架下嘗試自己的意願訴求和應對決策，上下互動，有張有弛，有理有節，這是一次大規模的民主政治實驗。五四運動可謂對新生共和制的一次檢驗。在國家危機時刻，通過這樣一種方式快速解決問題，獲得了進步知識界的認可和熱烈追捧，其動員方式迅即作為樣板推廣，群眾運動以後遂成為常態，五四運動產生的後續正負影響均濫觴於此。

載《中共黨史研究》，2020 年第 1 期。收入歐陽哲生主編：《百年回看五四運動──北京大學紀念五四運動 100 周年人文學術論壇論文集》上冊，北京：社會科學文獻出版社，2020 年 12 月，第 1－41 頁。

從五四時期的「主義」建構到中共初創的 行動綱領──五四思想的動態考察

　　歐戰後中國進步的思想界面對新的國內外形勢，追蹤世界大勢，加大引進歐美新思潮的力度，探索中國問題，適時地調整思想坐標，逐漸形成新的思想定向。探尋五四以後走上共產主義道路的知識份子，他們的思想歷程大體經歷了三次演變：首先是接受新文化運動的洗禮，確認「主義」為傳統儒學的替代品；然後是在各種主義的選擇中，傾向社會主義；最後是在各種社會主義思潮（如無政府主義、馬克思主義、新村主義、基爾特社會主義）中認同俄羅斯的無產階級專政和共產主義。這三部曲可以說是五四時期走上共產主義道路的知識份子的常規步驟。把握這三部曲的演進，是我們開啟第一代共產主義知識份子思想世界的一把鑰匙。

一、「主義」開始引領時代的新潮流

　　新文化運動是一場思想解放運動。所謂「思想解放」，其內含無非是兩層：一是從傳統文化、從舊文化中解放出來，主要是擺脫儒學理念和禮教秩序；一是輸入西方近世文化，特別是西方的各種新興主義，以為指導人生、解剖社會、改革政治，謀求出路的思想

工具。前一層具有破壞的意義,後一層具有遞進的意義。

　　儒學意識形態的解構並不是自新文化運動始。清廷實施新政,其重要內容之一就是在 1905 年廢除力行千年的科舉制度,實行新教育制度,大力開辦新學堂,儒學意識形態由此在教育領域崩解。民國初年,蔡元培主長教育部,發表新教育方針,對前清教育宗旨加以清理,明確宣佈廢除前清教育宗旨中的「忠君」、「尊孔」條款:「滿清時代,有所謂欽定教育宗旨者,曰忠君,曰尊孔,曰尚公,曰尚武,曰尚實。忠君與共和政體不合,尊孔與信教自由相違。」[1] 對前清教育宗旨中所包含的文化專制主義內容作了堅決的否定。1913 年頒佈《大學令》,大學體制改八科為七科,廢除經科,在新大學架構設計中不再保留經學的地位。通過上述舉措,儒學意識形態在制度層面已被解構。新文化運動對儒學的批判主要是在道德倫理層面,提倡新道德,反對舊道德,斥責傳統禮教為「吃人的禮教」,大呼「倫理的覺悟,為吾人最後覺悟之最後覺悟」,[2] 從而給予傳統禮教秩序以致命的一擊。

　　新文化的核心價值觀念主要是從新的「主義」演繹而來。新文化的現代性也主要體現在此。傅斯年是最早認識到「主義」重要性的思想者之一。他説:「人總要有主義的;沒主義,便東風來了西倒,西風來了東倒,南風來了北倒,北風來了南倒。沒主義的不是人,因為人總應有主義的,只有石頭,土塊,草,木,禽獸,半獸的野蠻人,是沒靈性,因而沒主義的。沒主義的人不能做事。」他向大家發出幾個問題的疑問:「(1) 中國的政治有主義嗎?(2) 中國一次一次的革命,是有主義的革命嗎?(3) 中國的政黨是有主義

1　蔡元培:〈對於新教育之意見〉,中國蔡元培研究會編:《蔡元培全集》,第二卷,杭州:浙江教育出版社,1997 年,第 16 頁。

2　陳獨秀:〈吾人最後之覺悟〉,《青年雜誌》,第 1 卷第 6 號,1916 年 2 月 15 日。

的嗎？(4) 中國人有主義的有多少？(5) 中國人一切的新組織，新結合，有主義的有多少？任憑他是什麼主義，只要有主義，就比沒主義好。就是他的主義是辜湯生、梁巨川、張勳……都可以，總比見風倒的好。中國人所以這樣沒主義，仍然是心氣薄弱的緣故。可歎這心氣薄弱的中國人！」[3] 傅斯年呼喚「主義」，他認為革命應該有主義引導，政黨組織要有主義指導，中國人必須信仰主義。傅斯年的這一看法代表了新一代青年知識份子的思想覺悟。李大釗則更進一步，他對運用主義與解決問題的辯證關係做了新的闡發，「因為一個社會問題的解決，必須靠着社會上多數人共同的運動。那麼我們要想解決一個問題，應該設法使他成了社會上多數人共同的問題。要想使一個社會問題，成了社會上多數人共同的問題，應該使這社會上可以共同解決這個那個社會問題的多數人，先有一個共同趨向的理想、主義，作他們實驗自己生活上滿意不滿意的尺度（即是一種工具）。那共同感覺生活上不滿意的事實，才能一個一個的成了社會問題，才有解決的希望」[4] 他強調主義在社會運動中的指引、導向作用，他為自己推介的「過激的」布爾什維克主義作了辯護。成為共產黨人的陳獨秀把主義比做方向，「我們行船時，一須定方向，二須努力」；「主義制度好比行船底方向」，「改造社會和行船一樣，定方向與努力，二者缺一不可」[5] 這是他對自己之所以選擇共產主義所做的思想注腳。從傅斯年、李大釗、陳獨秀對「主義」的這些認識可以看出，「主義」支配社會政治的新時代來臨了！

　　五四時期傳輸的主義先後有無政府主義（Anarchism，又譯作

3　傅斯年：〈心氣薄弱之中國人〉，《新潮》，第 1 卷第 1 號，1919 年 1 月 1 日。
4　李大釗：〈再論問題與主義〉，《每週評論》，第 35 號，1919 年 8 月 17 日。
5　陳獨秀：〈努力與方向〉，《新青年》，第 8 卷第 4 號，1920 年 12 月 1 日。

安那其主義）、易卜生主義、實驗主義、馬克思主義、新村主義、基爾特社會主義、平民主義等等。這些主義的傳輸途徑各有不同，實驗主義主要是由留美歸國的胡適和來華講學的杜威傳播而成，新村主義的傳人主要是曾在日本留學的周作人。無政府主義代言人的成分相對複雜，既有老一輩的國民黨元老吳稚暉、蔡元培、李石曾，他們曾在法國勤工儉學，也有年青的北大學生區聲白、黃凌霜。基爾特社會主義宣傳者主要是研究系的張東蓀、梁啟超等，馬克思主義的傳播者則以李大釗為代表。主義的代言人往往與特定的人物發生關聯，這些人物在精神氣質上受其宣傳的主義融化，形成某種新思想偶像。在整理五四時期傳播的各種「主義」的文獻材料時，我發現，五四時期傳佈的「主義」並沒有人們想像的多，這是因為從學理上探討「主義」有相當高的要求，這些新來的「主義」都是由外輸入，因而論者必須懂外文，又能夠接觸這些外來「主義」的材料，還要有思想探索的勇氣，具備這些條件並非易事，這就是當時新思潮的發源地為什麼是在北京大學，新思想的傳播為什麼首先是從京、滬兩地開始的原因所在。新傳播的「主義」因其對年青一代知識份子具有引領性的影響力而成為時代的新潮流。

　　這些新傳輸的主義帶有很強的先鋒性特點，有的是十九世紀下半期才在西方流行的思潮，如無政府主義；有的在西方甚至是剛剛興起或尚在實驗階段，如實驗主義、易卜生主義。無政府主義在中國傳輸相對較早，辛亥革命時期即有劉師培、劉師復等人宣傳力行，五四以前在青年學生中已有一定的市場，五四時期流行的無政府主義主要是克魯泡特金的「互助論」、工讀互助論。實驗主義是美國的本土哲學，帶有很強的美國精神氣質，它的源頭可追溯到皮耳士（1839－1914），中經詹姆士（1842－1910）的發展，再到杜威（1859－1952），不過半個多世紀的時間，成為在美國影響極大的主流哲學，胡適、陶行知等哥大留學生將其介紹到中國來，

把它改造成為一種適應本土的思想工具和教育思想。在五四時期傳輸的各種歐美思潮中，這兩股思潮影響較大。

五四時期這些「主義」在中國流傳開後，對新青年影響很大。告別儒教、禮教價值觀念的新青年轉向新的主義。當時的新青年可能是一種主義的追隨者，也可能是多種主義的混合體。前者如人們熟知的巴金，他的取名即是接受巴枯寧和克魯泡特金無政府主義影響的明證。後者如青年毛澤東，他在五四前期可以說受到無政府主義、實驗主義、新村主義多種新思潮的影響，因此投身思想解放的激流。有一種看法認為，大多數早期馬克思主義者都是從無政府主義轉變而來，實際上，應該說無政府主義只是構成他們身上的某種新的元素，同時傳輸的其他主義也在產生作用。實驗主義對青年毛澤東的影響就不可小視，他擬訂的「問題研究會章程」即是一個案例。惲代英早年與基督教青年會聯繫密切，接受了基督教社會主義思想的影響，基督教成為他通向馬克思主義的橋樑。[6] 當一個青年沒有確定自己的思想信仰，他的內在世界是一個漂泊體，是流動不居的，任何新鮮的思潮都可能對他產生衝刺，使他的思想發生這樣、那樣的變化。早期馬克思主義者的思想前史並不單一，他們有着複雜的多樣化的思想來源。

「主義」構建了新的不同於傳統儒教（儒學）的話語系統。儒教是以四書五經（或十三經）為經籍，以修身齊家治國平天下為思想路線，以三綱五常、四維八德為價值體系。「主義」關注的是個人、社會、國家之間的關係，以不同文明之間的對話為主軸，社會、文明（文化）、國家、民族、階級成為新的關鍵詞，民主、自

6　參見韓凌軒：〈早期惲代英與基督教〉，《近代史研究》，1988 年第 2 期；覃小放、余子俠：〈惲代英與基督教青年會〉，《華中師範大學學報（人文社會科學版）》，2009 年第 6 期。

由、科學、解放、革命這些新概念、新名詞由於符合新文化的氣質
而被高頻使用。

　　五四時期的公共空間主要由社團和報刊構建。新思想的傳播
途徑主要由新報刊、新社團、新學堂、新書籍發佈。新思想通過這
些渠道擴散，新思想也在這些場域展開討論、激辯。

　　五四時期的報刊多達六百多種。[7] 新思潮、外來主義的傳輸主
要是通過這些報刊流佈。報刊據其發行量、讀者面有大有小，五四
時期的大多數報刊用今天的話說，其實都是自媒體，自生自滅，存
活期大多不長。這些自媒體運作靈活、反應敏捷、信息量大，往往
成為傳佈新思想、新觀念、新主義的載體。

　　「主義」的興起造就了不同的思想場域。由於主義與社團結
合，不同的主義信仰者往往構建不同的社團。社團和其創辦的刊物
往往成為宣傳主義的陣地。由此社團、報刊、主義形成一種共振關
係。抬扛式的爭論往往成為當時一種常用的論辯方式。

　　「主義」的傳播如果只是流於紙面上的清談，就不過是一種學
院式的學理探討而已，如果用來解剖人生，分析社會，探究政治，
就可能轉變成為一種觀念的力量，對社會政治產生能動的作用。
五四時期的「主義」建構，從一開始就表現出應用社會政治的傾向。

　　「主義」打造新的社會政治組織。從前的會黨、宗族是沒有什
麼主義，只講究江湖規則、朋友義氣、血緣關係、地方結幫，即使
辛亥革命時期的革命組織，如同盟會，也帶有濃厚的秘密社會性
質。五四時期傳輸的「主義」很快就與政治（政黨）結合，成為各
個政黨的行動指南或指導思想。

7　目錄參見 Chow Tse-tsung, *Research Guide to the May Forth Movement*,
　　Cambridge, Massachusetts: Harvard University Press, 1963, pp.26-129.

　　「主義」的組織化最初是從無政府主義者開始。早在辛亥革命時期，無政府主義者劉師培、何震、張繼等在日本東京成立社會主義講習會，刊發《天義》、《衡報》；吳稚暉、李石曾、張靜江等在法國巴黎成立世界社，創辦《新世紀》；劉師復在廣州成立心社。這些早期的無政府主義組織影響力比較有限，組織化程度也不高。五四時期的無政府主義思潮彌漫於許多進步報刊。《新青年》、《新潮》、《少年中國》、《晨報副鐫》、《時事新報》「學燈」、《民國日報》「覺悟」都有大量宣傳無政府主義的言論。無政府主義組織在北京有實社、進化社、奮鬥社、互助社、學匯社，在上海有民眾社，在南京有群社、民鋒社，這些無政府主義組織渙散，存活時間短，明確標示自己為無政府主義的人士也並不多，因此無政府主義未能成立政黨，但無政府主義已然成為一股富有影響力的思潮，對很多青年知識份子有不同程度的影響。

　　新傳輸的馬克思主義首先促發了共產主義小組的誕生。五四時期的馬克思主義之所以在中國能夠形成氣候，與十月革命的影響直接相關。馬克思主義通過日本、法國、俄國等外來途徑傳入中國。新興的共產主義小組因為外有俄羅斯和共產國際的扶助和支持，內有陳獨秀、李大釗的堅強領導，很快脫穎而出，成為充滿活力、組織化程度較高的政黨雛形。

　　國民黨原來雖以三民主義為政綱，但在辛亥革命前後卻缺乏對於這一革命理論的系統闡述，它也不特別重視自身的理論建設，而以暗殺、破壞、倒清為能事。五四運動以後，孫中山受到新思潮的影響和啟發，開始注意輿論在革命中的造勢作用，胡漢民、朱執信等創刊《星期評論》、《建設》，介入新文化運動，孫中山改組國民黨，重新解釋三民主義，國民黨與主義的結合日益緊密。

　　研究系人士張東蓀、梁啟超等曾探討、宣傳過基爾特社會主義，但內部對基爾特社會主義的認同度不一，沒有形成共識，自然

就無法完成主義的組織化。研究系的萎縮，與其未能確認「主義」
有一定關係。主義不僅具有指導方向的意義，而且能起連結組織的
紐帶作用。一個現代組織畢竟需要思想重心。

從少年中國學會分化出來的國家主義派成立了青年黨。青年
黨能夠迅速壯大，與其確定的主義指向有很大關係。很難想像，青
年黨在 1920 年代曾與國民黨、共產黨鼎立三足，說明當時的國家
主義有極大的影響力。主義的盛衰不僅與其國內的角力有關，而且
與國際秩序的變化相聯，國家主義派缺乏來自國際上的支持，最終
趨於式微。

「主義」是新的思想武器。有主義比無主義要好，這是新思想
界的共識，也是新思想界各種「主義」氾濫的基礎。在評及過去辛
亥革命時期的意見分歧時，常乃惪說：「當時立憲派的主張是根據
於現狀立論，別無什麼根本主義，雖然比較的易於實現，但缺少刺
激性，不易引起同情。革命派則主要的立足點在民族主義，專從
滿、漢的惡感方面鼓吹，尤其易於鼓動人。」[8] 在常氏看來，革命派
是以其民族主義優於立憲派而得勝。在總結五四運動的經驗時，蔡
元培認為，「從前的學生，大半是沒有什麼主義的，也沒有什麼運
動」；「五四運動以來，全國學生界空氣為之一變，許多新現象新覺
悟，都於五四以後發生」。他總結「五四」以後的一個重要變化是
「有計劃的運動」[9] 在他看來，主義與運動是五四運動的真正法寶。

各大政黨都有其明確的「主義」追求。主義的組織化和政治
化，使得主義與政治的關係變得緊密而複雜。政黨之間的競爭和角
逐常常伴隨着「主義」的爭論。「主義」成為中國政治生活的重要

---

8   常乃惪：《中國思想小史》，上海：上海古籍出版社，2006 年，第 134 頁。

9   蔡元培：〈對於學生的希望〉（1921 年 2 月 25 日），中國蔡元培研究會編：《蔡
     元培全集》，第四卷，杭州：浙江教育出版社，1997 年，第 333－337 頁。

組成部分，五四實開其先河。

二、新思想界轉向對社會主義思潮的探求

　　1918 年 11 月 14 日，為紀念歐戰協約國勝利，北京十餘所大、中小學校組織了盛大的集會遊行。11 月 15 日、16 日，北京大學在天安門舉行群眾集會，蔡元培、王建祖、陳獨秀、胡適、陶孟和、馬寅初、李大釗、陳啟修、丁文江等發表演講，他們的演講陸續在《新青年》、《北京大學日刊》等刊物發表，表現了新思想界對戰後世界與中國發展趨向的思考，在當時知識份子中產生了極大的影響。

　　在這些演講中，社會主義成為引人注目的新興思潮。蔡元培歡呼歐戰的勝利，他以「幾個交換的主義」作為例證：「第一是黑暗的強權論消滅，光明的互助論發展」；「第二是陰謀派消滅，正義派發展」；「第三是武斷主義消滅，平民主義發展」；「第四是黑暗的種族偏見消滅，大同主義發展」。他呼籲人們「都快快拋棄了這種黑暗主義，向光明方面去呵！」[10] 從蔡元培列舉的「光明的互助論」、「平民主義」、「大同主義」顯見，他對戰後世界朝着社會主義的趨向已有了樸素的認識。辛亥革命時期蔡元培曾受無政府主義影響甚深，五四運動以後，他又為李季翻譯的《社會主義史》作序，表現其「介紹此書的誠意」。[11]

　　李大釗大聲高唱歐戰是「庶民的勝利」。他說：「這回大戰，

10　蔡元培：〈黑暗與光明的消長〉，《北京大學日刊》，1918 年 11 月 27 日。
11　蔡元培：〈序〉，收入克卡朴原著、李季譯：《社會主義史》，上海：新青年社，1920 年 10 月出版。

有兩個結果：一個是政治的，一個是社會的。政治的結果，是『大
……主義』失敗，民主主義戰勝。」「社會的結果，是資本主義失
敗，勞工主義戰勝。」「民主主義、勞工主義既然佔了勝利，今後
世界的人人都成了庶民，也就都成了工人。」[12] 這是歐戰後世界的
新局面。李大釗在剖析歐戰的性質的基礎上，對東歐和俄羅斯興起
的社會主義運動寄予新的希望。「匈、奧革命，德國革命，勃牙利
革命，最近荷蘭、瑞典、西班牙也有革命社會黨奮起的風謠。革命
的情形，和俄國大抵相同。赤色旗到處翻飛，勞工會紛紛成立，可
以說完全是俄羅斯式的革命，可以說是二十世紀式的革命。像這般
滔滔滾滾的潮流，實非現在資本家的政府所能防遏得住的。因為
二十世紀的群眾運動，是合世界人類全體為一大群眾…… 在這世
界的群眾運動的中間，歷史上殘餘的東西，——什麼皇帝咧，貴族
咧，軍閥咧，官僚咧，軍國主義咧，資本主義咧，——凡可以障阻
這新運動的進路的，必夾雷霆萬鈞的力量摧拉他們。他們遇見這種
不可當的潮流，都像枯黃的樹葉遇見凜冽的秋風一般，一個一個的
飛落在地。」李大釗由衷地歡呼：「由今以後，到處所見的，都是
Bolshevism 戰勝的旗。到處所聞的，都是 Bolshevism 的凱歌的聲。
人道的警鐘響了！自由的曙光現了！試看將來的環球，必是赤旗的
世界！」[13]

　　蔡元培、馬寅初對勞動者的地位作了新的詮釋。蔡元培喊出
了「勞工神聖」的口號，他明確指出：「此後的世界，全是勞工的
世界呵！」他不但打破了傳統的士農工商的「四民」之說，而且破
除了體力勞動與腦力勞動的界限，提出了新的勞動觀：「我說的勞

12　李大釗：〈庶民的勝利〉，《新青年》，第 5 卷第 5 號，1919 年 1 月。

13　李大釗：〈Bolshevism 的勝利〉，《新青年》，第 5 卷第 5 號，1919 年 1 月。

工，不但是金工、木工等等，凡用自己的勞力作成有益他人的事業，不管他用的是體力、是腦力，都是勞工。所以農是種植的工，商是轉運的工，學校職員、著述家、發明家，是教育的工，我們都是勞工。我們要自己認識勞工的價值。勞工神聖！」[14] 馬寅初從比較中西生產的三要素（自然、人工、資本）的討論着手，認為「中國地大物博，人口繁多，足以與歐美相抗衡，故自然與勞力二者，大有取之不盡用之不竭之勢；若夫資本，則枯竭已達極點」。而要解決資本短缺，則必有賴儲蓄。要保障私人儲蓄，「其最要者，厥為完備之法律制度，確能保護個人之所有權也」，但在武人專橫、兵連禍結之國，則求之而不可得。「苟武力能除，則生產與儲蓄之障礙已去，而勞動者，自有從容從事之機緣。吾故曰：中國之希望，在於勞動者」。[15] 馬寅初的看法與蔡元培異曲同工，都表現了對勞動大眾的特別重視。像蔡元培、馬寅初這樣的高級知識份子與勞動者攜手並肩，這是知識界的新動向。

五四時期的社會主義思潮洶湧澎湃，包括無政府主義、馬克思主義、新村主義、基爾特社會主義、平民主義，它們都是社會主義思潮的不同支流。當時宣傳社會主義思潮者的成分可謂三教九流，既有李大釗、楊明齋、陳望道、李達、俞秀松這樣的初步共產主義者，也有戴季陶、朱執信、沈仲九、邵力子這樣的國民黨員，還有梁啟超、張東蓀這樣的研究系人士。《新青年》、《晨報》、《時事新報》、《建設》、《星期評論》這些分屬北大新文化派、研究系、國民黨不同黨派的報刊，是當時宣傳社會主義思潮的主要陣地。眾聲喧嘩形成的多重合唱，對社會主義思潮在中國的傳播和發展顯然

14　蔡元培：〈勞工神聖〉，《新青年》，第 5 卷第 5 號，1918 年 11 月 15 日。

15　馬寅初：〈中國之希望在於勞動者〉，《北京大學月刊》，第 1 卷第 3 期，1919年 3 月。

具有推波助瀾的作用。在社會政治領域，從追求個性解放、家庭解放，到追蹤社會主義思潮，再走向社會解放，五四時期的社會運動漸趨複調而多重，社會主義儼然成為新思想界中最具有活力的新思潮。

各種思潮、各種「主義」之間展開爭鳴。五四時期的思想論爭，已不是「主義」的有無之爭，而是「主義」的合理性之爭。各種社會主義思潮展開辯論，以檢驗自己在中國探求社會主義前途的適用性。無政府主義、馬克思主義、新村主義、基爾特社會主義因對中國社會、中國革命、世界前途認識的分歧，最終使他們分道揚鑣。他們所爭在各自所持「主義」的合理性。

新思想界並不全然認同這樣的變化。胡適對新文化運動的日益政治化抱有抵觸情緒，對於「主義」的日益流行更是心存戒備意識。他設想的「中國的文藝復興」是為革新打下一個非政治的文化基礎。他早在 1918 年就發表〈旅京雜記〉時指出：「如今的人，往往拿西洋的學說，來做自己的議論的護身符。例如你引霍布士來駁我，我便引盧騷來駁你；甲引哈蒲浩來辯護自由主義，乙便引海智爾來辯護君主政體，丙又引柏拉圖來辯護賢人政治……不去研究中國今日的現狀應該用什麼救濟方法，卻去引那些西洋學者的陳言來辯護自己的偏見：這已是大錯了。」[16] 胡適對盲目照搬西洋名哲的言論不以為然。1919 年 7 月發表的〈多研究些問題，少談些「主義」〉即將其抵抗「主義」的情緒表露無遺。他明確告誡人們：「空談外來進口的『主義』，是沒有什麼用處的。一切主義都是某時某地的有心人，對於那時那地的社會需要的救濟方法。我們不去實地研究我們現在的社會需要，單會高談某某主義，好比醫生單記得許

16　胡適：〈旅京雜記〉，《新青年》，第 4 卷第 3 號，1918 年 3 月 15 日。

多湯頭歌訣，不去研究病人的癥結，如何能有用呢？」「我因為深覺得高談主義的危險，所以我現在奉勸新興論界的同志道：『請你們多提出一些問題，少談一些紙上的主義。』」這是在主義時代來臨時發出的第一聲抗議。在胡適的言語背後，人們可感受到他對主義的「幽暗」意識和對「激進」的社會主義思潮的保留。胡適對「主義」泛化的這些防範動作，後來被解釋為純粹對抗馬克思主義，這多少有點誤讀。[17] 其實胡適並不是針對某種特定的「主義」，而是反對主義的泛化。從更深層的意義來說，他的真實意圖是反對離開實際境地、實際需要空談外來的主義。

　　像胡適這樣對主義抱持戒備心理的思想家畢竟是個別。絕大多數新文化人在經過觀察、思考和選擇以後，都自覺、不自覺地被主義的浪潮裏挾而去，最終選擇了自己認定的「主義」。胡適後來的思想發展，也朝着建構「主義」的方向發展，這是現代中國思想論爭愈來愈意識形態化使然。

　　五四時期還有一種特殊現象，就是對群眾運動的疏離感，魯迅是這方面的代表。運動是五四事件以後一種新現象——一種日益時興的社會現象，它是一種新的社會動員方式，也是偏於激進的知識份子謀求社會進步的樣態。從運動學生到運動群眾，運動逐漸成為一種新常態。五四時期魯迅對運動始終保持距離，自然對五四運

17　胡適在《每週評論》第 31 號（1919 年 7 月 20 日出版）發表〈多研究些問題，少談些「主義」〉一文。李大釗主編《新青年》第 6 卷第 5 號「馬克思專號」實際在 1919 年 9 月 15 日出版，李大釗〈我的馬克思主義觀〉是在李 7 月下旬回到家鄉樂亭以後寫作而成。從胡、李兩文寫作時間可以看出，胡適一文並非針對新興的馬克思主義而發，而是對當時流行的各種社會主義思潮（主要是無政府主義）抱有看法。胡文對李大釗顯有刺激，李看了胡文以後，有感而發，接着發表〈再論問題與主義〉，並同時撰寫〈我的馬克思主義觀〉，胡適最後發表〈三論問題與主義〉回應。「問題與主義」的討論對胡、李理清他們的思想的確有一定作用。關於「問題與主義」討論的辨析，過去已有多文探討，篇目不贅。

動也保持沉默，這種沉默與其說是對運動的保留，不如說是對自我的保護。不願隨波逐流，保持自我的獨立性，自然不會涉身群眾運動。魯迅對群眾運動的距離感與他早年接受尼采的超人哲學多少有些關係。[18]

　　胡適對「主義」的保留，魯迅對群眾運動的戒意，這些屬於他們思想個性化的表現。作為新文化運動的主要代表，在新思潮翻滾的大潮中，他們有領袖群倫、順應時勢的主導一面，他們也可能有伸展自己思想個性，表現自己思想特質的一面，這些思想個性和思想特質並不一定是合群的，這是可以理解的，在思想奔湧的五四時期，這樣的情形不乏少見，我們應給思想家們保留屬於他們的那片星空。

三、中國共產黨初創時期的行動綱領

　　五四時期中國知識份子在走向共產主義的征途上，有五個重要節點：(1) 李大釗在《新青年》第 5 卷第 5 號發表〈庶民的勝利〉、〈Bolshevism 的勝利〉，這是中國知識界對俄羅斯十月革命的最先響應。(2) 李大釗在《新青年》開設「馬克思專號」，發表〈我的馬克思主義觀〉（原載 1919 年 5 月、11 月出版的《新青年》第六卷第五、六號，第五號實際是 1919 年 9 月出刊），第一次比較系統地介紹、宣傳馬克思主義。(3)1920 年 5 月 1 日出版的《新青年》第七卷第六期「勞動節紀念號」，是中國最早介紹和報道「五一」國際勞動節專刊。該期刊有孫中山、李大釗、陳獨秀、蔡元培等各

18　有關魯迅對五四運動態度的最新研究，參見姜異新：〈魯迅之於五四運動的抵抗性〉，《魯迅研究月刊》，2019 年第 5 期。

界知名人士為國際勞動節撰寫的文章或親筆題詞，報道了各地工人組織為紀念五一開展的活動情況，還刊登了三十三幅當時社會各界底層工人的生活照片和十二名工人的親筆題詞等。這是《新青年》面向無產階級，大篇幅地報道工人狀況的先聲。(4) 1920 年 11 月 7 日上海共產主義小組出版機關刊物《共產黨》月刊，該刊由李達主編，這是在中國大地上第一次出版共產黨的刊物。(5) 1921 年 7 月中國共產黨第一次全國代表大會在上海召開，會議通過中國共產黨綱領、中國共產黨第一個決議。這是中國共產黨正式成立的標誌。

　　上述五個依次遞進的節點成為初步共產主義者成長的界標。其中在前面三個節點，接受馬克思主義影響的知識份子（以李大釗、陳獨秀為代表），與非馬克思主義的進步知識份子或新文化人處在同一陣營，彼此並沒有清晰地劃界，而是相互呼應。所以在李大釗主編《新青年》六卷五號設置的「馬克思研究」專欄，我們可看到李大釗本人的〈我的馬克思主義觀〉、顧孟餘〈馬克思學說〉、黃凌霜〈馬克思學說批評〉、陳啟修〈馬克思的唯物史觀與貞操問題〉、淵泉〈馬克思的唯物史觀〉這些不同思想觀點的文章同號刊出，它說明當時李大釗設置此欄意在提供一個討論馬克思主義的平台，並不在意其他作者的思想屬性。與此相仿，陳獨秀主編《新青年》七卷六號「勞動節紀念號」時，卷前我們可看到孫中山、蔡元培、吳敬恒等人的題詞。這是在共產黨成立前馬克思主義者與其他進步人士或黨派互助共存、不分彼此狀態的反映。[19] 在後面兩個節

19　羅章龍的回憶特別提到中共成立之初，黨與無政府主義之間的關係，「有的無政府主義者參加了黨，有的無政府主義者就沒有參加黨」，「當時我們和無政府主義者在工作中不分彼此，但是在黨外合作」。參見羅章龍：〈回憶黨的創立時期的幾個問題〉（1978 年 4 月－9 月），收入中國社科院現代史研究室、中國革命博物館黨史研究室選編：《「一大」前後——中國共產黨第一次代表大會前後資料選編》（二），北京：人民出版社，1985 年二版，第 200 頁。

點，也就是以上海共產主義小組成立為標誌，早期共產黨人才開始有了自己獨立的組織和理想追求，完成了主義的組織化初建這一步。而這一步的邁出，又是在共產國際的直接扶助和指導下進行的，在初步共產主義者成長為共產黨人的過程中，第三國際的影響和扶助是極為關鍵的因素。

初步共產主義者同其他社會主義思潮宣傳者並沒有清晰的界限。作為一個後來給定的名稱，「初步共產主義者」是對那些後來成為早期共產黨人的追認或附加的一個標籤，因此要把初步共產主義者與同時期其他社會主義思潮宣傳者在思想上作一個明確的區分並不是一件容易的事，或許也不必這樣做。但從初步共產主義者成長為共產黨人，或者說在組織上加入共產黨，應該可以發現其具有某些不同於一般的宣傳社會主義思潮的思想標識。羅章龍憶及自己入黨之初的思想認識時說：「第一，我們是信仰馬克思主義的；第二，我們是擁護蘇聯十月革命的；第三，我們是要搞工人運動的。在這三點上，當時我們與無政府主義是有很不同的看法的。」[20] 張國燾提到 1920 年 11 月無政府主義者退出北京共產主義組的兩大原因：「一是組織問題，無政府主義者根據他們自由聯合的觀點，不贊成所謂全國性的和地方性的領導，以及職務銜名和紀律等等，這點在實際工作上引起許多的不方便，連溫和的李大釗先生也為之頭痛；二是無政府主義者反對無產階級專政，在一次解決爭端的小組會議上，劉仁靜特別強調無產階級專政和馬克思主義的精義，如果不承認這一點，現在就無法一致進行宣傳工作。我們經過一番討論，無法獲得協調，結果那五位無政府主義者就和和氣氣的退出了

20　羅章龍：〈回憶黨的創立時期的幾個問題〉（1978 年 4 月－9 月），收入《「一大」前後——中國共產黨第一次代表大會前後資料選編》（二），第 200 頁。

我們這個小組……此後我們與無政府主義者雖仍保持友誼關係，但在工作上從此分道揚鑣了。」[21] 綜合羅、張的回憶，當時共產主義小組成員的思想標識就是：信仰馬克思主義，擁護俄羅斯十月革命，承認無產階級專政。

　　新興的初步共產主義者來源不一，主要是以李大釗為代表的着重從學理上探討馬克思主義的學院派知識份子和以陳獨秀為代表的注重行動的職業革命者這兩種人物組成，後者在中共創建過程中發揮了更為重要的作用，這也是中共在成立過程中所制定的宣言、綱領等文件為什麼都被人們視為「行動綱領」的緣故。

　　1920 年 11 月上海共產主義小組成立，制定了《中國共產黨宣言》，其內容有三：一、共產主義者的理想。對於經濟方面的見解，實行生產工具「社會共有，社會共用」，消滅剝削制度；對於政治方面的見解，「共產主義者主張廢除政權」；對於社會方面的見解，要最終消滅階級。二、共產主義者的目的。是要按照共產主義者的理想，創造一個新的社會。為了達到這一目的，第一，以階級鬥爭的方式，剷除現在的資本制度；共產黨的任務是要引導革命的無產階級去向資本家爭鬥，要從資本家手裏獲得政權，並將這政權放在工人和農民的手裏。三、階級鬥爭的最近狀態。階級鬥爭將必然導致俄羅斯式的無產階級專政；只有實行俄羅斯式的無產階級專政，「才能達到抵抗國內外的仇敵的目的」，實現共產主義；無產階級專政是要繼續消滅資本主義的剩餘勢力，制定共產主義的建設法。[22] 這份宣言既沒有出現馬克思或馬克思主義，也沒有出現列寧

21　張國燾：《我的回憶》，第一冊，北京：東方出版社，1991 年，第 108 頁。

22　《中國共產黨宣言》（1920 年 11 月），收入中國社科院現代史研究室、中國革命博物館黨史研究室選編：《「一大」前後——中國共產黨第一次代表大會前後資料選編》（一），北京：人民出版社，1985 年二版，第 2–5 頁。

的名字，而是強調「實行俄羅斯的無產階級專政」，這是馬克思主義者與無政府主義者的根本分歧。正是基於這一認識，共產黨人與無政府主義者開始劃清界限。

中共「一大」通過的《中國共產黨的第一個綱領》與上述內容基本一致，其文字較此前的《中國共產黨宣言》更為簡明扼要。中共「一大」通過的綱領規定：「（1）革命軍隊必須與無產階級一起推翻資本家階級的政權，必須援助工人階級，直到社會階級區分消除的時候；（2）直到階級鬥爭結束為止，即直到社會的階級區分消滅時為止，承認無產階級專政；（3）消滅資本家私有制，沒收機器、土地、廠房和半成品等生產資料；（4）聯合第三國際。」與此前的《中國共產黨宣言》一樣，這份綱領也沒有出現馬克思、列寧的名字，但表示「我們黨承認蘇維埃管理制度，要把工人、農民和士兵組織起來，並以社會革命為自己政策的主要目的」。[23] 這就把中共的奮鬥目標與蘇維埃管理制度聯繫在一起。《中國共產黨的第一個決議》對中共領導工人組織，指導工人運動作了具體規定，對中共與現有其他政黨的關係明確「應採取獨立的進取的政策」，對中共與第三國際的聯繫方式明確黨中央委員會「每月應向第三國際提出報告」。[24] 強調中共與國內其他政黨的組織獨立性，強調中共與第三國際的密切關係，這是「一大」兩份文件的新特點，這兩個特點可以說上相互為用，就是實際上明確了新成立的中共是共產國

---

23 《中國共產黨的第一個綱領》，收入《「一大」前後——中國共產黨第一次代表大會前後資料選編》（一），第 6－8 頁。

24 《中國共產黨的第一個決議》，收入《「一大」前後——中國共產黨第一次代表大會前後資料選編》（一），第 12－14 頁。

際的一個支部這一身份定位。[25]

　　中共「一大」現存這兩份文件來源有二：一是俄文版《中國共產黨的第一個綱領》、《中國共產黨的第一個決議》。它是 1950 年 9 月時任中共中央辦公廳主任楊尚昆到莫斯科訪問，經與蘇共交涉，要求將原中共駐共產國際代表團的檔案移交給中共中央，蘇共答應了中方要求，遂將這批檔案交給中方，共計十八箱，其中有《中國共產黨的第一個綱領》、《中國共產黨的第一個決議》。二是英文版《中國共產黨的第一個綱領》、《中國共產黨關於（奮鬥）目標的第一個決議》。它是 1960 年美國學者韋慕廷在哥倫比亞大學圖書館發現 1924 年 1 月陳公博（Chen Kung-po）撰寫的碩士論文《共產主義運動在中國》，陳文附錄有《中國共產黨的第一個綱領》、《中國共產黨的第一個決議》。俄文版的來源比較容易解釋，參會有第三國際代表馬林（荷蘭人）和翻譯尼可洛夫（俄羅斯人），他們兩人，一通英文，一通俄文，馬林參會時用英語演講。[26] 俄文本從其對《中國共產黨的第一個綱領》第 14 條的注釋「這一條在 1922 年第二次代表大會上曾引起激烈的爭論」一語看，俄文版譯本應是在 1922 年 7 月以後才譯的。陳公博碩士論文的英譯本同樣保留了這條注釋。顯然中文本在「二大」以後還存留，否則不會兩

25　按：「一大」通過的《中國共產黨的第一個決議》對中共與共產國際的關係只是表述「黨中央委員會每月向第三國際提出報告」。但馬林《給國際執委會的報告》（1921 年 7 月 11 日）提法稍有區別：「一九二一年七月，各地小組的代表在上海舉行會議，決定成立中國共產黨，並加入共產國際。儘管它仍然作為一個宣傳團體會更好一些。」收入《「一大」前後——中國共產黨第一次代表大會前後資料選編》（一），第 421–422 頁。

26　李達回憶「一大」時，提到會中法國巡捕之所以進入會場搜捕，是因「馬林用英文大聲演説，夾雜着説了好幾次中國共產黨，被法國巡捕聽去了，所以才有那一場風波。參見李達：〈中國共產黨的發起和第一次、第二次代表大會經過的回憶〉（1955 年 8 月 2 日），收入《「一大」前後——中國共產黨第一次代表大會前後資料選編》（二），第 12 頁。

個不同譯本都會出現這同樣的注釋。

關於「一大」文件，參會者都只是比較模糊地提到。1944 年陳公博最早在他的回憶中提到了「一大」宣言：「歸來上海之後，佛海來找我，才知道最後大會已經在嘉興的南湖船上開過，會議算至結束。大會宣言發出與否，授權仲甫決定，因為仲甫已被舉為中共書記，當日所謂書記，就是黨魁。」[27] 從陳的這段回憶可知，「一大」存留了宣言文件。而他作為廣東代表，極有可能由他帶回廣州，交給陳獨秀。陳公博是在 1922 年 11 月初乘船赴日本，此後他脫離了中共。在此之前，他還有機會接觸甚至保存黨內文件。如果是這樣的話，陳赴美留學時，實際上攜帶了黨內文件，否則他不可能在 1924 年 1 月的碩士論文中引用這些文件。至於陳公博使用的這份英文版《中國共產黨的第一個綱領》、《中國共產黨關於（奮鬥）目標的第一個決議》是他後來自譯，還是原來就有，我的猜測是原來就有，這是因為馬林本人只通英文的緣故，極有可能當時就存有俄、英兩個譯本，否則兩個譯本的語言和內容不會如此雷同。

第二個提到「一大」文件的是李達。他在 1955 年 8 月 2 日的回憶中談到會議的成果時說：「接着大會討論《中國共產黨第一次代表大會的宣言》草案，這宣言有千把個字，前半大體抄襲《共產黨宣言》的語句，我記得第一句是『一切至今存在過的歷史，是階級鬥爭的歷史』……宣言最後以『工人們失掉的是鎖鏈，得到的是全世界』一句話結束（這個宣言後來放在陳獨秀的皮包中，沒有下落）。大會最後討論黨的組織問題，通過了一個簡單的黨章（這

---

27 〈陳公博回憶中國共產黨的成立〉（1944 年），收入《「一大」前後——中國共產黨第一次代表大會前後資料選編》（二），第 426 頁。

個黨章和那個宣言一樣都沒有印行）。」[28] 李達所提的「一大」宣言後來「沒有下落」，而「簡單的黨章」就是我們現在看到的《中國共產黨的第一個綱領》。李達作為「一大」選舉的中央局宣傳委員，他的回憶應是可靠的，他也是可能接觸這些文件的參會者。

第三個提到「一大」文件的是董必武。1971 年 8 月 4 日他回憶道：「起草大會的宣言，我參加了，李漢俊執筆，劉仁靜（有的記錄是李達）也參加了。文件的底子被馬林帶走了。」他還說：「『一大』沒有任何文件，共產國際保存的中國共產黨成立時的兩個文件沒有名字，沒有年月日。這樣的狀況，是什麼原因呢？有兩個原因。一個原因是：『一大』時共產國際派的代表是馬林（荷蘭人，托派）。他把當時的文件都帶走了，沒有交給共產國際。另一個原因是：『一大』以後好久沒有中央，文件沒有人管，那時我們也不知道有中央。」[29] 董必武由於會後回到武漢，顯然對於「一大」以後中央的情形基本上不了解。

第四個提到「一大」文件的是張國燾。他在回憶錄中提到「一大」結束時，「決定將大會所通過各案原則由中央整理後作成正式文件；一切尚未決定的事，也由中央全權處理」。[30] 如果是這樣的話，「一大」並沒有形成正式決議，只是留有各種尚存爭議的草案等待處理。陳獨秀接收這些文件後，可能感到尚不成熟，故沒有在

28　李達：〈中國共產黨的發起和第一次、第二次代表大會經過的回憶〉（1955 年 8 月 2 日），收入《「一大」前後——中國共產黨第一次代表大會前後資料選編》（二），第 13 頁。

29　〈董必武談中國共產黨第一次全國代表大會和湖北共產主義小組〉（1971 年 8 月 4 日），收入《「一大」前後——中國共產黨第一次代表大會前後資料選編》（二），第 366－367 頁。

30　張國燾：《我的回憶》，第一冊，第 146 頁。

黨內公佈，以至其他不在中央的黨員根本就不知曉。[31]

　　中共「一大」的兩份文件實際上只是確定黨的行動綱領，[32] 這與陳獨秀的思想個性和行事風格的影響有關。陳獨秀在闡述「五四精神」時曾特別指出兩點：「（一）直接行動。（二）犧牲的精神。」[33] 注重「直接行動」，這是陳獨秀的個性。在黨的理論水平有限的情形下，並不特別涉及黨的指導思想或意識形態方面的內容。主導會議的共產國際代表馬林用董必武的話說是一個「托派」份子，他可能對這方面的內容也不感興趣。實際上，在馬林之前共產國際派往北京、上海與李大釗、陳獨秀接洽的代表魏經斯基，其層級較低，1920 年 4 月他是作為俄共（布）遠東局海參崴分局外國處代表團負責人派往中國，魏經斯基曾在美國生活五年（1913 － 1917 年），1915 年加入過美國社會黨，擅長英語，《新青年》開闢「俄羅斯研究」專欄，譯文取材多出自美國紐約 *Soviet Russia* 週報、美國《國民》雜誌，封面繪製的地球圖案也模仿美國社會黨黨徽，[34] 這可能

31　楊奎松指出「一大」綱領存在缺陷，但他沒有注意到這份文件在當時並未在黨內公佈，因而也不具實際影響力這一情形。參見楊奎松：〈關於早期共產黨人「馬克思主義中國化」問題——兼談中共「一大」綱領為何沒能聯繫中國實際〉，《史林》，2021 年第 1 期。

32　韋慕廷注意到 1921 年《中國共產黨關於（奮鬥）目標的第一個決議》與 1922年《中國共產黨第二次代表大會決議案》這兩個文件的不同之處：「頭一個文件沒有為決議案提供基礎，它所提供的關於行動的六個問題也很少詳述。對比之下，第二個決議案則充滿了對馬克思列寧主義的闡發，黨的行動方針也有明確詳細的說明。」參見陳公博著、韋慕廷編，中國社科院近代史研究所翻譯室譯：《共產主義運動在中國》，北京：中國社會科學出版社，1982 年，第 56－57 頁。中共「二大」制定的《中國共產黨章程》共六章，對黨員、組織、會議、紀律、經費、黨章解釋權做了具體規定，其實也未涉及對黨的指導思想的說明。

33　陳獨秀：〈五四運動的精神是什麼〉，《時事新報》，1920 年 4 月 22 日。

34　據石川禎浩考證，《新青年》九卷一號出現的地球圖案是模仿美國社會黨（Socialist Party of America）的黨徽，參見（日）石川禎浩著、袁廣泉譯：《中國共產黨成立史》，北京：中國社會科學出版社，2006 年，第 43 頁。

與魏經斯基的指導有關。據時任《新青年》「俄羅斯專欄」的編輯
袁振英回憶:「回國經滬,我們『北大』文學院長陳獨秀要我幫忙
他編輯《新青年》,擔任『蘇維埃俄羅斯研究』一部分,每期有數
萬字,都是我的譯稿(美國出版 Soviet Russia,俄人主編)。」「俄
國人又組織俄文《生活報》,我擔任英文翻譯,留俄同志楊明齋
擔任俄文,他也有些譯稿登在《新青年》。」[35]〈袁振英自述〉中出
現的「美國出版 Soviet Russia,俄人主編」可能即是指魏經期基。
魏、馬兩人都說不上是列寧主義者,他們的使命是要在中國建立一
個隸屬於共產國際的共產黨組織。有的論者將中共建黨時接受階級
鬥爭學說和俄羅斯式的無產階級專政,簡單歸之為「列寧主義化」
一途,這種提法是值得商榷的。[36]

　　現有的材料可以證明,列寧著作的譯介在中共「一大」以前
為數極少,從中國共產黨成立到第一次國內革命戰爭結束,我國出
版列寧著作約六種,報刊發表列寧著述約二十八篇。[37]「列寧主義」
或「列寧的主義」一詞在「五四」時期雖已依稀出現在中文世界裏,
但對它含義卻不甚了了。[38]「列寧主義」作為正面概念在中文世界的
真正出現可能是遲到列寧逝世以後,1924 年 1 月 25 日共產國際代
表鮑羅廷在國民黨「一大」期間舉行的追悼列寧逝世大會上發表演
講說:「列寧雖死,列寧主義萬歲。」[39]「列寧主義」一詞首次出現

35　〈袁振英自述〉,收入中共東莞市委黨史研究室編:《袁振英研究史料》,北京:
　　中共黨史出版社,2014 年,第 388 頁。

36　參見楊奎松:〈淺淡中共建黨前後的列寧主義接受史——以 1920 年前後毛澤
　　的思想轉變及列寧主義化的經過為例〉,《史學月刊》,2021 年第 7 期。

37　參見陳有進:〈列寧著作在中國的翻譯出版和傳播〉,《中國社會科學院報》,
　　2007 年 12 月 20 日。

38　參見梁化奎〈《論「列寧主義」從蘇俄到在中國的出場》,《馬克思主義研究》
　　(京),2014 年第 10 期。

39　鮑羅廷:〈列寧之為〉》,廣州《民國日報》,1924 年 1 月 26 日。

在中共文獻中是在中共「四大」，這次會議是正式接受「列寧主義」
的轉折點，大會通過的《對於托洛茨基同志態度之議決案》指出：
「中國共產黨大會對於俄國共產黨領袖所解釋之托洛茨基主義亦為
投降主義之一派，完全同意；並且希望托洛茨基同志改正自己的錯
誤而完全承認列寧主義。」[40] 中共「四大」通過出席共產國際第五
次代表大會代表的報告，已獲悉共產國際對於托洛茨基主義和列寧
主義的明確態度，因此做出這一決議案。隨即在 1925 年 1 月 21 日
公佈的《中國共產黨第四次大會對於列寧逝世一周年紀念宣言》公
開表態：「列寧主義就是資本帝國主義專權時代的馬克思主義，是
消滅帝國主義的唯一武器。」[41] 由此可見，在「四大」以前中共並
沒有自覺的列寧主義意識，列寧著作的譯介又頗為有限，如將中共
建黨之初的歷史歸結為「列寧主義化」，這樣的提法是否合適值得
斟酌和推敲。中共建黨之初認同俄羅斯式的無產階級專政與「列寧
主義化」應該說還是有些差異，並不是對等或可置換的概念。嚴格
來說，中共對俄國革命經驗的吸收和列寧主義的接受存有一個過
程，其初期（1920 － 1923 年）還只是一個相對泛化的馬克思主義
政黨組織而已。

　　中共「一大」設定的入黨條件較嚴，門坎較高，強調中共組
織的獨立性。黨綱第十四條規定「黨員如果不是由於法律的迫使和
沒有得到黨的特別允許，不能擔任政府的委員或國會議員。士兵、
警察和職員不在此例」。這條在會上就引起了激烈的爭論，李漢俊
等人堅決反對，事實上在當時也很難做到。

40　收入中共中央黨史研究室、中央檔案館編：《中國共產黨第四次全國代表大會
　　檔案文獻選編》，北京：中共黨史出版社，2014 年，第 5 頁。

41　收入中共中央黨史研究室、中央檔案館編：《中國共產黨第四次全國代表大會
　　檔案文獻選編》，第 32 頁。

　　按照「一大」設置的條件吸收黨員，在思想上務必接受共產黨的理論教育和訓練，這也就是早期共產黨人的基本成分為什麼大多是知識份子的緣故。即使如此，早期共產黨人接觸馬列原著或譯著的機會受阻於當時的傳播條件仍是頗為有限。

　　建黨的任務到中共「二大」才真正完成。1921 年 9 月陳獨秀辭去廣東教育委員會委員長一職，回到上海，全力承擔領導中共的責任。「二大」制定了黨的章程，提出了黨的最高綱領和最低綱領；通過了一系列決議案，明確了開展工會運動、婦女運動、少年運動的任務，確定了中共與共產國際的關係、中共對帝國主義的態度、中共對民主的聯合戰線的政策。「二大」議決「正式加入第三國際，完全承認第三國際所決議的加入條件二十一條，中國共產黨為國際共產黨之中國支部」。[42]「二大」通過的各項決議和文件，對中共的具體行動方略和路線作了更為具體、明確的規定。從此中共真正確立了自己的地位和實際的革命方略。應該說，二大能夠完成這一系列規定動作，與陳獨秀的直接介入和承擔起領導的責任分不開，「二大」一系列文件的制定，表現了陳獨秀那種雷厲風行的行事風格。「二大」以後，中共加快了組織發展的步伐，脫穎而出，作為一股新興的政治力量開始活躍在中國社會政治舞台。

四、餘論：新時期的某些後五四取向

　　五四運動作為現代中國的歷史起點，在革命話語中其歷史作

---

42 《中國共產黨第二次全國代表大會決議案》，收入《「二大」和「三大」——中國共產黨第二、三次代表大會資料選編》，北京：中國社科出版社，1985 年，第 68 頁。

用一直得到高調的肯定和追捧。1970 年代末中國進入改革、開放的新時期，人們在繼續肯定五四精神所標榜的民主、科學兩面大旗，五四運動強烈的愛國主義和反封建精神，同時也對現代中國所走過的艱難、曲折的現代化歷程給予了深刻的反思，因此也出現了某些改正、超越「五四」以後出現的激進「左傾」的取向，這與對「文革」極左思潮的否定有着密切的關聯。

從梁啟超的〈少年中國說〉，到陳獨秀創辦《新青年》，再到毛澤東 1957 年 11 月 17 日接見中國留蘇學生代表的談話，都把希望寄託在青年身上。青年當然重要，國家的未來希望自然在青年。但經過「文革」的劫難，人們也認識到，國家的穩定與發展還有賴於中老年幹部和知識份子，發揮中老年精英的建設性作用，對中國同樣至關重要。以「改革、開放」為取向的新時期不是像當年陳獨秀發動新文化運動時那樣，呼喚新青年，而是從解放老幹部，為一大批蒙受不白之冤、受到「文革」衝擊的幹部、知識份子平反開始，重視發揮中、老年幹部和知識份子的作用成為新時期中共組織路線的顯著特色。

「文革」時期教條主義的盛行使人們產生對理論的厭惡感，「主義」的興盛造成人們對烏托邦式的理想幻滅。改革開放以後，人們更接受和提倡一種實事求是、腳踏實地的社會進步方案。

革命與漸進在近代中國雙重變奏、交替進行。革命話語在二十世紀的相當長時期內居於強勢地位。以革命打破舊世界所帶來的破壞性和社會動盪引起人們對革命史的反省。現代化建設是步步為營、日積月累、循序漸進、持續不斷的社會發展事業，它喚起人們對近代中國「教育救國」論者、「實業救國」論者的理解和同情。新時期對五四思想的全方位研究反映了人們繼承五四、超越五四的追求。

載《中共黨史研究》，2021 年第 6 期，收入本集時增補了第四部分「餘論」。

蔡元培的新文化構想及其現代意義
——《中國近代思想家文庫·蔡元培卷》導言

　　蔡元培畢其一生獻身於教育、科學事業。從 1902 年創建中國教育會，到 1912 年擔任中華民國首任教育總長，從 1916 年受命任北大校長，到 1928 年擔任中央研究院院長，他在這些新崗位上都做出了引人注目的成就，是新教育、新學術、新文化的領導人物和卓越代表。他可謂新教育事業的奠基人。林語堂曾語重心長地說，蔡元培「做北大校長也好，中央研究院院長也好，教育部長也好，總是給人心悅誠服的。一個國家有這麼一個老成人，大家覺得興奮一點。何以這樣？因為他是蔡先生。論資格，他是我們的長輩；論思想精神，他也許比我們年青；論著作，北大教授很多人比他多；論啟發中國新文化的功勞，他比任何人大」。[1] 這一評價可謂持平之論。蔡元培在創建新教育和開拓中國科學事業的過程中，提出了一整套符合時代要求和具有前瞻性的思想主張，表現了他對新文化的理想追求。蔡元培的人格魅力和高尚品德，具有一種穿越時空的精神力量，在北大人心目中，他是我們「永遠的校長」。

　　蔡元培思想是中國新文化「古典時期」的一個範本。新文化在

1　林語堂：〈想念蔡元培先生〉，《傳記文學》，第 10 卷第 2 期，1967 年 2 月。

中國走過的歷程不過一個世紀，但她的變化之大，變速之快，以致我們對蔡元培所領導的那場新文化運動若有一種「隔世」之感。蔡元培的新文化構想主要包括四個方面：解構儒學意識形態，確立現代大學理念，融匯東西的文化觀，以美育代宗教。這些思想帶有濃厚的現代性和進步性色彩。產生這些思想的來源為其中西兼備的學問和長期的民主革命實踐。在同時代的思想家中，蔡元培的特別之處在於他的包容性和中和性，正因為如此，他的思想雖富有特性，但仍能與其他思想相對和諧共存，這對我們今天構建和諧共生的社會文化應具有一定的啟示意義。

一、閱讀史與活動史

　　思想家的思想來源主要有二：一是讀書，即來自於書本知識，這自然與其讀書經驗相關；一是活動，即來自於他的實踐，這與其社會經驗相關。近代中國思想家的思想往往是二者結合的產物，在中國近代思想史上，我們找不到閉門造車，躲進書齋成一統的思想家。

　　近代思想知識譜系構成的特點是中西結合。研究蔡元培的閱讀史，我們可以獲致這一認識。1868 年 1 月 11 日蔡元培誕生於浙江紹興府山陰縣。他自述早年的讀書生活，五歲入私塾，初讀《百家姓》、《千字文》、《神童詩》等，接着讀「四書」、「五經」。十三歲學做八股文，因先生指示他做文的依據是經書，所以他「除補讀《儀禮》、《周禮》、《春秋公羊傳》、《穀梁傳》、《大戴禮記》等經外，凡關於考據或詞章的書，隨意檢讀」，「其中最得益的」為朱駿聲的《說文通訓定聲》、章學誠的《文史通義》、俞正燮的

《癸已類稿》和《癸已存稿》[2]「從十七歲起，就自由的讀『考據』、『詞章』等書籍，不再練習八股文了」[3]十八歲至十九歲充任塾師，專講國文。二十三歲，進京會試得中貢士。二十五歲，經殿試中進士，被點為翰林院庶吉士。二十七歲，春應散館試，得授職翰林院編修。可以說到此，蔡元培過的完全是一個傳統學人的讀書生活，所走的路也不過是一個科舉士子的成功之路。他開始接觸西學或東學是在甲午戰爭以後，這顯然是受到當年中國戰敗的刺激，他留下的讀書筆記有：〈馬建忠《適可齋記言》、《記行》閱後〉（1897年7月7日）、〈宋育仁《采風記》閱後〉（1897年7月28日）、〈森本丹芳《大東合邦論》閱後〉（1898年9月8日）、〈嚴復譯赫胥黎《天演論》讀後〉（1899年1月28日）等。他對東學、西學之興趣由其所作〈《東西學書錄》敘〉（1899年4月）一文可以窺見。1898年他與王式通等組成東文學社，開始學習日文。三十五歲任南洋公學特班教習，他自認，當時「我不能說日語，但能看書，即用我的看書法教他們，他們就試譯書」。[4]以後又創愛國學社、愛國女學。四十歲到北京任譯學館教習，「講授國文及西洋史，僅一學期」。四十一歲至四十五歲，赴德國留學，「第一年在柏林，習德語。後三年，在來比錫，進大學」。[5]關於四十歲以後的治學，蔡元培自我檢討道：

到了四十歲以後，我開始學德文，後來又學法文，

2　蔡元培：〈我青年時代的讀書生活〉，收入中國蔡元培研究會編：《蔡元培全集》，第8卷，杭州：浙江教育出版社，1997年版，第84－86頁。

3　蔡元培：〈我所受舊教育的回憶〉，收入《蔡元培全集》，第7卷，杭州：浙江教育出版社，1997年版，第554頁。

4　蔡元培：〈我在教育界的經驗〉，收入《蔡元培全集》，第8卷，第505－506頁。

5　蔡元培：〈我在教育界的經驗〉，收入《蔡元培全集》，第8卷，第507頁。

我都沒有好好兒做那記生字、練文法的苦工，而就是生
吞活剝的看書，所以至今不能寫一篇合格的文章，作一
回短期的演說。在德國進大學聽講以後，哲學史、文學
史、文明史、心理學、美學、美術史、民族學，統統去
聽，那時候，這幾類的參考書，也就亂讀起來了。後來
雖勉自收縮，以美學與美術史為主，輔以民族學；然而
這類的書終不能割愛，所以想譯一本美學，想編一部比
較的民族學，也都沒有成書。[6]

　　蔡元培的學習成長過程，以 1895 年為界段開，前期以應對科
舉，學習舊學（中學）為業；後期以學習新學、西學為主。其治學
範圍先為哲學、倫理學，後轉向美學、民族學。他的著作有：《中
國倫理學史》（1910 年）、《中學修身教科書》（1912 年）、《石頭記
索隱》（1917 年）等，編譯的著作均出自德、日文，主要有：《哲
學要領》（德國科培爾講授，日本下田次郎筆述，1903 年）、《妖
怪學講義總論》（日本井上圓了著，1906 年）、《倫理學原理》（德
國泡爾生著，1909 年）、《哲學大綱》（據德國廉希脫爾著《哲學大
綱》、泡爾生與馮德著《哲學入門》，1915 年）、《簡易哲學綱要》
（德國文德爾班原著、日本宮本和吉編譯，1924 年）等，上述各種
著作均交商務印書館出版，顯示了蔡元培與該館的密切合作關係。

　　蔡元培並不是一個甘願在書齋裏度過一生的學者，他有強烈
的社會責任感和民族使命感。1898 年秋，他憤激於戊戌變法的失
敗，離開京師，出走官場，回到家鄉紹興，擔任中西學堂監督，這
是他「服務於新式學校的開始」，從此他與舊的官僚體制切割，邁

6　　蔡元培：〈我的讀書經驗〉，收入《蔡元培全集》，第 8 卷，第 31 頁。

向探求新教育、新文化的人生之路。

在江浙進步士子中，蔡元培很快被推戴為領袖。1902 年他在上海創立中國教育會，被推為事務長。同年組織愛國學社，任學社總理。他自述：「自三十六歲以後，我已決意參加革命工作。覺得革命止有兩途：一是暴動，一是暗殺。在愛國學社中竭力助成軍事訓練……預備下暗殺的種子。」一方面「秘密賃屋，試造炸藥」；一方面「在愛國女學為高材生講法國革命史、俄國虛無黨歷史」。[7] 1903 年 4 月 11 日他在《蘇報》刊載〈釋「仇滿」〉一文，文末宣示：「夫民權之趨勢，若決江河，沛然莫禦。而吾國之官行政界者，狠欲以螳螂當之，以招他日慘殺之禍，此固至可憫歎者也。而甲、乙兩黨又欲專其禍，以貽少數之滿洲人，是豈非仇滿之尤者乎？吾所謂仇滿，固不在彼，而在此。」[8] 顯示了堅定的革命意志。1904 年江浙革命黨人聚集上海，成立光復會，他被推為會長。1905 年 10 月，加入同盟會，被孫中山任命為上海分會會長，再次確認其在江浙革命黨人中的領導地位。蔡元培從此與革命黨人共呼吸、同患難。

在革命黨人成立同盟會的同時，清朝也宣佈預備立憲，雙方展開了一場革命與改良的對決。在爭取奔向日本、歐美留學的青年知識份子和國內各個新階層方面，革命黨人逐漸佔住了上風。清朝因拖延憲政步伐，成立皇族內閣，而沒有達到其整合中間力量和改良勢力的目的，最後因集權於一身而陷入孤立。1911 年 10 月 10 日武昌起義爆發，時在德國留學的蔡元培聞訊後展開活動聲援，並取道西伯利亞回國。

7　蔡元培：〈我在教育界的經驗〉，收入《蔡元培全集》，第 8 卷，第 507 頁。

8　蔡元培：〈釋「仇滿」〉，收入《蔡元培全集》，第 1 卷，杭州：浙江教育出版社，1997 年版，第 418 頁。

　　1912 年中華民國成立，蔡元培被任命為南京臨時政府首任教育總長，成為民國新教育的設計師。在民國的重大政治關頭，蔡元培都異乎尋常地發出了其對正義的呼喊。1913 年 7 月，「二次革命」爆發，蔡元培與吳稚暉等在滬創辦《公論》，連續發表〈敬告全國同胞〉等七篇政論，揭穿袁世凱的陰謀。1919 年 5 月 2 日他告知北大學生巴黎和會中國外交失敗的消息，激起學生的愛國激情。1932 年 12 月，因不滿於蔣介石的獨裁統治，他與宋慶齡、楊杏佛等一道發起成立中國民權保障同盟，曾發表「關於民權保障」的演講（1933 年 2 月 18 日）。第二次世界大戰爆發後，蔡元培被推為國際反侵略大會中國分會第二屆名譽主席，他以「滿江紅」的詞調，作《國際反侵略運動大會中國分會會歌》，鼓勵國人抵禦日寇之決心。為追求國家進步、民族獨立和社會正義，蔡元培確實表現了一個知識領袖的氣節和獻身精神。

　　1940 年 3 月 5 日蔡元培在香港去世，周恩來曾送挽聯曰：「從排滿到抗日戰爭，先生之志在民族革命；從五四到人權同盟，先生之行在民主自由。」可以說是對蔡元培一生政治活動恰如其分的概括。

　　綜覽蔡元培的社會政治活動，他的活動人際圈：早期主要是在傳統士人圈中活動；戊戌變法以後逐漸從維新走向革命，交友範圍亦從維新人士擴展到革命黨人，如張元濟、吳稚暉、章太炎、孫中山、李石曾等；主持北大校務以後，北大師生簇擁在他的周圍，他儼然成為北大派的中心人物；創設中研院以後，他的工作重心以中研院院務為主，是中國學術界的領袖人物。

二、解構儒學意識形態

　　在中國文化從傳統向現代轉型的過程中，如何處理自己本民

族的歷史文化，這是擺在近代思想家們面前的一個重大難題。他們幾乎無一例外地受到這一問題的拷問，有時對傳統的依戀情感和衝破傳統束縛的決裂要求這一矛盾常常伴隨他們的一生，使他們的思想出現起伏不定的波狀躍動。當他們有着強烈的創造欲求時，傳統會像一張大網籠罩着他們；當現代性的流弊日漸暴露，他們又會想起傳統人文資源可能的補救效應。傳統若如剪不斷、理還亂的一團亂麻纏繞着他們。

　　蔡元培處理傳統文化的基本做法是：一方面主張解構儒學意識形態，這體現了新文化運動反傳統的價值取向；一方面對儒家倫理加以改造，對其內含的合理價值加以利用，這與他個人對傳統的深刻理解有關。

　　早在 1912 年中華民國初建，蔡元培走馬上任南京臨時政府教育總長時，為適應新建立的國家體制，即民主共和體制，他就力主對前清教育宗旨加以清理，他認為，「滿清時代，有所謂欽定教育宗旨者，曰忠君，曰尊孔，曰尚公，曰尚武，曰尚實。忠君與共和政體不合，尊孔與信教自由相違（孔子之學術，與後世所謂儒教、孔教當分別論之。嗣後教育界何以處孔子，及何以處孔教，當特別討論之，茲不贅），可以不論。尚武，即軍國民主義也。尚實，即實利主義也。尚公，與吾所謂公民道德，其範圍或不免有廣狹之異，而要為同意。惟世界觀及美育，則為彼所不道，而鄙人尤所注重。」[9] 這就將前清教育宗旨「忠君」、「尊孔」中所包含的文化專制主義的內容作了堅決的否定，這對解構儒學意識形態可以說是致命的一擊。

　　蔡元培主張大學不應保留經科，中小學不必讀經。「舊學自應

9　蔡元培：〈對於新教育之意見〉，收入《蔡元培全集》，第 2 卷，第 16 頁。

保全。惟經科不另立為一科，如《詩經》應歸入文科，《尚書》，《左傳》應歸入史科也」。[10] 他認為，從古至近，中國人有自大自棄一弊，「普通教育廢止讀經，大學校廢經科，而以經科分入文科之哲學、史學、文學三門，是破除自大舊習之一端」。[11] 在他制定並頒佈的《大學令》中，改八科為七科，廢止經科，從而在學科設計上終止了經科。1915 年蔡元培在巴拿馬舉行的萬國教育會議上，發表題為「1900 年以來教育之進步」的演講，肯定廢止經科是二十世紀以來中國教育之兩大進步之一：「在我中華，孔子之道，雖大異於加特力教，而往昔科舉之制，含有半宗教性質。廢科學（舉）而設學校，且學校之中，初有讀經一科，而後乃廢去，亦自千九百年以來積漸實行，亦教育界進步之一端也。」[12] 充分肯定教育擺脫宗教，廢止經科是一大歷史進步。

　　新文化運動的一個重要內容就是反對孔教，批判儒家倫理。蔡元培因身居校長地位，不便對此發表言論，但在林紓發文攻擊北大新派教授「覆孔、孟，鏟倫常」時，蔡元培回覆《公言報》，對此作了有力回擊，他以胡適、崔適、梁漱溟等北大教員的學術成果為例說明：

　　　　請先察「覆孔、孟」之說。大學講義涉及孔孟者，
　　惟哲學門中之中國哲學史。已出版者，為胡適之君之《中
　　國上古哲學史大綱》，請詳閱一過，果有「覆孔、孟」

10　蔡元培：〈在北京任教育總長與記者談話〉，收入《蔡元培全集》，第 2 卷，第 159 頁。

11　蔡元培：〈全國臨時教育會議開會詞〉，收入《蔡元培全集》，第 2 卷，第 264 頁。

12　蔡元培：〈1900 年以來教育之進步〉，收入《蔡元培全集》，第 2 卷，第 405 頁。

之說乎？特別講演之出版者，有崔懷瑾君之《論語足徵記》、《春秋復始》。哲學研究會中，有梁漱溟君提出「孔子與孟子異同」問題，與胡默青君提出「孔子倫理學之研究」問題，尊孔者多矣，寧曰覆孔？

對《新青年》的反對孔教立場和對儒家倫理的態度作了界定：

> 今姑進一步而考察之，則惟《新青年》雜誌中，偶有對於孔子學說之批評，然亦對於孔教會等託孔子學說以攻擊新學說者而發，初非直接與孔子為敵也。……
> 次察「鏟倫常」之說。常有五：仁、義、禮、智、信，公既言之矣。倫亦有五：君臣、父子、兄弟、夫婦、朋友。其中君臣一倫，不適於民國，可不論。其他父子有親，兄弟相友（或曰長幼有序），夫婦有別，朋友有信，在中學以下修身教科書中，詳哉言之。大學之倫理學涉此者不多，然從未有以父子相夷，兄弟相鬩，夫婦無別，朋友不信，教授學生者。……
> 若謂大學教員曾於學校以外發表其「鏟倫常」之主義乎？則試問有誰何教員，曾於何書何雜誌，為父子相夷，兄弟相鬩，夫婦無別，朋友不信之主張者？曾於何書、何雜誌，為不仁、不義、不智、不信及無禮之主張者？……[13]

13　蔡元培：〈致《公言報》函並答林琴南函〉，收入《蔡元培全集》，第 3 卷，杭州：浙江教育出版社，1997 年版，第 572－573 頁。

為《新青年》反對孔教的言論作了辯護，這使北大校外的新文化運動反對派無所藉口。

南京國民政府成立後，1928 年 2 月 18 日蔡元培頒佈的《大學院所發廢止春秋祀孔舊典的通令》指出：「惟因尊王忠君一點，歷代專制帝王，資為師表，祀以太牢，用以牢籠士子，實與現代思想自由原則及本黨主義，大相悖謬。若不亟行廢止，何足以昭示國民。」[14]「祀孔舊典」與現代思想自由原則不合，與蔡元培所持的自由主義立場不符，故堅決主張取締。相形之下，國民黨當局在三十年代又重演祭孔的舊戲，對此，蔡元培發表了保留意見。「讀經問題，是現在有些人主張：自小學起，凡學生都應在十三經中選出一部或一部以上作為讀本的問題。為大學國文系的學生講一點《詩經》，為歷史系的學生講一點《書經》與《春秋》，為哲學系的學生講一點《論語》、《孟子》、《易傳》與《禮記》，是可以贊成的。」「經書裏面，有許多不合於現代事實的話，在古人們處他們的時代，不能怪他；若用以教現代的兒童，就不相宜了……所以我認為小學生讀經，是有害的，中學生讀整部的經，也是有害的。」[15]蔡元培與提倡讀經者之間的立場明顯有別。

儒家學說作為中國傳統文化的主體，曾經激勵過歷代士人修身自好、奮發圖強，自然包含有相當的合理性。對此，蔡元培也有充分估價。他認為受儒家學說指導的中國古代教育至少有三大優點：「（1）注重道德倫理的教育和個人修養。（2）提倡在任何環境與條件下，可以由個人自由鑽研學問。（3）可以因材施教，教學不

14　蔡元培：〈廢止春秋祀孔舊典的通令〉，收入《蔡元培全集》，第 6 卷，第 181 頁。

15　蔡元培：〈關於讀經問題〉，收入《蔡元培全集》，第 8 卷，第 56－57 頁。

致因班級中有落後學生而受到影響。」[16] 他對傳統的倫理教育和教學方法，對孔子的教學思想頗為欣賞，這在他編著的《中學生修身教科書》、《中國倫理學史》等書中得以闡述。

　　蔡元培對儒家的中庸之道由衷地欣賞，視其為不同於西方思想的儒家精髓。蔡元培曾發表〈三民主義的中和性〉一文，表達自己對三民主義的獨特理解：「孫先生固然對於歐美的政治道理，研究得很博很深，然而他所以能想通的緣故，還是因為受了本國中和的民族性與中和的歷史事實之大影響。」所謂「中和的意義，是『執其兩端，用其中』。就是不走任何一極端，而選取兩端的長處，使互相調和」[17]，試圖在三民主義與儒家的中和性間做會通工作。在〈中華民族與中庸之道〉一文中，蔡元培繼續發揮這一看法：「獨我中華民族，凡持極端說的，一經試驗，輒失敗；而為中庸之道，常為多數人所贊同，而且較為持久。這可用兩種最有權威的學說來證明他：一是民元十五年以前二千餘年傳統的儒家；一是近年所實行的孫逸仙博士的三民主義。」[18] 儒家的中庸之道實構成蔡元培自由主義哲學的傳統來源。

　　蔡元培晚年對孔子思想及其教育實踐有諸多肯定。他在〈孔子之精神生活〉一文中，稱讚孔子在智的方面，「愛智」，「決非強不知為知」；在仁的方面，「求仁」，有「泛愛眾，而親仁」的博愛精神，有「殺身成仁」的犧牲精神；在勇的方面，「消極的以見義不為為無勇；積極的以童汪踦能執干戈衛社稷可無殤」。此外，「毫

16　蔡元培：〈中國教育的歷史與現狀〉，收入《蔡元培全集》，第 5 卷，杭州：浙江教育出版社，1997 年版，第 345 頁。

17　蔡元培：〈三民主義的中和性〉，收入《蔡元培全集》，第 6 卷，第 298－300 頁。

18　蔡元培：〈中華民族與中庸之道〉，收入《蔡元培全集》，第 6 卷，第 574－575 頁。

無宗教的迷信」，「利用美術的陶養」也是孔子精神生活值得稱道
的方面。他斷言：「孔子所處的環境與二千年後的今日，很有差別；
我們不能說孔子的語言到今日還是句句有價值，也不敢說孔子的行
為到今日還是樣樣可以做模範。但是抽象的提出他精神生活的概
略，以智、仁、勇為範圍，無宗教的迷信而有音樂的陶養，這是完
全可以為師法的。」[19] 對孔子思想的現代意義作了新的發掘。

　　蔡元培對儒學態度的雙重性，即一方面拒斥重建儒學意識形
態，一方面發掘儒家學說的合理因素及其現代意義，實為新文化運
動健將們的主流選擇。後「五四」時期出現的批儒反孔的某些激進
做法，與新文化運動的主流選擇多有出入，兩者不可相提並論。

三、樹立現代大學理念

　　中國近代大學起源於十九世紀下半期，初期的大學大多為外
國教會所創辦，本國官辦的大學（如京師大學堂），雖在課程設置
和管理體制上取法歐美或日本，但仍然受到自身舊體制的約束，不
成其為真正意義上的大學。作為一個職業型的教育家，蔡元培對教
育的興趣「偏於高等教育」，[20] 對大學制度的設計自然成為他的專
業興趣所在。

　　蔡元培留德期間，即有意考察德國大學制度，他對德國大學
制度的考察成果從他的譯作〈德意志大學之特色〉（1910 年 12 月）
可以窺見，此文係德國著名教育家巴留岑（Friedrich Paulsen，今

19　蔡元培：〈孔子之精神生活〉，收入《蔡元培全集》，第 8 卷，第 361－363 頁。
20　蔡元培：〈我在教育界的經驗〉，收入《蔡元培全集》，第 8 卷，第 508 頁。

譯包爾生）所著《德意志大學與大學學習》的引言，德國大學制度
給蔡元培留下了深刻印象。[21] 蔡元培有關高等教育的思想最初體現
在民國初年擔任教育總長時制定的《大學令》中，這項法令不太為
人們所注意，實際上它包含了蔡元培建立現代大學制度的基本思路
和主張，在當時具有法律效應，故蔡元培一再向人們強調這份法
令為他所起草，其中緣由正是基於此。如第一條「大學以教授高
深學術，養成碩學閎材，應國家需要為宗旨」，強調大學的學術性
質；第二條「大學分為文科、預科、法科、商科、醫科、農科、工
科」，廢止經科；第三條「大學以文、理二科為主」，強調基礎學
科建設；第六條「大學為研究學術之蘊奧，設大學院」，鼓勵學術
研究；第十六條「大學設評議會，以各科學長及各科教授互選若干
人為會長，大學校長可以隨時齊集評議會，自為議長」，構建大學
民主管理體制。[22] 這些舉措，均在凸顯教育自身的主體地位和學術
性質，從而使高等教育適應新的民主共和政體，走上學術化、民主
化的正途。

　　蔡元培大學理念的具體操作和真正實施，是在他擔任北京大
學校長期間。為治理、整頓北大，他採取了一系列措施，體現了他
對現代大學「學術化」的理想追求。

　　第一，闡明大學教育的宗旨在於培養學術人才，而非變成升
官發財之門梯。故學生之志趣必以鑽研學術為指向，教師聘用也
應視其才學為原則，這是對京師大學堂所積官僚舊習的一次重大
改革。

21　參見陳洪捷：〈蔡元培對德國大學理念的接受——基於譯文《德意志大學之特
　　色》的討論〉，收入蔡元培研究會編：《蔡元培與現代中國》，北京：北京大
　　學出版社，2010 年版，第 17－33 頁。
22　參見蔡元培：〈大學令〉，收入《蔡元培全集》，第 2 卷，第 212－214 頁。

　　蔡元培在〈就任北京大學校長之演說〉中提出改造北大的三項要求：「一曰抱定宗旨」，「二曰砥礪德行」，「三曰敬愛師友」，揭破「大學學生，當以研究學術為天職，不當以大學為升官發財之階梯」的旨意。[23] 他說：「外人每指摘本校之腐敗，以求學於此者，皆有做官發財思想，故畢業預科者，多入法科，入文科者甚少，入理科者尤少，蓋以法科為干祿之終南捷徑也。」而「大學者，研究高深學問者也」，「若徒志在做官發財，宗旨既乖，趨向自異」。為改進學風，他計劃首先要辦的二事：「一曰改良講義」，「二曰添購書籍」。[24]

　　為培養校內的學術空氣，蔡元培在教員聘請方面，延聘學有專長者來校任教，辭退舊教員中濫竽充數者；為保證教學質量和改善教員的結構，他做出了六條特別規定，其中第三條為「教員中有為官吏者，不得為本校專任教員」，這對舊的官僚習氣是致命的一擊。按照這一成規，如在教育部擔任僉事的魯迅，因在政府部門任職，即只被聘為北大的兼任講師。

　　提高教學質量的另一個舉措是創建研究所，為師生提供進一步研修的學術機構。實行選科制，培養學生對所學專業和課程的興趣。創辦各種刊物，諸如《北京大學日刊》、《北京大學月刊》、《國學季刊》等；傅斯年等新潮社成員創辦《新潮》，蔡元培從北大年度四萬元的經費中撥出二千元資助，為師生發表學術研究成果提供園地。鼓勵創辦社團，開展健康有益的活動。通過這些舉措，校園的學術空氣逐漸濃厚起來。

　　第二，提出「兼容並包，思想自由」的原則，為發展學術，

23　蔡元培：〈我在教育界的經驗〉，收入《蔡元培全集》，第 8 卷，第 510 頁。

24　蔡元培：〈就任北京大學校長之演說〉，收入《蔡元培全集》，第 3 卷，第 8–10 頁。

給學術研究提供廣闊的空間。

> 　　大學者，「囊括大典，網羅眾家」之學府也。《禮記‧
> 中庸》曰：「萬物並育而不相害，道並行而不相悖。」足
> 以形容之。如人身然，官體之有左右也，呼吸之有出入
> 也，骨肉之有剛柔也，若相反而實相成。各國大學，哲
> 學之唯心論與唯物論，文學、美術之理想派與寫實派，
> 計學之干涉論與放任論，倫理學之動機論與功利論，宇
> 宙論之樂天觀與厭世觀，常樊然並峙於其中，此思想自
> 由之通則，而大學之所以為大也。[25]

這是蔡元培的一段名言，也是他治理北大的指導思想。正是本着這
樣一種精神，蔡元培對各種思想、各種主義、各種見解都取一種包
容的態度，使北大真正成為新思想的生長地和外來思潮的主要輸
入者。

　　第三，實施「教授治校」的民主管理體制。

　　進入北大，蔡元培即感受到北大原有體制具有獨斷的性質，
對此，他有一段說明：「我初到北京大學，就知道以前的辦法是，
一切校務都由校長與學監主任、庶務主任少數人辦理，並學長也沒
有與聞的。我以為不妥。」[26] 故他決心對北大的體制進行調整和改
革，其措施包括：建立評議會，它由各科學長和教授中選出的評議
員組成，一年一選，「給多數教授的代表議決立法方面的事」。恢

25　蔡元培：〈《北京大學月刊》發刊詞〉，收入《蔡元培全集》，第 3 卷，第
　　451－452 頁。
26　蔡元培：〈回任北大校長在全體學生歡迎會上的演說詞〉，收入《蔡元培全集》，
　　第 3 卷，第 693 頁。

復學長權限，給他們分任行政方面的事。組織各門教授會（後改為各系教授會），由各門教授會會員（講師、教授者均具資格）選舉，任期二年，「由各教授與所公舉的教授會主任分任教務」。廢門設系，原各門學長由校長任命，他只對校長負責，現在系主任由各系教授互選。設立教務處，由各教授會主任組成，從中推選教務長一人，協助校長管理全校教務，任期一年。設立行政會議，作為全校最高行政機構和執行機構，其成員以教授為限，下設十一個專門委員會分管各方面行政事務，校長有權指定各專門委員會的成員。行政會與教授會共同組建「雙重的行政管理體制」。[27] 設立總務處，總務長主管學校的人事與財務。所有這些組合在一起，即是時人所稱道的北京大學「教授治校」制。實施這套制度，其目的是為了發揮教師的積極性，保證學校工作在民主管理的機制下正常進行。蔡元培居北大校長名義「十年有半，而實際辦事，不過五年有半」。[28] 他不在校期間，北大工作的運行，靠的就是這套「教授治校」的民主管理制度。

第四，重視基礎學科在大學學科建設中的地位，強調以文、理兩科為重點的發展方向。

關於大學的學科設置，蔡元培有一基本的看法：「學與術雖關係至為密切，而習之者旨趣不同。文、理，學也。雖亦有間接之應用，而治此者以研究真理為的，終身以之。所兼營者，不過教授著述之業，不出學理範圍。法、商、醫、工，術也。直接應用，治此者雖亦可有永久研究之興趣，而及一程度，不可不服務於社會；轉以服務時之所經驗，促其術之進步。與治學者之極深研幾，不相侔

27　蔡元培：〈中國現代大學觀念及趨向〉，收入《蔡元培全集》，第 5 卷，第 312頁。

28　蔡元培：〈整頓北京大學的經過〉，收入《蔡元培全集》，第 8 卷，第 277 頁。

也。鄙人初意以學為基本，術為支幹，不可不求其相應。」[29] 故蔡元培強調基礎理論學科的建設，北大原有文、理、法、商、工五科並立，學生為謀求仕途，都願選擇法科，文理科門庭冷落。馮友蘭憶及他報考北大時，曾詳細説明這一情形。[30] 蔡元培原設想：（一）擴充文、理兩科，（二）法科預備獨立，（三）商科歸併法科，（四）截止辦工科，（五）改革預科。實際推行者有（一）、（三）、（四）、（五）項。[31] 蔡元培這種以文、理科為主，重視基礎學科研究的構想對北大以後的學科建設影響深遠，北大學科的發展基本上沿承了他指定的這一方向。

　　蔡元培還推行男女同校，倡導平民教育，允許校外人員進入北大旁聽，實行開門辦學，這些都為北大擺脫傳統的那種貴族式教育，走上一條健康、活潑、開放的現代大學教育之路鋪墊了基礎。北大建校三十一周年之際，蔡元培寄語全校師生：「（一）要去盡虛榮心，而發起自信心。」「（二）要以學術為惟一之目的，而不要想包辦一切。」[32] 從此，「自信」、「學術」成為北大人自我標榜的表徵。

　　1930 年蔡元培為《教育大辭典》撰寫詞條「大學教育」，此條本為介紹世界大學而言，其中也蘊含了蔡元培的大學理念。如他提到「吾國今日之大學，乃直取歐洲大學之制而模仿之，並不自古之

29　〈讀周春岳君《大學改制之商榷》〉，收入《蔡元培全集》，第 3 卷，第 290－291 頁。

30　有關當時北大文科冷落情況，參見馮友蘭：《三松堂自序》第四章，《三松堂全集》第 1 冊，鄭州：河南人民出版社，1985 年，第 185－186 頁。

31　有關北大學科的調整，參見梁柱：《蔡元培與北京大學》，北京：北京大學出版社，1996 年，第 50－56 頁。

32　蔡元培：〈北京大學卅一周年紀念刊〉，收入《蔡元培全集》，第 6 卷，第 437 頁。

太學演化而成也」，明確大學與「太學」之間的區別。介紹「歐洲
各國大學，自牛津、劍橋而外，其中心點皆在智育。對於學生平日
之行動，學校不復干涉」，這一點在他任北大校長時亦模仿之。提
到「大學生注重體育，為各國通例；美國大學，且有一部分學生，
特受軍事教育者」，中國大學亦師法此意。「德國各大學，或國立，
或市立，而其行政權集中於大學之評議會」，這實際交代了他在北
大設評議會的制度來源。「大學以思想自由為原則」；「大學自然為
教授、學生而設，然演講既深，已成為教員與學生共同研究之機
關」；「受大學教育者，亦不必以大學生為限。各國大學均有收旁聽
生之例」；[33] 這些原則實際上在他任北大校長時均予以取法。

　　蔡元培教育思想的一個根本主張是「教育獨立」，其意在於使
教育擺脫政治、宗教的束縛，樹立自身的主體地位。民國初年，蔡
元培在談及辦新教育的意見時說：

> 教育有二大別：曰隸屬於政治者，曰超軼乎政治者。
> 專制時代（兼立憲而含專制性質者言之），教育家循政
> 府之方針以標準教育，常為純粹之隸屬政治者。共和時
> 代，教育家得立於人民之地位以定標準，乃得有超軼政
> 治之教育。[34]

明確指出共和時代的新教育應「超軼乎政治」。為什麼要將教育從
政治的依附中解脫出來？這是因為教育與政治的職責迥異，蔡元培
區別了政治和教育的各自範圍：

33　蔡元培：〈大學教育〉，收入《蔡元培全集》，第 6 卷，第 593–597 頁。
34　蔡元培：〈對於新教育之意見〉，收入《蔡元培全集》，第 2 卷，第 9 頁。

　　　蓋世界有二方面，如一紙之有表裏：一為現象，一為
實體。現象世界之事為政治，故以造成現世幸福為鵠的；
實體世界之事為宗教，故以擺脫現世幸福為作用。而教
育者，則立於現象世界，而有事於實體世界者也。故以
實體世界之觀念為其究竟之大目的，而以現象世界之幸
福為其達於實體觀念之作用。[35]

「以現世幸福為鵠的者，政治家也；教育家則否」。正是本着這一
思想，蔡元培對前清教育方針作了重大修正，以謀求建立新的具有
獨立性質的教育體制。

　　擔任北大校長期間，由於屢受北洋政府蹂躪教育的刺激，1922
年 3 月，蔡元培特作〈教育獨立議〉一文，對其「教育獨立」思想
作了較為全面、系統的表述。「教育獨立」的緣由為：「教育是幫助
被教育的人，給他能發展自己的能力，完成他的人格，於人類文化
上能盡一份子的責任；不是把被教育的人，造成一種特別器具，給
抱有他種目的的人去應用的。所以，教育事業當完全交與教育家，
保有獨立的資格，毫不受各派政黨或各派教會的影響。」教育與政
黨的區別有二：「教育是要個性與群性平均發達的。政黨是要製造
一種特別的群性，抹殺個性。」「教育是求遠效的；政黨的政策是
求近功的。」[36] 教育與教會的區別為：「教育是進步的：凡有學術，
總是後勝於前，因為後人憑着前人的成績，更加一番功夫，自然更
進一步。教會是保守的：無論什麼樣尊重科學，一到《聖經》的成
語，便絕對不許批評，便是加了一個限制。」「教育是公同的：英

35　蔡元培：〈對於新教育之意見〉，收入《蔡元培全集》，第 2 卷，第 12 頁。
36　蔡元培：〈教育獨立議〉，收入《蔡元培全集》，第 4 卷，杭州：浙江教育出
　　版社，1997 年版，第 585 頁。

國的學生，可以讀阿拉伯人所作的文學；印度的學生，可以用德國人所造的儀器，都沒有什麼界限。教會是差別的：基督教與回教不同；回教又與佛教不同。」故此，「若是把教育權交與教會，便恐不能絕對自由。所以，教育事業不可不超然於各派教會以外」。如何實行「教育獨立」呢？其要點有三：（一）在管理體制上，實行大學區。區內事務由大學辦理，教授治校，學校自治，教育部僅為一辦事機構。（二）清除教會在大學中的影響，如大學不必設神學科，學校不得有宣傳教義的課程，教士不得參與教育事業；（三）教育經費。各區教育經費都從本區中抽稅充用。較為貧乏的區，經高等教育會議決定後，得由中央政府撥國家稅補助。[37] 蔡元培還注明自己的上述設想因採用西方各國，取其所長，西為中用。顯然，蔡元培對「教育獨立」的追求，不僅是基於一種理念，而且有具體的制度設計與之相輔相成。他的這一抱負，為其在南京國民政府時期創施大學區制的雛形。

　　蔡元培的「教育獨立」思想不僅前後一貫，而且實際上已形成一個相對完整的思想系統，其主要內容包括：確立教育是為了發展學術，培養人才的宗旨；教育與政治分離，教育行政獨立，實行「教授治校」；教育與宗教分離，「以美育代宗教」；透過立法的形式，保障教育經費的供給，實行教育經費獨立；鼓勵學術研究，堅持學術獨立，確保思想自由。不過，蔡元培的「教育獨立」思想在當時的環境中，受到了相當的限制。誠如他本人在〈全國教育會議開會詞〉中開列所存的問題，如三民主義的「訓育」問題，五四運動後風潮迭起的學運，教員的篩選，各地教育經費的籌措與保障。[38] 在

37　蔡元培：〈教育獨立議〉，收入《蔡元培全集》，第 4 卷，第 587 頁。

38　蔡元培：〈全國教育會議開會詞〉，收入《蔡元培全集》，第 6 卷，第 228 頁。

當時的歷史條件下，這些問題實際都難以妥善的解決，因此「教育獨立」所面臨的困難和限制是不言而喻的。儘管如此，「教育獨立」代表着中國教育從傳統向現代轉型的一個正確取向。其致力的目標是一方面使教育擺脫各種依附關係，確立教育自身的主體地位，這實為政治民主化的組成部分，與政治體制改革可相輔相成；一方面發揮教育的內在潛力和真正職能，使教育達成蔡元培理想的教育科學化、勞動化、藝術化和去官僚化的目標。

四、中西融合的文化觀

中西文化關係是中國近代史上的一個根本問題。之所以這樣說，這是由中國近代史的大背景決定的，近代中國處於中西衝突、對立、對話和交融的時代，中西之間的關係是各種關係中最複雜、最敏感、也最難處理的一對關係。在近代中國的每一個歷史緊要關頭，中西關係或者中西矛盾必然會以這樣那樣的形式表現出來。

蔡元培廣泛遊歷歐美各國，中西學問兼備，是同時代人中罕見的具有世界性眼光的教育家、思想家。蔣夢麟贊曰：「在中國過渡時代，以一身而兼東西兩文化之長。」[39] 傅斯年表示：「蔡先生實在代表兩種偉大的文化，一是中國傳統聖賢之修養，一是法蘭西革命標揭自由、平等、博愛之理想。此兩種偉大文化，具其一已難，兼備尤不可覯。先生歿後，此兩種偉大文化在中國寄象已亡矣。至於復古之論，歐化之談，皆皮毛渣滓，不足論也。」[40] 羅家倫譽之：

39　蔣夢麟：〈試為蔡先生寫一簡照〉，重慶《中央日報》，1940 年 3 月 24 日。
40　傅斯年：〈我所景仰的蔡先生之風格〉，重慶《中央日報》，1940 年 3 月 24 日。

「凝結中國固有文化的精英，採頡西洋文化的優美，融合哲學、美學、科學於一身，使先生的事業，不特繼往，而且開來。」[41] 林語堂認為：「在他一輩中，所謂有新思想、新學問的人物，只有蔡先生真懂得西洋的思想與文化。」[42] 這些同時代人物的評價表明，蔡元培在處理中西文化關係方面，有其過人之長，故蔡元培的中西文化觀值得推介。

　　蔡元培的中西文化觀富有特色的部分在於他對如何認識西方文化，如何建設中國新文化的途徑何在，提出了具有前瞻性的意見，表現了他對融匯中西文化的戰略眼光。

　　蔡元培在〈何謂文化〉一文中對「文化」的定義做了自己的解釋。他說：「文化是人生發展的狀況。」他列舉了文化的諸種現象，包括衣食住行的狀況、衛生的設備、經濟的進化、教育、研究所、博物院、展覽會、音樂會等，他認為最要緊的是：「文化是要實現的，不是空口提倡的。文化是要各方面平均發展的，不是畸形的。文化是活的，是要時時進行的，不是死的，可以一時停滯的。」[43] 這些話似乎是針對新文化運動的實際而發，他是從實用、動態的角度來把握文化。蔡元培對文化的理解，主要是在精神的層面，他重視文化的能動作用。「文化是意志活動的現象。意志的活動，恃有兩種能力：一是推理力，以概念為出發點，演成種種科學；一是想像力，以直觀為出發點，演成種種文藝。」[44] 蔡元培認為文化與民族生存、國家命運密切相關：「民族的生存，是以學術做基礎的。

41　羅家倫：〈偉大與崇高──敬獻於吾師蔡先生之靈〉，重慶《中央日報》，1940 年 3 月 24 日。

42　林語堂：〈想念蔡元培先生〉，《傳記文學》，第 10 卷第 2 期，1967 年 2 月。

43　蔡元培：〈何謂文化〉，收入《蔡元培全集》，第 4 卷，第 295 頁。

44　蔡元培：〈文學在一般文化上居於怎樣的地位〉，收入《蔡元培全集》，第 8 卷，第 61 頁。

一個民族或國家的興衰，先看他們民族或國家的文化及學術。學術昌明的國家，沒有不強盛的；文化幼稚的國家，沒有不貧弱的。青年們既要負起民族的責任，先得負起學術的責任。」「如果我們要想挽救我們垂危的局面，恢復我們固有的光榮，惟有從學術方面努力研究。」[45] 從理論的意義上說，蔡元培對文化的理解與其他新文化運動健將的看法並無二致。

對於浸被世界、強勢東侵的西方文化，蔡元培強調學習歐洲文化中的科學，所謂「歐化」就是科學化。在他看來，「蓋歐化優點即在事事以科學為基礎；生活的改良，社會的改造，甚而至於藝術的創作，無不隨科學的進步而進步。故吾國而不言新文化就罷了，果要發展新文化，尤不可不於科學的發展，特別注意啊！」[46]「今人競言科學救國矣。夫科學何以能救國，豈不以人類所由以進化之秘奧，他學所不能明者，而科學能之；國家所賴以生存之要素，他術所不能致者，亦惟科學能之。並世各國之富強，正與科學之發達以駢進；而科學之發達，又與研究所之眾寡相比映。」[47] 他認為：「歐洲文化，不外乎科學與美術；自純粹的科學：理、化、地質、生物等等以外，實業的發達，社會的組織，無一不以科學為基本，均得以廣義的科學包括他們。自狹義的美術：建築、雕刻、繪畫等等以外，如音樂、文學及一切精製的物品，美化的都市，皆得以美術包括他們。而近代的科學、美術，實皆植基於復興時代。」[48] 蔡元培這種將文化分為科學與美術兩類的做法，有點類似

45　蔡元培：〈我們希望的浙江青年〉，收入《蔡元培全集》，第 8 卷，第 14 頁。

46　蔡元培：〈三十五年來中國之新文化〉，收入《蔡元培全集》，第 7 卷，第 136 頁。

47　蔡元培：〈中國科學社生物研究所籌募基金啟〉，收入《蔡元培全集》，第 8 卷，第 247 頁。

48　蔡元培：〈《中國新文學大系》總序〉，收入《蔡元培全集》，第 8 卷，第 109 頁。

後來英國學者查爾斯・斯諾（C. P. Snow, 1905-1980）1956 年在《新政治家》雜誌上發表的那篇名作──《兩種文化》的論調，該文認為西方的智力生活已分裂成為兩個極端的集團：文學的「知識份子」和科學家。斯諾認為：「二者之間存在着互不理解的鴻溝──有時（特別是在年青人中間）還互相憎恨和厭惡，當然大多數是由於缺乏了解。」[49] 類似的衝突情形也在中國出現過，1923 年發生的「科學與玄學」論戰即是一例，具有人文主義傾向（以張君勱為代表）與科學主義傾向（以丁文江為代表）的兩派學者展開論戰，與西方知識界分裂狀態不同的是，中國許多人文知識份子加入了科學主義派的行列，蔡元培雖未加入論戰，但他明顯是傾向於科學派。

　　如何吸收先進的西方文化？如何處理近代中西文化關係？這是新文化人當時思考的重點。蔡元培對此提出了自己精闢的見解：首先，關於自身現有文化與外來文化之間的關係，他認為「一民族之文化，能常有所貢獻於世界者，必具有兩條件：第一，以固有之文化為基礎；第二，能吸收他民族之文化以為滋養料」。[50] 其次，吸收外來文化是文化消化之預備。「吸收者，消化之預備。必擇其可以消化者而始吸收之。食肉者棄其骨，食果者棄其核，未有渾淪而吞之者也。」「今之於歐洲文明，何獨不然。向使吾儕見彼此習俗之殊別，而不能推見其共通之公理，震新舊思想之衝突，而不能預為根本之調和，則臭味差池，即使強飲強食，其亦將出而哇之耳！」[51] 復次，選擇外來文化，最要緊的是擇善，擇善的標準

49　（英國）C. P. 斯諾著、紀樹立譯：《兩種文化》，北京：三聯書店，1994 年，第 4 頁。

50　蔡元培：〈旅法《中國美術展覽會目錄》序〉，收入《蔡元培全集》，第 5 卷，第 279 頁。

51　蔡元培：〈文明之消化〉，收入《蔡元培全集》，第 2 卷，第 460－461 頁。

並無中外之別。「現在最要緊的工作，就是擇怎樣是善，怎樣是人類公認為善，沒有中國與非中國的分別的……把這些分別列舉出來，乃比較研究何者應取，何者應捨。把應取的成分，系統的編製起來，然後可以作一文化建設的方案，然後可以指出中國的特徵尚剩幾許。」[52] 再次，揭示融合中西文化的目的，既不是為了「歐化」，也非保存「國粹」。「研究也者，非徒輸入歐化，而必於歐化之中為更進之發明；非徒保存國粹，而必以科學方法，揭國粹之真相。」[53] 最後，強調文化接觸是為了達到相互理解，消除衝突。「有人疑兩民族相接觸，為生存競爭的原故，一定是互相衝突的。但是眼光放大一點，覺得兩民族間的利害，共同的一定比衝突的多。就是偶然有點衝突的，也大半出於誤會；只要彼此互相了解，一定能把衝突點解除的。性質相異的兩民族互相了解的進行，稍難一點；若性質相近的，進行很易。我覺得法國人與中國人性質相近的很多。」[54] 這些意見反映了蔡元培對待外來文化心態開放、包容和擇善而從的傾向。

　　蔡元培是新文化運動的積極推動者和主導者，對於中國當時正在進行的新文化運動，他抱以極大的期望：「我國的復興，自五四運動以來不過十五年，新文學的成績，當然不敢自詡為成熟。其影響於科學精神、民治思想及表現個性的藝術，均尚在進行中。但是吾國歷史，現代環境，督促吾人，不得不有奔軼絕塵的猛進。吾人自期，至少應以十年的工作抵歐洲各國的百年。」[55] 表現了「躍

52　蔡元培：〈覆何炳松〉，收入《蔡元培全集》，第 14 卷，杭州：浙江教育出版社，1998 年版，第 14 頁。

53　蔡元培：〈《北京大學月刊》發刊詞〉，收入《蔡元培全集》，第 3 卷，第 450 頁。

54　蔡元培：〈旅法中國美術展覽會招待會演說詞〉，收入《蔡元培全集》，第 5 卷，第 278 頁。

55　蔡元培：〈《中國新文學大系》總序〉，收入《蔡元培全集》，第 8 卷，第 118 頁。

進」的文化心態。新文化運動的基本取向是反傳統，但其內部對傳統的態度卻有微妙的差別：一種是在反傳統的價值取向下，對傳統的良善因素加以發掘、利用，為現代性的生長提供傳統的資源，將新文化運動看作是「中國的文藝復興」；一種是將中國的前現代社會看成類似於西歐中世紀的「黑暗時代」，要求將人們從神權、專制的奴役下解放出來，他們將新文化運動定位為類似法國式的啟蒙運動。這是兩種不同文化價值的取向。呼喚「中國的文藝復興」表現了與中國人文傳統的某種聯繫，選擇啟蒙運動則常常從反傳統走向了「反文化」。蔡元培雖受法國文化影響很大，但他卻總是將新文化運動比喻成文藝復興運動。「吾人一說到文化運動，就不能不聯想到歐洲的文藝復興，因為他實在是文化運動上最顯著的一個例證。」「因而觀察我國的文化運動，也可用歐洲的文藝復興作一種參證。」[56] 這樣一種對新文化運動和歐洲近代文化的通解，與新文化陣營內的另一位代表胡適有相通之處，而與比較激進的陳獨秀諸人相區隔。胡適亦從不採新文化運動是啟蒙運動的說法，這顯示了蔡元培與胡適對文藝復興運動的人文主義和科學精神取向，有着共同的偏好。

　　當代世界文化正處在一個醞釀劇變的時代，蔡元培認識到這一點：「自西曆 1873 年至 1933 年，是謂最近之六十年，此六十年中世界文化之進步，有一趨勢焉，即由武斷的信仰而進於相對的探試是也。」「要之此六十年中，世界文化，實為大變化之預備，將來進步，未可限量；生於此時期之人，正宜發展其創造力，以應此

56　蔡元培：〈吾國文化運動之過去與將來〉，收入《蔡元培全集》，第 8 卷，第 592 頁。

時勢之需要也。」[57] 隨着新文化運動的蓬勃發展，中國文化的崛起也成為一種必然的趨勢。這樣一種情勢的出現，必將是中西文化的融合。「說到中國將來的樂觀，一定有人想起德皇威廉第二的『黃禍論』，以為中國興盛起來，必將侵略歐洲，為白種人的大害。這也是一種誤會。我意欲將中國五千年歷史的根本思想說一說，就可以見得中國文化發展後，一定能與歐洲文化融合，而中國人與歐洲人，必更能為最親切的朋友。」[58] 蔡元培正是以一種建構和諧世界、走向大同世界的超越心態來看待中西文化的融合的。

蔡元培的中西文化觀在近代中國思想世界頗具特色。他既不同於「五四」時期的「東方文化派」和現代新儒家，對傳統表現出深深的眷戀，缺乏用現代的、科學的眼光審視、反省、批判本民族的傳統文化，因而在文化選擇上採取一種固守的帶有本位色彩的立場；也不像胡適這些年青一輩的「西化派」對西方文化表現出極度的稱羨。他看到了西方文化的長處，對中國文化自身能以批判的、現代的眼光加以解析，力圖在中西文化之間溝通融合，以在兩者之間謀求新的平衡，進而創造一種新的中國文化。

五、一個未完成的思想命題：以美育代宗教

在蔡元培生活的年代，宗教是一股有勢力、有背景的力量。因此宗教問題不單純是一個信仰問題，還是一個與政治文化相聯的問題。蔡元培與新文化健將們的意見完全一致，這就是堅持「非宗

57　蔡元培：〈六十年來之世界文化〉，收入《蔡元培全集》，第 8 卷，第 333、335 頁。
58　蔡元培：〈中國的文藝中興〉，收入《蔡元培全集》第 5 卷，第 88 頁。

教」的立場。他既反對康有為、陳煥章欲立孔教為國教的主張，明
確表示：「宗教是宗教，孔子是孔子，國家是國家，各有範圍，不
能並作一談。」「孔教不成名詞，國教亦不成名詞，然則所謂『以
孔教為國教』者，實不可通之語。」[59] 又反對基督教勢力滲透教育
領域的行徑，在 1920 年代他曾表態支持非宗教運動。1922 年 4 月
9 日，在北京非宗教大同盟講演大會上發表演講時，蔡元培重申教
育應與教會分立的立場，即「絕對的不願以宗教參入教育的」。他
堅持：「（一）大學中不必設神學科，但於哲學科中設宗教史，比
較宗教學等；（二）各學校中，均不得有宣傳教義的課程，不得舉
行祈禱式；（三）以傳教為業的人，不必參與教育事業。」[60] 蔡元培
反對教會介入教育不僅是基於教育科學化和思想自由、信仰自由的
考慮，還包含對民族教育保護的思想。他在對外的一次演講中明確
闡述了自己這一立場：「據最近統計，在浸禮會所辦學校中入學的
學生總數，目前已接近三十萬。受到天主教教會學校培養的學生人
數，約有二十萬五千餘人。現在有跡象表明，在這類學校中的學生
人數有明顯增長的趨勢。可是我們看到，一有教會學校開辦，就要
宣揚某種宗教教義，就產生新的效果，造成新的影響，從而與我國
傳統教育相抵觸。中國的教會忽視了中國的歷史、文學及其他重要
的學科，正自行建立另一套與中國國家教育制度相並行的教育制
度。不過總有一天會證明，這種教育制度是為中國的國家教育制度
所不能相容的。」[61]

　　作為一個非宗教論者，蔡元培提出了自己的人生價值觀，即

59　蔡元培：〈在信教自由會之演說〉，收入《蔡元培全集》第 2 卷，第 493、495
　　頁。
60　蔡元培：〈非宗教運動〉，收入《蔡元培全集》，第 4 卷，第 591 頁。
61　蔡元培：〈中國教育的歷史與現狀〉，收入《蔡元培全集》，第 5 卷，第 348 頁。

「以美育代宗教」説，這是他富有特色的思想主張。他的這一思想最初系統闡述是 1917 年 4 月 8 日在北京神州學會發表的演説詞。蔡元培之所以提出這一主張，緣由留學生中有一部分人回國後提出宗教問題之討論，並各自提倡自己所信仰的宗教。「此則由於留學外國之學生，見彼國社會之進化，而誤聽教士之言，一切歸功於宗教，遂欲以基督教勸導國人。而一部分之沿習舊思想者，則承前説而稍變之，以孔子為我國之基督，遂欲組織孔教，奔走呼號，視為今日重要問題。」[62] 也就是説，這些留學生有一部分人提倡基督教，另一部分人提倡孔教，甚至致力於將孔教定為國教，這兩派均以宗教信仰為依歸。為此，蔡元培從四個方面闡述了自己的觀點：第一、關於宗教的起源和成分。「宗教之原始，不外因吾人精神作用而構成。吾人精神上之作用，普通分為三種：一曰知識；二曰意志；三曰感情。最早之宗教，常兼此三作用而有之。」[63] 所以宗教最初能起解疑釋惑的教化作用。第二、隨着社會的進步，科學的發達，人們逐漸以科學解釋一切。「迨後社會文化日漸進步，科學發達，學者遂舉古人所謂不可思議者，皆一一解釋之以科學。」「近世學者據生理學、心理學、社會學之公例，以應用於倫理，則知具體之道德不能不隨時隨地而變遷；而道德之原理則可由種種不同之具體者而歸納以得之；而宗教家之演繹法，全不適用。此意志作用離宗教而獨立之證也。」[64]「知識、意志兩作用，既皆脱離宗教以外，於是宗教所最有密切關係者，惟有情感作用，即所謂美感。凡宗教之建築，多擇山水最勝之處，吾國人所謂天下名山僧佔多，

62　蔡元培：〈以美育代宗教説〉，收入《蔡元培全集》，第 3 卷，第 57－58 頁。

63　蔡元培：〈以美育代宗教説〉，收入《蔡元培全集》，第 3 卷，第 58 頁。

64　蔡元培：〈以美育代宗教説〉，收入《蔡元培全集》，第 3 卷，第 59 頁。

即其例也。」[65] 第三、美術亦有脫離宗教之趨勢。「然而美術之進化史，實亦有脫離宗教之趨勢。例如吾國南北朝著名之建築則伽藍耳，其雕刻則造像耳，圖畫則佛像及地獄變相之屬為多；文學之一部分，亦與佛教為緣」。「至於今日，宏麗之建築，多為學校、劇院、博物院。而新設之教堂，有美學上價值者，幾無可指數。其他美術，亦多取資於自然現象及社會狀態。於是以美育論，已有與宗教分合之兩派。以此兩派相較，美育之附麗於宗教者，常受宗教之累，失其陶養之作用，而轉以激刺感情。蓋無論何等宗教，無不有擴張己教、攻擊異教之條件」。[66] 第四、純粹美育具有陶冶情感之作用。「鑒激刺感情之弊，而專尚陶養感情之術，則莫如捨宗教而易以純粹之美育。純粹之美育，所以陶養吾人之感情，使有高尚純潔之習慣，而使人我之見、利己損人之思念，以漸消沮者也。蓋以美為普遍性，決無人我差別之見能參入其中。」[67] 可見，蔡元培「以美育代宗教」有其自身的學理基礎，並非空穴來風。

　　1920 年至 1921 年，蔡元培有一段時間特別專研過美學，發表〈美術的起原〉、〈美術的進化〉、〈美學的進化〉、〈美學的研究法〉、〈美術與科學的關係〉等文，並在北京大學開設「美學」一課，留有〈美學講稿〉、〈美學的趨向〉、〈美學的對象〉講稿，堪稱中國系統介紹西方美學理論第一人。蔡元培致力於在新文化運動推行自己「以美育代宗教」的主張，在〈文化運動不要忘了美育〉一文中特別強調：「文化進步的國民，既然實施科學教育，尤要普及美術

65　蔡元培：〈以美育代宗教說〉，收入《蔡元培全集》，第 3 卷，第 59－60 頁。
66　蔡元培：〈以美育代宗教說〉，收入《蔡元培全集》，第 3 卷，第 60 頁。
67　蔡元培：〈以美育代宗教說〉，收入《蔡元培全集》，第 3 卷，第 60 頁。

教育。」「所以我很望致力文化運動諸君，不要忘了美育。」[68] 把美育教育納入新文化運動的組成部分，並從家庭教育、學校教育、社會教育三個方面具體落實「美育實施的方法」，[69] 從而使美育與德育、智育、體育並立為新教育的四大內容。

1930 年 12 月，蔡元培再度撰文論述自己「以美育代宗教」主張的理由。他認為，「宗教本舊時代教育，各種民族，都有一個時代完全把教育權委託於宗教家，所以宗教中兼含着智育、德育、體育、美育的原素」。宗教是舊時代的產物，而近代是科學昌盛的時代。「從科學發達以後，不但自然歷史、社會狀況，都可用歸納法求出真相，就是潛識、幽靈一類，也要用科學的方法來研究他」。於是智育、德育、體育均不必倚賴宗教。宗教本身含有美的成分，美的價值不朽。「莊嚴偉大的建築，優美的雕刻與繪畫，奧秘的音樂，雄深或婉摯的文學，無論其屬何教，而異教的或反對一切宗教的人，決不能抹殺其美的價值，是宗教上不朽的一點，止有美」。美育與宗教有顯明區別，這表現在「一、美育是自由的，而宗教是強制的；二、美育是進步的，而宗教是保守的；三、美育是普及的，而宗教是有界的」。[70] 蔡元培同時在上海中華基督教青年會演說這一論題，表現了他這一主張的文明對話性質。

1938 年 2 月 8 日蔡元培為《居友學說評論》作序時，交代他曾欲寫作一部系統論述其「以美育代宗教」主張的專著，惜未能成。

68　蔡元培：〈文化運動不要忘了美育〉，收入《蔡元培全集》，第 3 卷，第 739－740 頁。

69　參見蔡元培：〈美育實施的方法〉，收入《蔡元培全集》，第 4 卷，第 668－674 頁。

70　蔡元培：〈以美育代宗教〉，收入《蔡元培全集》，第 6 卷，第 585－586 頁。

余在二十年前，發表過「以美育代宗教」一種主張，本欲專著一書，證成此議。所預擬的條目有五：（一）推尋宗教所自出的神話；（二）論宗教全盛時期，包辦智育、德育與美育；（三）論哲學、科學發展以後，宗教對於智育、德育兩方面逐漸減縮以至於全無勢力，而其所把持、所利用的，惟有美育；（四）論附宗教的美育，漸受哲學、科學的影響而演進為獨立的美育；（五）論獨立的美育，宜取宗教而代之。此五條目，時往來於余心，而人事牽制，歷二十年之久而尚未成書，真是憾事。[71]

可見，「以美育代宗教」是蔡元培堅持不變的思想，也是其自感尚未完成的一大理論。對於美育能否代替宗教，如何代替宗教，他的論述未能充分展開。他的這一思想雖在教育界產生了一定影響，美育一度納入學校的教學內容，但當時也存有各種不同的意見，新文化陣營更多的論者（如以陳獨秀、胡適為代表）傾向「科學的人生觀」。儘管如此，蔡元培這一思想仍可視為新文化運動可以採納的一個內容——一個比較健康且可繼續努力的方向。

六、蔡元培生平編撰、著作整理與研究

蔡元培著作在其生前即有結集出版。1920 年北京大學新潮社編印了《蔡孑民先生言行錄》。1931 年上海廣益書局又編印《蔡元培言行錄》，較前著有所增補。1949 年後，兩岸學術界對蔡元培著

71　蔡元培：〈《居友學說評論》序〉，收入《蔡元培全集》，第 8 卷，第 516 頁。

作整理頗為重視。在大陸，1959 年中華書局編輯出版了《蔡元培選集》，收文 67 篇。高平叔先生經過多年的努力，在 1980 年代陸續編成《蔡元培全集》（七卷，北京：中華書局，1984 － 1989 年）。在台灣，1961 年台北復興書局出版孫德中編輯的《蔡元培遺文類鈔》。1967 年台北文星書店編印《蔡元培選集》（六冊）。1968 年台北商務印書館出版孫常煒編輯的《蔡元培先生全集》，收入文章、書信達 480 篇（通），著譯 7 種。1995 年台北錦繡出版事業有限公司推出由兩岸學者通力合作編輯的《蔡元培文集》（十四卷），該集按專題分卷，文後詳加注釋，以便讀者閱覽，這是兩岸學者在蔡元培研究領域的一次重要合作。在此基礎上，經過各方面的推動、努力，在蔡元培親屬的密切配合下，中國蔡元培研究會組織相關學者成立「蔡元培全集編輯工作委員會」，分工協作，編輯了新版《蔡元培全集》（十八卷，杭州：浙江教育出版社，1997 － 1998年），各卷內容依次：一至八卷文編（1883 － 1940 年）、第九卷譯著、第十至十四卷函電（1894 － 1940 年）、第十五至十七卷日記、年譜（1894 － 1940 年）、第十八卷續編。該書在收集材料方面較此前各書有相當大篇幅的擴充，所收文（函）後面詳加注釋，解疑釋難，其所下氣力之大，在近代人物全集編輯中，實為罕見，這是迄今最大規模的蔡元培著作結集出版。至於近二三十年來各地出版的各種蔡元培單行本著作、選集、專題結集，多達上百種，在此不再羅列。

　　研究蔡元培的生平事蹟，最早有台灣「中研院」近代史所陶英惠先生的《蔡元培年譜》（上冊，「中研院」近代史所專刊（36），1976 年 6 月初版），對蔡元培前期生平編撰下力甚大，惜只寫到1916 年。台灣孫常煒先生編著的《蔡元培年譜傳記》（三冊，「國史館」，1985 － 1987 年）集年譜與傳記於一著，是作者多年研究蔡元培心血的結晶。高平叔先生在原有《蔡元培年譜》（北京：中

華書局，1980 年）的基礎上，經過十餘年的繼續努力，1996 年推
出四巨冊《蔡元培年譜長編》（北京：人民教育出版社，1996 年），
這套年譜長編有二百餘萬字，取材之豐富、考訂之周詳、排列之有
序，堪稱近人年譜的一部佳製，實現了蔡元培託付給高先生的一個
遺願。王世儒先生編撰的《蔡元培先生年譜》（兩冊，北京：北京
大學出版社，1998 年），八十萬字，是獻給北京大學建校一百周年
和蔡元培誕辰一百三十周年的一份禮物，該書在搜集報刊材料方
面亦展其長。近人回憶蔡元培的文章結集為紀念集的有：蔡建國
編《蔡元培先生紀念集》（北京：中華書局，1984 年）、中國蔡元
培研究會編《蔡元培紀念集》（杭州：浙江教育出版社，1998 年）、
陳平原、鄭勇編：《追憶蔡元培》（北京：中國廣播電視出版社，
1997 年）。評述蔡元培生平的傳記、評傳有：周天度《蔡元培傳》
（北京：人民出版社，1984 年）、唐振常《蔡元培傳》（上海：上海
人民出版社，1985 年）、張曉唯《蔡元培評傳》（南昌：百花洲文
藝出版社，1993 年）、崔志海《蔡元培傳》（北京：紅旗出版社，
2009 年）等十多種。這些年譜、紀念集、傳記的出版，對人們了
解蔡元培，普及蔡元培事蹟起有重要作用。中國蔡元培研究會為
紀念蔡元培誕辰 120 周年、130 周年、140 周年，已先後三度召開
學術研討會，並有結集的論文集《論蔡元培》（北京：旅遊教育出
版社，1989 年）、《蔡元培研究集》（北京：北京大學出版社，1999
年）、《蔡元培與現代中國》（北京：北京大學出版社，2010 年）出
版，有力地推動了蔡元培研究向前發展。最近十多年來，每年有關
蔡元培的研究論文數量在不斷向上攀升，專題研究蔡元培的論著亦
時見問世，顯示出學術界對蔡元培研究愈來愈重視，蔡元培作為近
代知識界的風範人物已進入公眾的視野。

　　本卷所收蔡元培著作、文章，即以中國蔡元培研究會所編《蔡
元培全集》為底本，參校原始發表文本。編選作品以反映蔡元培的

教育、中西文化觀和學術思想為主，所收文章、著作按寫作、出版時序排列。因篇幅所限，編選工作恐難盡如人意，敬請讀者諒解。在編校過程中，北大歷史系研究生顧瓊敏、陳夏瓊、史少偉參與核校原文，將此致謝。

2013 年 5 月 3 日稿畢於北京海淀水清木華園

收入歐陽哲生編：《中國近代思想家文庫・蔡元培卷》，北京：中國人民大學出版社，2014 年 7 月，頁 1-25。收入《清明・弘揚民族文化與培育社會主義核心價值觀學術交流會論文選集》，西安：陝西人民出版社，2013 年 11 月，頁 485-510。

梁啓超的國際觀與晚年思想轉向
——梁啓超著《歐遊心影錄》的思想新解

　　長期以來，中國與第一次世界大戰的關係在中國近代史研究中，總是被輕描淡寫地一筆帶過，這種情形直到新世紀才有所改觀。[1] 實際上，在短短的四年歐戰期間，袁世凱、張勳兩次復辟帝制遭遇頓挫，共和制作為中國政制基本定型；中國民族資本主義暫時得以擺脱西方列強的控制和壓迫，獲得前所未有的喘息和發展；新式教育依託共和體制迅速發展，清算儒學意識形態的新文化運動興起。正是在這段充滿動盪、混亂、無序的歷史時期，中國政治、經濟、文化向現代轉型邁上了新的台階。這一切不可僅僅視之為中

1　新世紀以來探討中國與第一次世界大戰關係的著作逐漸出現，其中代表性的著作或論文集有：Xu Guoqi, *China and the Great War: China's Pursuit of a New National Identity and Internationalization*. Cambridge: Cambridge University Press, 2005. 此書有中譯本，徐國琦著、馬建標譯：《中國與大戰：尋求新的國家認同和國際化》，上海：三聯書店，2008 年；徐國琦：《文明的交融：第一次世界大戰期間的在法華工》，北京：五洲傳播出版社，2007 年；魏格林、朱嘉明主編：《一戰與中國》，北京：東方出版社，2015 年；侯中軍：《中國外交與第一次世界大戰》，北京：社科文獻出版社，2017 年；Frances Wood and Christopher Arnander, *Betrayed Ally: China in the Great War*. Barnsley: Pen & Sword Military, 2016. 此書有中譯本，〔英〕吳芳思、克里斯托弗·阿南德爾著，張宇揚譯：《誰背叛了中國》，南京：江蘇人民出版社，2018 年。從現有的研究成果看，歐美學界似更關注中國與一戰關係這一題材。

國自身轉型的結果，它們也是中國與世界關係互動的成果。一戰後國內輿論要求提升中國國際地位的呼聲大漲。

不像近代中國的前七十多年，中國與世界的關係總是處在非常被動的境地。歐戰的爆發，拉近了中國與歐美的距離，中國朝野主動探尋戰爭的動態及其與自身的關係，從而開始形成新的國際觀。梁啟超是北洋政府內最具影響力的知識權力人物之一，他對歐戰的觀察不僅對政府決策具有智囊作用，而且可影響甚至左右國內輿論。因此，梁啟超的國際觀是一個值得檢視的思想標本，對我們認識一戰及其隨後中國與世界的互動關係有其特殊的歷史價值。

一、從梁啟超對歐戰的觀察談起

1914 年第一次世界大戰在歐洲爆發。據維基百科解釋，當時歐洲稱之為「大戰爭」（The Great War）。1914 年 10 月加拿大《麥考林雜誌》（*MaClean's* Magazine）刊文寫道，「有些戰爭自稱，這是一次大戰爭」。「第一次世界大戰」稱呼的首次使用是出自一位德國生物學家、哲學家恩斯特·海克爾（Ernst Haeckel），1914 年 9 月 20 日他在引用《印第安納波利斯明星報》（*The Indianapolis Star*）通訊社的報道時稱：「毫無疑問，這場可怕的『歐洲戰爭』的進程和特點在完整意義上將要變成第一次世界大戰。」海克爾的名字對中國人來說應不陌生，他的名著《宇宙之謎》（*Die Weltrthsel*）中譯本於 1974 年由上海人民出版社出版，據說此書的翻譯是由於毛澤東親自授意，它是「文革」時期出版的少見的幾本外國

哲學譯著之一。[2] 第二次世界大戰爆發後，世界第一次大戰（World War I）或第一次世界大戰（First World War）即變成標準説法，英國和加拿大歷史學家更喜歡用「第一次世界大戰」，而美國則偏好用世界第一次大戰。

歐戰爆發後，國人迅即投入關注的目光。1914 年 9 月杜亞泉在其主編的《東方雜誌》第十一卷第三號發表〈大戰爭與中國〉一文，提醒人們：「故此次大戰之關係於吾中國者，一為敕剌吾國之愛國心，二為喚起吾民族之自覺心。此雖為間接之影響，而關係於吾中國十年內之變局者，當以此為最巨。」杜氏此文所用「大戰爭」與歐人時稱 The Great War 正好對應。至於其對大戰爭與中國關係之認識，顯示了他作為新聞編輯專業人士捕捉世界信息的特殊敏感力，杜亞泉主編的《東方雜誌》在當時的確成為國人了解歐戰動態的主要信息渠道之一。梁啟超在《歐遊心影錄》中談到凡爾登戰役時也使用了「世界大戰」一詞：「現在戰史家有句流行俊語，説道：『世界大戰者，凡爾登大戰也。』這句話或未免稍為過當，要之，凡爾登一役的關係，好像贏、項的巨鹿，曹、袁的官渡，兩造命運懸於一戰，這是全世界人一齊公認的哩。」[3] 其意大致與 World War 相配，説明「世界大戰」已成為他研究歐戰的關鍵詞。

歐戰爆發時，梁啟超時任幣制局總裁，本來他擔任此職欲有所作為，「不料歐戰以來，幣制借款之事，暫時既無可談判之餘地，任公所研究之政策，及其設施之次第，又為時勢所迫，不能實行，於是此局遂同虛設。任公不欲虛應故事，故數日以來數辭

---

2   參見袁志英：〈毛澤東和《宇宙之謎》──三十年前翻譯海克爾的《宇宙之謎》〉，載《德國研究》，2002 年第 3 期。

3   〈西歐戰場形勢及戰局概觀〉，湯志鈞、湯仁澤編：《梁啟超全集》，第十集，北京：中國人民大學出版社，2018 年，第 127 頁。

總裁之職」。[4] 利用這一閒暇時機，梁啟超花大力氣研究剛剛爆發的歐戰，1914 年 11 月至 12 月撰寫了長文〈歐洲戰役史論〉，11 月 6 日在北京基督教青年會演講〈歐戰後思想變遷之大勢〉（載《申報》1914 年 11 月 11 日），1915 年 1 月 20 日、2 月 20 日在新創刊的《大中華》第一、二期發表〈歐戰蠡測〉一文，足見梁任公對這一國際大事的重視。其中〈歐洲戰役史論〉一文長達二十節，在當時如此全面分析歐戰爆發的前因後果，這可能是最長的一篇文字，展現了梁啟超廣博的世界歷史知識和驚人的國際洞察力。此文當時並未公開發表，顯示梁啟超的審慎，他交代此著寫作原委時說：「甲寅冬，假館著書於西郊之清華學校，成〈歐洲戰役史論賦〉示校員及諸生。」[5] 清華學校師生是此著最初的聽眾和讀者。不過，梁啟超雖為一代啟蒙思想家，但缺乏歐洲經驗，對國際形勢和世界大戰的分析有其局限，他為德軍在戰爭初期所發動的凌厲攻勢所震撼，看好德軍在戰場上的表現，在文末的結論中表示：「自開戰之始，吾嘗昌言德之必勝，且言其決勝甚速，比則頻有難吾說者，吾亦幾不能自堅持。雖然，吾終信德之決不能敗也。」「吾觀德人政治組織之美，其國民品格能力訓練發育之得宜，其學術進步之速，其製作改良之勤，其軍隊之整肅而忠勇，其交通機關之敏捷，其全國人之共為國家一器械而各不失其本能。凡此諸點，舉世界各國無一能

4　〈梁任公近況〉，載《申報》，1914 年 10 月 30 日。

5　〈歐洲戰役史論〉，湯志鈞、湯仁澤編：《梁啟超全集》第九集，第 41 頁。在 1914 年 12 月 9 日〈第二自序〉中，梁啟超對此著寫作情形交代更細：「吾初發意著此書，當戰事初起之旬日後耳。其前此各國關係之故，略能省記，故成之不甚勞。至最近之交涉，吾國報所譯載，讀之不能得要領，勢必遠求之於外國。而方在戰中，交通梗塞，外國公報來者殊希，佇待兩月，資料乃略備。而都中人事冗遝，每日欲求二三小時伏案操觚，竟不可得。於是乃假館於西郊清華學校，挈女兒令嫻居焉。吾所需資料，多由女兒為我搜集，吾故不能離彼也。閱十日脫稿，蓋十日間筆未嘗停輟矣。此書所敘述，自審良不免蕪冗。」湯志鈞、湯仁澤編：《梁啟超全集》，第九集，第 44 頁。

逮德者，有國如此，其安能敗？使德人而敗者，則自今以往，凡有國者，其可以不必培植民德，不必獎勵學術，不必搜討軍實，乃至一切庶政，其皆可以不講矣。此非吾矯激之言，彼德國者，實今世國家之模範，國家主義如消滅斯已耳，此主義苟一日存在者，則此模範國斷不容陷於劣敗之地。」[6] 這段話足證當時梁啟超對德國的極端崇拜，此事在戰後曾被人詬病。李大釗在〈Bolshevism 的勝利〉一文中諷刺梁說：「著〈歐洲戰役史論〉主張德國必勝後來又主張對德宣戰的政客，也來登報，替自己作政治活動的廣告；一面歸咎於人，一面自己掠功。」[7] 矛頭直指梁任公。如果將梁啟超對歐戰前期戰況的觀察與嚴復所撰《居仁日覽》作一比較，我們可以發現，梁氏對歐戰的分析確不及嚴復專業，嚴復為海軍專業出身，又有留學英國、遊歷歐洲大陸的經歷，具有較為廣闊的國際視野，他觀察分析歐戰的材料能直接借助閱讀英文報刊透露的信息，嚴復從一開始就不看好德國的實力。[8] 嚴復因任總統袁世凱的外交顧問，他的分析在當時對最高決策自然具有一定指導作用。

　　作為思想家，梁啟超敏銳地預感到歐戰可能對世界思想演變大勢的影響，「一曰政治思想必大變動，而國家主義或遂衰熄；二曰生計組織必大變動，而社會主義行將大昌也，當別為專篇論之」。[9] 梁啟超將歐戰定義為「民族國家的戰爭」。他把歐洲的近代史看成是一部國家主義的發達史，「自文藝復興以後，極端言國家主義，絞百姓血汗之金錢，以供殺人之用，竭才士聰明智力，日日

6　〈歐洲戰役史論〉，湯志鈞、湯仁澤編：《梁啟超全集》，第九集，第 114 頁。

7　李大釗：〈Bolshevism 的勝利〉，載《新青年》，第 5 卷第 5 號，1919 年 1 月 15 日。

8　相關分析參見歐陽哲生：〈嚴復看第一次世界大戰〉，載《中國高校社會科學》，2014 年第 1 期。

9　〈歐洲戰役史論〉，湯志鈞、湯仁澤編：《梁啟超全集》，第九集，第 117 頁。

研究殺人之術，各各發達其本能，膨脹其勢力，而衝突生焉。」[10]
對歐戰暴露的西方弱肉強食的強權邏輯作了大膽批評。生在這樣一
個戰亂的世界該如何處之？「故今日吾人承歐戰之潮流，而欲新國
家之運命，仍以改良社會為第一要義。結合小數健全之份子，以倡
導多數健全之份子，與國家機關之人分擔其任務，即為吾人所以自
盡之道。」[11] 目睹德國在戰爭中漸趨劣勢的表現，他的立場也在調
整。1917 年初歐戰雙方進入決戰階段時，他多次上書段祺瑞（1917
年 3 月 2、7、8、9、10 日），主張對德宣戰；公開發表〈中德國
際前途觀〉（1917 年 2 月 13 日）、〈余與此次對德外交之關係及其
所主張〉（1917 年 2 月）、〈絕交後之緊急問題：主張立即對德奧宣
戰〉（1917 年 3 月 26 日）等文，梁啟超申訴中國參戰之理由，從
積極進取來説，「處今日國際關係複雜之世界，雖以至強之國，猶
不能孤立以自存⋯⋯ 凡此皆足證明今日之時局，凡國於世界者，
皆不能不求與國。」「吾之所謂積極進取的外交政策，以結納友邦
獲得奧援增高國際地位為前提，而以孤立退嬰為大戒。」從消極維
持來説，「我國二十年來惟託命於均勢，此事實之無可諱言者也。」
「中國所託命之均勢，則英、俄、法、美、日五國均之而已，而當
歐戰疲敝之餘，能生死我者尤莫如美、日，我若能提挈美、日，而
自伍於此五國者之林，雖進焉無所獲，而退焉必足以自保。德而全
勝，則中國必亡，無論吾參戰與否，皆均可避也。」梁啟超為打消
人們對參戰的種種顧慮，針對美不參戰説、俄國革命由德人煽動成
功説、德勝報復説、俄德單獨媾和及德俄日同盟説、日本乘機侵略

10 〈歐戰後思想變遷之大勢〉，湯志鈞、湯仁澤編：《梁啟超全集》，第十五集，
　　第 91－92 頁。
11 〈歐戰後思想變遷之大勢〉，湯志鈞、湯仁澤編：《梁啟超全集》第十五集，第
　　92 頁。

説、影響商務説、影響民食説、釀成內亂説等反對參戰的各種説法，一一回覆批駁，[12] 預判中國參戰可獲之利益，這與嚴復等人堅決要求對德宣戰的主張不謀而合。[13] 當時，反對中國參戰之聲浪頗盛，朝中有總統黎元洪之抗拒，釀發所謂「府院之爭」，國會參眾兩院的國民黨議員群起反對；外有國民黨孫中山、唐紹儀，遺老派康有為反對宣言和通電，段祺瑞之部屬徐樹錚也「日日揚言，謂合肥為梁某所誤」。[14] 所以主張參戰面臨的阻力甚大。馮國璋上台後決定參戰，梁啟超又代擬〈大總統佈告（對德對奧宣戰文）〉，正式宣告：「爰自中華民國六年八月十四日上午十時起，對德國、奧國宣告立於戰爭地位。所有以前我國與德、奧兩國訂立之條約、合同、協約及其他國際條款、國際協議，屬於中德、中奧之間關係者，悉依據國際公法及慣例，一律廢止。我中華民國政府，仍遵守海牙和平會條約及其他國際協約關於戰時文明行動之條款，罔敢逾越。宣戰主旨在乎阻遏戰禍，促進和局。凡我國民，宜喻此意。」[15]戰後，1918 年 11 月 18 日梁啟超發表〈對德宣戰回顧談〉，詳細回憶中國參戰的來龍去脈，從這篇文章人們可以獲悉，梁啟超在中國對德宣戰後，還曾建議段祺瑞「更勿投身國內政爭旋渦中，惟當親身先赴法國戰場，而大兵之運輸徐隨其後」，此議不見採納。徐世昌上任總統後，他正患大病，「展轉床蓐，以不肯捨忘此偉大妄

---

12 〈外交質言（參戰問題）〉，湯志鈞、湯仁澤編：《梁啟超全集》，第九集，第533－539 頁。

13 參見林啟彥：〈第一次世界大戰期間嚴復的國際政治觀：參戰思想分析〉，收入習近平主編：《科學與愛國——嚴復思想新探》，北京：清華大學出版社，2001 年，第 302－318 頁。

14 〈對德宣戰回顧談〉，湯志鈞、湯仁澤編：《梁啟超全集》，第九集，第 805－806 頁。

15 原載 1917 年 8 月 14 日《政府公報》。收入夏曉虹輯：《〈飲冰室合集〉集外文》，中冊，北京：北京大學出版社，2005 年，第 707 頁。

想故，託人致詞於彼，請速行切實計劃，為趕明年春期戰場之準備」，[16] 亦未能成，梁啟超將其咎推之於南方的國民黨人，「推原此次參戰目的後半段所以不能貫徹之原因，其最大罪惡，固在南方好亂之徒，興無名之師，牽制政府，致不能有餘裕以發展於外」。[17] 當時中國南北對立的局面對中德關係影響殊深，北京政府對德宣戰，南方軍政府則暗中與德交好。[18] 對此，梁啟超無可奈何，只能扼腕長歎。

　　歐戰結束後，梁啟超前瞻戰後之世界之大勢，發表〈歐戰議和之感想〉（1918 年 11 月 14 日）、〈中國國際關係之改造〉（1918 年 11 月 28 日）、〈歐戰結局之教訓〉（1918 年 12 月 1 日）、〈世界和平與中國〉（1919 年 1 月）等文或演講，對中國與世界之關係作了新的論述，對世界和平抱以新的期望。梁啟超充分肯定中國參戰之價值：「我國民實亦以一種極大覺悟，破除其數千年閉關自守之故見，自進而參加於人類全體正義和平活動，以盡其為國際團體一員之天職，使人類全體共同生活之基礎更進一步，斯即我國參戰最大之意義，最大之價值也。」[19] 他希望借此新機，建立新的國際關係，「永絕戰亂之源」；「吾敢信我國人對於世界為和平後之貢獻，其所盡之義務，決不讓他國。以我國原料之豐富，勞力之蔣勤良，以之補償戰後瘡痍，實負一莫大責任。」[20] 對於中國參加巴黎和平

16　〈對德宣戰回顧談〉，湯志鈞、湯仁澤編：《梁啟超全集》，第九集，第 811－812 頁。

17　〈對德宣戰回顧談〉，湯志鈞、湯仁澤編：《梁啟超全集》，第九集，第 812 頁。

18　關於一戰期間孫中山與德國的關係，參見楊天石：〈孫中山與第一次世界大戰〉，載《江蘇師範大學學報（哲學社會科學版）》，2018 年第 5 期。

19　〈中國國際關係之改造〉，湯志鈞、湯仁澤編：《梁啟超全集》，第九集，第 816 頁。

20　〈中國國際關係之改造〉，湯志鈞、湯仁澤編：《梁啟超全集》，第九集，第 819 頁。

會議，解決中國問題，梁啟超提出了五點具體建議：「第一，可以
開放外蒙、西藏，實行威爾遜所謂民族自治自決主義，多予各該地
人民以自治這機會，但持宗主權，居指導之地位，且不妨許外人公
同指導也。第二，青島之當歸還中國，本不持論。即外人租借地之
威海、旅順，從前本為對待德國青島膠州灣而起，今目的已消失，
則各該處或請即予歸還，或請明白保證，租借期滿即行見還，不再
展延。第三，中東鐵路本為中俄合辦，今鑒於東北形勢，宜聲明以
我之名義，而用各國之力，共同管理之。第四，領事裁判權固為中
國之恥辱，即在各國僑民，受裁判於非法官之領事館員，亦豈有
利？宜請求撤回此權，或於租界地方，由中國政府任命外人為法
官，以當審判之衙。……第五，關於關稅，雖不能遽望互相平等，
然一部分之自由科稅，務望得許，如消費稅之類，為各國稅收之中
堅，亟當加以整革，以裕財源。」[21] 梁啟超的這些建議，對參加巴
黎和會中國代表的決策有一定影響。[22] 考慮到輿論對外交的可能影
響，梁啟超在歐行前夕，特別提醒國人：「故我國民於此時宜發揮
一種輿論，內以督促政府，而外以博世界之同情，寔今日所最當
有事也。然欲輿論發生效力，第一，當求有價值；第二，當求一

21　〈歐戰議和之感想〉，湯志鈞、湯仁澤編：《梁啟超全集》，第十五集，第
　　187－188 頁。梁啟超後又將上所提五點簡化為三點，即：「一曰破除勢力範
　　圍。」「二曰撤銷領事裁判權。」「三曰改正關稅。」參見〈在戰後外交研究
　　會及國民外交後援會召開之外交講演會之演說〉，湯志鈞、湯仁澤編：《梁啟
　　超全集》，第十五集，第 193 頁。

22　關於巴黎和會中國代表要求修約情形，參見唐啟華：《被「廢除不平等條約」
　　遮蔽的北洋修約史（1912－1928）》第三章〈1919 年修約方針的確立與推
　　動〉，北京：社科文獻出版社，2010 年，第 67－81 頁。梁啟超與巴黎和會
　　之交集，參見李喜所、元青：《梁啟超傳》，北京：人民出版社，1994 年，第
　　445－450 頁；崔志海：〈梁啟超與五四運動〉，載《近代史研究》，1997 年第
　　1 期。梁啟超在《歐遊心影錄・巴黎和會鳥瞰》中對和會有介紹性的報道，但
　　基本未涉及他本人的活動。

致。」[23] 並提出開展「國民外交」,「各國無不注重國民外交,其政府之外交政策,恒依以為轉移。吾國凤無所謂國民外交者,一方固由當局者之不知輕重,一方亦由我國民素未造成此等勢力。此後應當切實研究,並造成此等勢力,以與各國國民為國民的外交。是則吾人所應努力者也」。[24] 注重公共輿論,推動國民外交,這是歐戰後梁啟超新的外交思想,對當時朝野都有相當影響力,五四運動的興起與此有直接關係。

　　從看好德國的優勢兵力,到主張對德宣戰,最後展望歐戰後世界和平,希望建立新國際秩序,這就是梁啟超觀察歐戰走過的心路歷程。探討梁啟超思想時,人們總是喜歡以善變、多變來形容他的演變,梁則用「以今日之我戰昨日之我」自辯,我想以「識時務者為俊傑」此語形容梁啟超歐戰觀的調整倒是可能更為適合。梁啟超歐戰觀的另一個特點,是他對戰後世界和平抱持積極的態度,對正在興起的社會主義運動給予禮讚,他後來倡談基爾特社會主義並非偶然。相對來說,嚴復對戰後形勢態度消極、悲觀,對俄羅斯、東歐的變化更是不齒,嚴復的思想後來確是成為二十年代初以《學衡》派為代表的新一代文化保守主義勢力的養料。

二、梁啟超介入東西文化論爭：從缺位到補位

　　五四時期的東西文化論戰曾是上世紀八九十年代學術界熱議

---

23 〈關於歐洲和會問題我輿論之商榷〉,湯志鈞、湯仁澤編:《梁啟超全集》,第十五集,第 190 頁。

24 參見〈在戰後外交研究會及國民外交後援會召開之外交講演會之演說〉,湯志鈞、湯仁澤編:《梁啟超全集》,第十五集,第 193 頁。

的問題。陳崧編選的《五四前後東西文化問題論戰文選》（北京：中國社會科學出版社，1989 年）一書對五四時期東西文化問題的文字作了比較系統的整理。在該書的「前言」，陳崧將五四時期的東西文化論戰分為三個階段，並對各個階段的論戰內容及代表人物作了分析，[25] 她的分析除了行文帶有當時的時代風味外，其對五四時期東西文化論爭的過程描述大體不錯。唯用「論戰」一詞火藥味較濃，五四時期的許多討論和論爭其實大多屬於文化、思想的範圍，這與後來那些黨派之間的政治思想論戰畢竟不同，應當區別對待。

　　閱讀「五四」以前東西文化論爭的文字，往往給人一種盲人摸象的感覺。論爭雙方的主要代表杜亞泉、陳獨秀都沒有去過歐洲，缺乏實際的「歐洲經驗」。他們臚列、比較東西方的現象，大而化之，很多帶有似是而非、以偏概全的誤差。雙方都認可的所謂西方主動，東方主靜；西方重個性，東方重家庭等說法實難以成立。其實，中國自秦漢以降的兩千多年又何嘗靜止，真正安定、和平的「盛世」並不多見，無序、動盪、混亂在歷代王朝常常佔有較長的時段，下層民眾數以百計的大大小小造反起義且不說，統治階級內部的宮廷內鬥和皇權與藩鎮之間的博弈從未停止，來自北方、西北少數民族的侵擾更是未曾中斷。古代歐洲國家何嘗不重視家庭，天主教對一夫一妻制有比東方國家更為嚴苛的規定和約束；反之，中國古代充滿個性的詩人作家又何其多矣，不勝枚舉。自戊戌維新以來，因戰敗而產生的危機意識和憂患意識，中國思想界在反思自身傳統時，更多地是從負面來理解它，逐漸出現新的偏頗，對中西特

25　參見陳崧：《五四前後東西文化問題論戰文選》（增訂本），北京：中國社科出版社，1989 年，第 5－30 頁。

性的認識即是最明顯的例證。

　　梁啟超與東西文化論爭的關係經歷了一個從缺位到補位的過程。1916 年以後，以杜亞泉為代表的東方文化派和以陳獨秀為代表的新青年派，雙方就東西文化的特性和優劣展開論辯。爭論持續到 1919 年以後，東西文化能否調和成為雙方爭論的新的焦點，由比較東西文化的差異發展為如何處理東西文化之間的關係、新舊文化能否融合。梁啟超前期因忙於國內政務，加上自己缺乏歐洲經驗，無暇顧及這場論爭，所以我們在論爭的前兩個階段看不到他發表相關的任何文字。1920 年 3 月歐遊歸國後，梁啟超因為新的歐洲經驗而獲得介入東西文化論爭的底氣，他在《時事新報》、《晨報》連載《歐遊心影錄》，一石激起千重浪，引發新文化界和各界人士的廣泛關注，成為「五四」以後東西文化論爭的新議題。過去人們在談及「五四」以後的東西文化論爭時，喜歡將梁啟超與梁漱溟並列，習稱為「二梁」，這種把梁啟超與梁漱溟相提並列的做法，我以為並不恰當。梁啟超對中國文化抱有信心是一回事，他是否應看作為東方文化派的代表又是另一回事。閱讀梁漱溟的《東西文化及其哲學》，人們會感到愈是沒有西洋經驗的作者，膽子愈大，縱言放論，無所拘宜，怪不得胡適私下批評梁氏，「梁漱溟既不曾到過西洋，又連電影戲都不屑看，他那配談東西文化」。[26] 梁啟超提倡以中國文化補救西方時弊，同時又主張思想解放要從「研究西洋思想入手」，他的眼光不同於杜亞泉，也明顯與梁漱溟有別，他的思想孕育着某些新的元素，出現了新的轉向。

　　1918 年底歐戰結束之際，梁啟超率團赴歐考察，這是他思想的一次再出發。丁文江曾提示，「先生這次與同行諸人的遊歐，原

26　參見耿雲志編：《胡適語萃》，北京：華夏出版社，1993 年，第 275 頁。

在他們將來的整個事業上抱有極大的目的和計劃」。[27] 對此次出訪
之目的，梁啟超有一個逐漸放大的過程。行前在各種公開場合，他
數次說明：

> 余此次歐行，純以個人資格。所以然者，為謀考慮
> 各方情形及發言上之便利。[28]
>
> 鄙人今有歐行，雖純屬私人汗漫之遊，亦誠欲郵達
> 吾國民多數所希望，訴諸彼都輿論，以冀為當局之助。[29]
>
> 鄙人此次歐行，純係私人資格，不含有政治意味。
> 惟歐戰和議，關係於吾國利害者甚巨。由國民份子的義
> 務而言，則凡有利於吾國，而為鄙人力之所能逮者，必
> 當竭誠有所貢獻者。[30]
>
> 此次鄙人遊歐，非僅欲一飽眼界，實欲親歷戰事最
> 烈之地，親見於斯役任絕大犧牲之各民族，藉以吸取此
> 互助之新精神，領略此世界之新文化也。[31]

強調訪歐之行的私人性質，其言詞比較低調。之所以冠以「私人名

27　丁文江、趙豐田編，歐陽哲生整理：《梁任公先生年譜長編初稿》，北京：中
　　華書局，2010 年，第 467 頁。

28　〈與上海新聞記者之談話〉，《晨報》，1918 年 12 月 3 日。湯志鈞、湯仁澤編：
　　《梁啟超全集》，第十五集，第 189 頁。

29　梁啟超：〈關於歐洲和會問題我輿論之商榷〉，《國民公報》，1918 年 12 月 17
　　日。湯志鈞、湯仁澤編：《梁啟超全集》，第十五集，第 191 頁。

30　〈在憲法研究會餞別會之演說〉，《晨報》，1918 年 12 月 21 日。湯志鈞、湯仁
　　澤編：《梁啟超全集》，第十五集，第 192 頁。

31　〈在協約國民協會之演説詞〉，《國民公報》1918 年 12 月 24－25 日。湯志鈞、
　　湯仁澤編：《梁啟超全集》，第十五集，第 194 頁。

義」出遊，一則低調，二則便於對外發言，訴諸公開輿論。[32] 與親朋好友言及此行時，梁啟超則明白交代底細：「此行全以私人資格（經費殊不充，公家所給僅六萬，朋舊饋賻約四萬耳），不負直接責任，然關係當不小。近數日來陸使在日本鬧笑話，輿論譁然，復有將我資格化私為公之議，然吾殊不欲也……然萬一到必須化私為公時，仍當借重希哲，屆時則惟設法先送汝歸耳。」[33] 從各方面的輿論呼聲看，梁啟超自感有「化私為公」之責。從其出遊所獲資助的經費（公費佔去六成），從法國等國給予梁啟超一行的禮遇，[34] 都可看出梁啟超一行實難脫公務之關係。

到達歐洲後，梁啟超對自己的訪歐之行，又別有一番新的表示，顯示他雄心勃勃的懷抱：「出遊之主要目的，在考察戰後世界文明變遷之跡，以歸餉國民。」[35] 在參觀巴黎和會後，梁啟超更是自感責無旁貸：「僕此行雖以私人考察，然苟可以為國家雪恥復權者，不敢辭匹夫之責。」[36] 他的這一表態，甚至對當時出任參加巴黎和會的首席代表陸徵祥構成壓力。後來發表《歐遊心影錄》，梁啟超對出行目的更是放言無忌：「第一件是想自己求一點學問，而且看看這空前絕後的歷史劇怎樣收場，拓一拓眼界。第二件也因為

32　參見梁啟超〈與上海新聞記者之談話〉、〈關於歐洲和會問題我輿論之商榷〉、〈在憲法研究會餞別會之演說〉，三文收入湯志鈞、湯仁澤編：《梁啟超全集》，第十五集，第 189、191、192 頁。

33　梁啟超：〈與思順書〉（1918 年 12 月 10 日），載丁文江、趙豐田：《梁啟超年譜長編》，上海：上海人民出版社，1983 年，第 873－874 頁。

34　有關梁啟超在法受到法國政府接待的情形，參見巴斯蒂：〈梁啟超 1919 年的旅居法國與晚年社會文化思想上對歐洲的貶低〉，收入李喜所主編：《梁啟超與近代中國社會文化》，天津：天津古籍出版社，2005 年，第 218－237 頁。

35　〈在巴黎萬國報界聯合會歡迎會演說詞〉，夏曉虹輯：《〈飲冰室合集〉集外文》（中冊），北京：北京大學出版社，2005 年，第 812 頁。

36　〈梁任公最近來電〉，《晨報》，1919 年 4 月 20 日，第 2 版。

正義人道的外交夢。以為這次和會，真是要把全世界不合理的國際關係根本改造。立個永久和平的基礎，想拿私人資格把我們的冤苦，向世界輿論伸訴伸訴，也算盡一二分國民責任。」[37] 梁啟超這些對訪歐之行的不同說明，表明他的認識隨着時空的轉換，有一個逐步拓展的過程，這與國內張東蓀等人的要求也有一定關係。[38]

梁啟超一行乘座「橫濱丸」號於 1918 年 12 月 28 日從上海出發，經印度洋、大西洋赴歐，至 1920 年 3 月 5 日由歐洲歸來抵達上海，全程歷時 434 天。訪歐期間，梁啟超及其隨行考察歐戰戰場遺跡，會見歐美各國政要、社會名流、文化界知名人士，參觀重要工廠企業、議院會場，遊覽文化宗教遺跡，所見所聞，收穫頗豐，內心為之震撼，思想由此產生極大的變化。[39] 1919 年 6 月 9 日梁啟超致信其弟梁仲策，詳談訪歐情形：「數月來主要之功課，可分為四：一曰見人，二曰聽講，三曰遊覽名所，四曰習英文。」又說：「吾到歐未嘗作一文，實無以對志先、東蓀諸君，惟以忙求諒而已。日記極凌亂，且不過簡單摘要備忘，非俟歸後不能補綴整理也。且當思想變化發酵之際，殊不欲輕於下筆也。」[40] 可見其行旅匆匆，以致無暇顧及寫作。

《歐遊心影錄》寫於巴黎西南的白魯威（Bellevue）。1919 年 10 月 11 日以後，梁啟超、蔣百里、張君勱、徐新六幾個人把白魯

---

37 《歐遊心影錄・歐行途中》，湯志鈞、湯仁澤編：《梁啟超全集》，第十集，第 86 頁。

38 梁啟超歐遊途中，張東蓀兩次〈與君勱、子楷、百里、振飛諸兄書〉中都提到訪歐之目的，顯示梁啟超一系此行計劃周密，參見丁文江、趙豐田編，歐陽哲生整理：《梁任公先生年譜長編初稿》，第 467–468 頁。

39 梁啟超此行經歷，參見丁文江、趙豐田編，歐陽哲生整理：《梁任公先生年譜長編初稿》，第 456–471 頁。

40 丁文江、趙豐田：《梁啟超年譜長編》，第 883、884 頁。

威當作深山道院，閉戶讀書與寫作。1919 年 11 月 5 日梁啟超〈與令嫻書〉說及當時的生活：「吾自十月十一日迄今，未嘗一度上巴黎，且決意三個月不往，將此地作一深山道院，吾現在惟有兩種功課，日間學英文，夜間作遊記，……吾日記材料，由百里、君勱、振飛三人分任搜集，吾乃取裁之，現方着手耳。此亦非同居不可，在此多住數月，亦為此也。」[41] 這裏所說蔣百里、張君勱、徐新六「分任搜集」日記材料，表明這三人至少參與了《歐遊心影錄》的準備過程。該信還透露 10 月中、下旬他曾大病一場：「雙十節之次日，吾從意大利返巴黎，新從熱帶入寒帶，在車中已凍了一夜，歸寓無煤無薪，大傷風，半月乃癒。」[42] 這立即令人想起當時蔓延歐美的大流感，疫情定然對梁啟超的身心也會產生某種衝擊。《歐遊心影錄》對當時寫作境況的描述也會勾起我們類似的聯想：「巴黎是絕跡不去的，客人是一個不見的，鎮日坐在一間開方丈把的屋子裏頭，傍着一個不生不滅的火爐，圍着一張亦圓亦方的桌子，各人埋頭埋腦做各自的功課。這便是我們這一冬的單調生活趣味，和上半年恰恰成個反比例了。我的功課中有一件，便是要做些文章，把這一年中所觀察和所感想寫出來。」[43] 這樣一種閉門的集體生活，對梁啟超的寫作自然會產生影響，《歐遊心影錄》的思想雖不能說是集體創作的成果，但包含同室他人的思想影響應該是確定的，書

41　梁啟超：〈與嫻兒書〉（1919 年 11 月 5 日），丁文江、趙豐田：《梁啟超年譜長編》，第 890−891 頁。此處所說「日記材料」並不見收入林宰平等所編的《飲冰室合集》或湯志鈞、湯仁澤新編《梁啟超全集》。

42　梁啟超：〈與嫻兒書〉（1919 年 11 月 5 日），丁文江、趙豐田：《梁啟超年譜長編》，第 890−891 頁。不管是在來往家書中，還是在《歐遊心影錄》中，梁啟超都未有隻字提及當時席捲歐洲的大流感，這一點確實讓人疑惑。但從他所展示的歐洲極其蕭條的景象，人們可以看出戰爭和疫情對歐洲的重創。

43　《歐遊心影錄·歐遊中之一般觀察及一般感想（上篇）》，湯志鈞、湯仁澤編：《梁啟超全集》，第十集，第 56 頁。

中對「科學」的議論，似有張君勱思想影響的因子；而對「德國失敗之原因」的分析則直接附錄蔣百里的〈德國敗戰之諸因〉一文，即可為佐證。與梁啟超 1903 年所寫《新大陸遊記》的遊記體裁不同，《歐遊心影錄》更像是一份考察報告。

　　1920 年 3 月 2 日《歐遊心影錄》開始在上海《時事新報》第 1 張第 1 － 2 版「歐遊通信」欄連載，至 7 月 18 日止。3 月 6 日又在北京《晨報》第 7 版「歐遊通信」欄連載，至 8 月 17 日止。[44] 之所以先在《時事新報》刊出，可能與梁啟超寄發稿件先達上海有關。《時事新報》、《晨報》為研究系主控兩大報紙，如此連篇累牘地刊登，顯然有輿論造勢之用。1922 年 12 月中華書局出版《梁任公先生近著第一輯》，上卷收入《歐遊心影錄節錄》，所收均為輯錄在《晨報》、《時事新報》已發表文字。1936 年中華書局出版林宰平等編輯的《飲冰室合集》第七冊《專集》之二十三第 1 － 162 頁，又將《歐遊心影錄節錄》原版收入。既然題名《歐遊心影錄節錄》，就意味着該著並未寫完，這可能是梁啟超生前未出版該著單行本的原因。[45] 丁文江編著年譜時對此也有說明：「先生在歐遊期中，其隨時隨地所經歷觀察和感想都有記述，他住在巴黎的時候，曾經整理出一部分來，回國以後就因為百事待理，無暇及此了。所以結果全書迄未完成，行將出版的《飲冰室合集》裏有《歐遊心影

44　1920 年春夏，《歐遊心影錄》在《晨報》和《時事新報》分別連載了 108 期和 107 期。其中《晨報》1920 年 3 月 6 日至 8 月 17 日第 7 版在欄目「歐遊通信」刊出，按標號共 106 期，但因序號 9 和 101 重出，故實為 108 期。《時事新報》1920 年 3 月 2 日至 7 月 18 日第 1 張第 1－2 版在欄目「歐遊通信」刊出，按標號共 95 期，但因序號 38、73、80－88 重出，且 3 月 2 日沒有標號，故實為 107 期。

45　現刊《歐遊心影錄》只敘述了梁啟超一行在 1919 年 6 月 4 日以前在英、法遊歷的經驗，在此之後遊歷英國、比利時、荷蘭、瑞士、意大利、德國等國的經歷則未道及，這顯示其內容的不完整性，這可能是梁啟超題寫書名為《歐遊心影錄節錄》的原因。

節錄》數篇，便是全書的一部，也就是先生歸國後在《近著第一輯》上卷中所發表的幾篇。」[46] 1937 年中華書局出版單行本《歐遊心影錄節錄》，實為林宰平等編輯《飲冰室合集》的副產品。2018 年中國人民大學出版社新版《梁啟超全集》刪掉「節錄」二字，而直用《歐遊心影錄》書名，易給人該著完結之錯覺，這樣處理並不恰當。

三、《歐遊心影錄》的思想取向與挑戰

　　通覽《歐遊心影錄節錄》現刊八篇，該書為東西文化論爭提供了新的成分：其一，為東西文化論爭增加了新的「歐洲經驗」。梁啟超一行剛從歐洲考察歸來，帶回了從歐洲現場的最新信息，如〈歐遊中之一般觀察及一般感想〉之上篇「大戰前後之歐洲」、〈倫敦初旅〉對戰爭現實影響的披露，〈巴黎和會鳥瞰〉報道巴黎和會的實際情形，〈西歐戰場形勢及戰局概觀〉、〈戰地及亞洛二州紀行〉兩篇對歐戰遺跡的觀感，都為國人提供了第一手材料。其二，為東西文化論爭補充了新的內容。如〈國際聯盟評論〉、〈《國際勞工規約》評論〉兩篇，都是以往較少或根本沒有涉及的話題。其三，為東西文化論爭提供了新的宏闊視野。梁啟超曾以如椽巨筆馳騁報界，是輿論界的大家。《歐遊心影錄》以新的氣勢、縱橫捭闔、馳騁中西、對訪歐之行作了深度報道，同時借題發揮，表達自己對中西關係和世界前途的感想。梁啟超歸國即發表此文，志在重振雄風，其意是爭奪新文化運動的主導權。過去人們談及五四時期的東

46　丁文江、趙豐田編，歐陽哲生整理：《梁任公先生年譜長編（初稿）》，第 469 頁。

西文化論爭，常將梁啟超與此前的杜亞泉、此後的梁漱溟兩人作品相提並論，這並不確當。

　　梁啟超在《歐遊心影錄》首先透露了他對戰後歐洲的觀感。〈歐戰中之一般觀察及一般感想〉上篇從歐戰前後的殘破局面說起，視歐戰為「人類歷史的轉捩點」，「覺得這回大戰，還不是新世界歷史的正文，不過一個承上起下的轉捩段落罷了」。戰後國際上的隱患依舊存在，「如今戰事停了，兵是撤了，和約是簽了，元氣恢復，卻是遙遙無期。永遠的平和，更沒有一個人能夠保險。試就國際上情形而論，各民族情感上的仇恨，愈結愈深」。[47] 德國改為共和，「全國結合益加鞏固」；巴爾幹各小國之間的矛盾「戰後不惟沒法矯正，反有些變本加厲」；「各國對於俄國過激派，一面憎之如蛇，一面畏之如虎」；威爾遜的根本精神「原欲廢止秘密外交」，「不惟做不到，美國自身先已和別人合縱起來了」；法國對依賴國際聯盟保障和平的信心不足，還是與英、美結盟「來保自己的標」。國際上的這些危險情形，在梁啟超看來「真乃令人驚心動魄」。[48] 各國生計及財政紛紛破產，「戰前世界生計狀況，最苦的是資本過剩、生產過剩」，戰後「對於生存必需之品，已經處處覺得缺乏」。[49] 社會革命暗潮洶湧，貧富矛盾所造成的階級分化，「絕非前四年來國際戰爭可比」，工業化國家內部勞資矛盾，「早晚總有一回短兵

---

47 《歐遊心影錄‧歐遊中之一般觀察及一般感想（上篇）》，湯志鈞、湯仁澤編：《梁啟超全集》，第十集，第 57 頁。

48 《歐遊心影錄‧歐遊中之一般觀察及一般感想（上篇）》，湯志鈞、湯仁澤編：《梁啟超全集》第十集，第 57–58 頁。

49 《歐遊心影錄‧歐遊中之一般觀察及一般感想（上篇）》，湯志鈞、湯仁澤編：《梁啟超全集》第十集，第 58 頁。

相接拼個你死我活」。[50] 自十九世紀以來，生物進化論、個人主義（自由主義）盛行，影響所及，「就私人方面論，崇拜勢力，崇拜黃金，成了天經地義；就國家方面論，軍國主義、帝國主義變了最時髦的政治方針」。[51] 以科學為基礎的近代文明，給予傳統的宗教以致命的打擊，其結果是建立「唯物的機械的人生觀」，在這種人生觀支配下，「人生還有一毫意味，人類還有一毫價值嗎？」[52] 十九世紀中期以後自然派文學代浪漫派文學而起，「受自然派文學影響的人，總是滿腔子的懷疑，滿腔子的失望。十九世紀末的歐洲社會，都是陰沉沉地一片秋氣」。[53] 梁啟超造訪歐洲，到處聽到人們對前途「悲觀的論調」，美國著名新聞記者賽蒙氏（Frank Simond）甚至對梁啟超悲歎「西洋文明已經破產了」。[54] 整個歐洲彌漫着一股悲觀的氣氛，西洋文明破產的「世紀末」情緒充斥着人們的心理。梁啟超對歐洲的這些觀察和印象，並不是渲染「西方的沒落」，而是本諸於自己的親身體驗，有其現實的客觀依據。梁啟超對戰後歐洲殘破景象的報道，在國內產生的反響和後果不一，那些曾視西歐為現代化之樣板的人們可能因此會產生失落感，轉而將希望的眼光或投向新大陸美國，或新興的社會主義國家俄國。

　　通過自己的觀察，梁啟超重新估價科學在歐洲近代文明中的

50　《歐遊心影錄‧歐遊中之一般觀察及一般感想（上篇）》，湯志鈞、湯仁澤編：《梁啟超全集》第十集，第 59、61 頁。

51　《歐遊心影錄‧歐遊中之一般觀察及一般感想（上篇）》，湯志鈞、湯仁澤編：《梁啟超全集》第十集，第 61 頁。

52　《歐遊心影錄‧歐遊中之一般觀察及一般感想（上篇）》，湯志鈞、湯仁澤編：《梁啟超全集》第十集，第 64 頁。

53　《歐遊心影錄‧歐遊中之一般觀察及一般感想（上篇）》，湯志鈞、湯仁澤編：《梁啟超全集》第十集，第 66 頁。

54　《歐遊心影錄‧歐遊中之一般觀察及一般感想（上篇）》，湯志鈞、湯仁澤編：《梁啟超全集》第十集，第 66 頁。

作用。既不承認科學破產，又批評「科學萬能」的唯科學主義傾向，這是他飽受爭議的一個觀點。[55]「當時謳歌科學萬能的人，滿望着科學成功，黃金世界便指日出現。如今功總算成了，一百年物質的進步，比從前三千年所得還加幾倍，我們人類不惟沒有得着幸福，倒反帶來許多災難，好像沙漠中失路的旅人，遠遠望見個大黑影，拼命往前趕，以為可以靠他嚮導，那知趕上幾程，影子卻不見了，因此無限悽惶失望。影子是誰？就是這位『科學先生』。歐洲人做了一場科學萬能的大夢，到如今卻叫起科學破產來。這便是最近思潮變遷一個大關鍵了。」這是全書常被人物議、引徵，也是胡適直截了當地批評的一段話。儘管梁啟超聲明，「讀者切勿誤會，因此菲薄科學，我絕不承認科學破產，不過也不承認科學萬能罷了」。[56] 1922 年 8 月 31 日梁啟超在〈什麼是新文化〉的演講中談及新文化「必有兩個先決的要點」時還說：「一、在知識上要有科學的理解；一、在品格上要有自律的情操。」[57] 仍將科學納入新文化的範疇。但他對科學所產生偏失的議論畢竟已給人們留下難以消解的印象。他因觸及新文化運動的核心價值之一——科學，與新文化運動提倡科學的主張不盡一致，從而引發了他與新文化陣營的衝突，遭到了新文化派炮火般的反擊，胡適、周作人、郭沫若等人採取攻其一點不及其餘的批評手法，以嘲笑的口吻調侃梁啟

55　鄭師渠將梁啟超崇尚科學的態度與其對「科學萬能」論的批評作了區別處理，參見鄭師渠：〈梁啟超與新文化運動〉，載《近代史研究》，2005 年第 2 期。

56　《歐遊心影錄・歐洲之一般觀察及一般感想（上篇）》，湯志鈞、湯仁澤編：《梁啟超全集》，第十集，第 64 頁。

57　〈什麼是新文化〉，湯志鈞、湯仁澤編：《梁啟超全集》，第十五集，第 419 頁。

超，對其大加撻伐，[58] 在策略上的確取得了很大的成功。

〈歐戰中之一般觀察及一般感想〉下篇試圖為中國應對世界的變局開出藥方，梁啟超首先做出一個判斷，「須知世界大同為期尚早，國家一時斷不能消滅」，「我們是要在這現狀之下，建設一種『世界主義的國家』」。他明白提出一個如何建設「世界主義的國家」的問題，「不能拿頑固褊狹的舊思想當是愛國，因為今世國家，不是這樣能夠發達出來。我們的愛國，一面不能知有國家不知有個人，一面不能知有國家不知有世界。我們是要託庇在這國家底下，將國內各個人的天賦能力盡量發揮，向世界人類全體文明大大的有所貢獻」。[59] 這實際上是倡導一種新的愛國觀，一種具有世界主義情懷的、開放的國家觀。由此梁啟超鼓勵國人，「不可有絲毫悲觀，說中國要亡了」。他以古語「知病即藥」提醒大家，「只要知道病就趕緊去醫，不要因為病就垂頭喪氣，把自己營衛的本能減掉」。[60] 這裏所展現的愛國觀與當時新文化運動主將陳獨秀、胡適的觀點大體相同。

梁啟超與新文化運動另一個相同之處是他對個性解放和思想解放取向的強烈認同，「國民樹立的根本義，在發展個性」；「要個性發展，必須從思想解放入手」。[61] 他甚至以「徹底」作為思想解放的原則，「『既解放便須徹底，不徹底依然不算解放。』就學問而

58　參見胡適：《科學與人生觀》序，收入《胡適文存》，二集卷二；周作人《雨天的書·婦女問題與東方文明》；《郭沫若全集》（文學編），第 15 卷，北京：人民文學出版社，1990 年，第 151-152 頁。

59　《歐遊心影錄·歐洲之一般觀察及一般感想（下篇）》，湯志鈞、湯仁澤編：《梁啟超全集》，第十集，第 70、71 頁。

60　《歐遊心影錄·歐洲之一般觀察及一般感想（下篇）》，湯志鈞、湯仁澤編：《梁啟超全集》，第十集，第 72 頁。

61　《歐遊心影錄·歐洲之一般觀察及一般感想（下篇）》，湯志鈞、湯仁澤編：《梁啟超全集》，第十集，第 73、74 頁。

　　論，總要拿『不許一毫先入為主的意見束縛自己』這句話做個原則」。這裏涉及對新傳輸的西方思想的態度，梁啟超主張思想解放要從「研究西洋思想入手」，其因「一則因為他們的研究方法確屬精密，我們應該採用他；二則因為他們思想解放已經很久，思潮內容豐富，各種方法可供參考」。[62] 可見，梁啟超對待思想解放和西方思想的態度與新文化運動主流並無二致。[63]

　　面對中國的現實政治，梁啟超表達了自己獨特的見解。他一方面反對激進的革命，堅持其一貫持行的循序漸進的溫和改革；一方面認定社會主義是世界的大勢所趨，同時又強調要根據中國的國情，選擇社會主義的方法。梁啟超檢討中國過去的政治改革，「從前的立憲黨，是立他自己的憲，干國民什麼事！革命黨也是革他自己的命，又干國民什麼事！」二十年來種種失敗，都是因其「和民主主義運動的原則根本背馳」。他提倡一種與「階級政治」不同的「國民政治」，即「從國民全體下工夫，不從一部分可以供我利用的下工夫，才是真愛國，才是救國的不二法門」。對於中國的改革事業，他表示「着急不得」，「天下事是急不來的，總要把求速效的心事去掉，然後效乃有可言」。[64] 對現行的社會政治，他批評道：「我們中國人最大的缺點，在沒有組織能力，在沒有法治的精神。」[65] 這似乎在重提當年《新民說》的老話。面對民國初年「民

62　《歐遊心影錄·歐洲之一般觀察及一般感想（下篇）》，湯志鈞、湯仁澤編：《梁啟超全集》，第十集，第 76 頁。

63　耿雲志〈五四以後梁啟超關於中國文化建設的思考——以重新解讀《歐遊心影錄》為中心〉（載《廣東社會科學》，2004 年第 1 期）一文亦表達了類似的看法。

64　《歐遊心影錄·歐洲之一般觀察及一般感想（下篇）》，湯志鈞、湯仁澤編：《梁啟超全集》，第十集，第 72、73 頁。

65　《歐遊心影錄·歐洲之一般觀察及一般感想（下篇）》，湯志鈞、湯仁澤編：《梁啟超全集》，第十集，第 77 頁。

意機關終久不得實現，政治終久不得改良」的局面，梁啟超提醒人們注意憲法上的兩大要點，「職業選舉和國民投票，是我們中華民國憲法的大關目，必要切實辦到，政治的大本才能立哩！」[66] 歐洲之行的一個重要收穫是對那裏「地方自治」和「國民運動」富有成效的印象。由此梁啟超呼籲人們，「我們國民，若是能夠有建設北京市會和豐台村會的能力，自然也會有建設中華民國的能力」。打破現行南北軍閥包攬把持政治的局面，只有靠「國民運動」，不要「政客式的運動」、「土豪式的運動」、「會匪式的運動」，「是要全國真正良善人民的全體運動」。[67] 面對由西向東席捲而來的社會主義運動，梁啟超謹慎地表達了自己的意見，一方面他將社會主義的精神和方法加以區別對待，「講到國民生計上，社會主義自然是現代最有價值的學說，國內提倡新思潮的人漸漸的注意研究他，也是很好的現象。但我的意見，提倡這主義，精神和方法不可並為一談。精神是絕對要採用的，這種精神不是外來，原是我國所固有」。一方面認為採用哪種方法要視國情而定，歐美學者的社會主義思想「已經有無數派別」，「應該採用那一種，採用的程度如何，總要順應本國現時社會的情況」。[68] 梁啟超這些言論，很明顯地是提倡一條有別於具有革命傾向的國民黨和新興馬克思主義者的循序漸進的、溫和的改革路線。

　　梁啟超對歐洲的觀察由表及裏，有很多自己獨到的心得，他對西方文明的精華有所析取。他在介紹歐洲的所見所聞時，一方面

66　《歐遊心影錄·歐洲之一般觀察及一般感想（下篇）》，湯志鈞、湯仁澤編：《梁啟超全集》，第十集，第 80 頁。

67　《歐遊心影錄·倫敦初旅》，湯志鈞、湯仁澤編：《梁啟超全集》，第十集，第 82 頁。

68　《歐遊心影錄·歐洲之一般觀察及一般感想（下篇）》，湯志鈞、湯仁澤編：《梁啟超全集》，第十集，第 80–81 頁。

指出歐戰帶來的巨大破壞，以及戰後民生的凋弊，一方面也讚揚英國的憲政、法治精神，法國人民的愛國精神。梁啟超一行歐洲之行的第一站就英國倫敦，剛一登岸，「戰後慘淡淒涼景況，已經觸目皆是」，但梁啟超能夠感受到，英國之所以能經大戰而不敗，靠的是人民「養成一種沉鬱嚴重的性格，堅忍奮鬥的習慣」，[69] 他由此反省，若是國民「未經養成這種精神，講什麼立憲共和，豈非南轅北轍！」[70] 在參觀英國下議院以後，最令梁啟超感動的是英國人講究法治、嚴守政治遊戲規則的習慣。「英國人愛政治活動就像愛打球，同是一種團體競技的頑意兒。須知他們打球也是最講規則的，不尊重規則，就再沒有人肯和你頑了」。「他們不制定一種法律便罷，一經制定，便神聖不可侵犯，非經一定程序改廢之後，是有絕對效力，無論何人都要服從。所以他們對於立法事業，絲毫不肯放過，人民有了立法權，就算有了自由，都是為此。」返觀中國，「我們辦了幾年共和政治，演的都是翻桌子把戲」，「方才覺得中國人法律神聖的觀念連根芽都還沒有」。[71] 英國給梁啟超印象深刻的是他的法治精神，法國讓梁啟超感動的是他的愛國精神。在參觀亞、洛二州時，給梁啟超刺激最深的是，「就是法國人這點愛國熱誠，他們全國人無論男女老幼，識字不識字，對於這件事都當作私仇、私恨一般，痛心刻骨，每飯不忘。法國能夠轟轟烈烈站在世界上頭，

69　《歐遊心影錄·倫敦初旅》，湯志鈞、湯仁澤編：《梁啟超全集》，第十集，第 94－95 頁。

70　《歐遊心影錄·倫敦初旅》，湯志鈞、湯仁澤編：《梁啟超全集》，第十集，第 103 頁。

71　《歐遊心影錄·倫敦初旅》，湯志鈞、湯仁澤編：《梁啟超全集》，第十集，第 106 頁。

就是靠這點子精神貫注」。[72] 他盛推法國人的這種精誠愛國精神，由此梁啟超想起了淪落於日本之手的台灣，「我們失台灣，還是在法國失亞、洛二州後二十年哩，都是戰敗割地，情形全然一樣。人家是深痛徹骨，五十年間沒有一刻忘記。我們在當時，何嘗不也是人人驚心動魄，不過三五年，早已撇在腦後，像是公認搶劫的人有正當權利了」。[73] 對甲午戰爭後中國失去台灣的恥辱，梁啟超一直耿耿於懷。

　　梁啟超看到了歐洲資本主義社會存在尖銳的勞資矛盾，「自從機器發明工業革命以還，生計組織起一大變動，從新生出個富族階級來。科學愈昌，工廠愈多，社會遍枯亦愈甚。富者益富，貧者益貧」。工人為了維持自己的基本生計，不得不「到處成立工團，決心要和那資本家挑戰。他們的旗幟，是規定最低限的工錢和最高限的做工時刻」。[74] 他分析了解決這種矛盾的兩種途徑：即一派「還承認現存的政治組織，說要把生產機關收歸國有」的各國社會黨；一派主張推翻現存政府，實行耕者有其田、工人管理工廠的俄國「過激黨」。他預估世界：「社會革命恐怕是二十世紀史唯一的特色，沒有一國能免，不過爭早晚罷了。」[75] 但梁啟超並沒有因此立即倒向俄國式的革命，他對中西之間社會矛盾作了比較，認同在中國採取溫和的改良社會的政策，不同意將馬克思的社會革命學說，特別

---

72 《歐遊心影錄‧戰地及亞洛二州紀行》，湯志鈞、湯仁澤編：《梁啟超全集》，第十集，第 149 頁。

73 《歐遊心影錄‧戰地及亞洛二州紀行》，湯志鈞、湯仁澤編：《梁啟超全集》，第十集，第 149 頁。

74 《歐遊心影錄‧歐遊中之一般觀察及一般感想（上篇）》，湯志鈞、湯仁澤編：《梁啟超全集》，第十集，第 60 頁。

75 《歐遊心影錄‧歐遊中之一般觀察及一般感想（上篇）》，湯志鈞、湯仁澤編：《梁啟超全集》，第十集，第 60 頁。

是其所提倡的「生產機關國有論」搬到中國來。「若要搬到中國，就要先問什麼是生產機關？我們國內有了不曾？就算有了罷，說要歸到國家，我頭一個就反對。你不看見鐵路麼，鐵路國有權，是歐美社會黨最堅持的大問題，我們不是早辦了嗎。結果如何？在這種政治組織之下提倡集產，豈非殺羊羕虎。以上所舉，拿來做個比方，並不是論他的方法良不良，只是論我們用得着用不着。」[76] 顯示對在中國運用社會革命方法的謹慎姿態，這就預示了他與國內新興的馬克思主義者的區隔。

梁啟超比較欣賞《國際勞工規約》，為此他特闢一篇加以介紹。他首先區別了社會主義與社會政策這兩個概念：「社會主義，是要將現在經濟組織不公平之點，根本改造。改造方法，雖然種種不同，或主共產，或主集產，或主生產事業全部由能生產的人管理，或主參加一部分，或用極端急進手段，或用平和漸進手段。要之，對於現在的經濟組織，認為不合人道，要重新組織一番，這就是社會主義。」「社會政策，是在現在的經濟組織之下，將那不公平之處，力圖救濟。救濟方法，或是從租稅上求負擔平均，或是保護勞工，不叫資本家虐待。雖然許多良法美意，卻與根本改造問題無涉，這就是社會政策。」在他看來，《國際勞工規約》屬於社會政策。[77] 他並不怎麼看好《國際勞工規約》的現實效用，「世界和平破裂，不外兩途：一是縱裂，甲國和乙國的戰爭便是；一種橫裂，各國國內的爭亂便是。國際聯盟是防止縱裂的，國際勞工同盟便是防止橫裂的。但依我看來，《勞工規約》防止橫裂的效

---

76 《歐遊心影錄‧歐洲之一般觀察及一般感想（下篇）》，湯志鈞、湯仁澤編：《梁啟超全集》，第十集，第 81 頁。

77 《歐遊心影錄‧〈國際勞工規約〉評論》，湯志鈞、湯仁澤編：《梁啟超全集》，第十集，第 176 頁。

力，恐怕比聯盟規約防止縱裂的效力還要薄弱些哩」。[78] 梁啟超對中國的境遇表示嚴重關切，他把歐美的勞資矛盾化約成了中國的民族矛盾。「我國現在和將來的形勢卻不是這樣，全國人都屬於被壓制的階級。那壓制的階級是誰？卻是外國資本家。我們全國人所處的境遇，正是外國勞工階級所處的境遇。質而言之，我們四萬萬人，都是勞工階級裏頭的可憐蟲罷了。照這樣看來，這勞工問題，在歐美各國，不過國內一部分人的苦樂問題，在我們中國，卻是全個民族的存亡問題了」。[79] 至於世界未來的趨向，「現時最苦的是資本缺乏，然而美國正苦資本過剩，勢不能不以歐洲為尾閭。歐人只要善於利用，還不是取諸外府嗎？剩下最難解決的，就是勞工問題。我想不出數年，這問題定要告一段落。或是社會黨柄政實行了社會主義幾個根本大原則，氣象自然一新；或是有些國家竟自繼俄國之後，做一番社會革命，雖一時大傷元氣，過後反贏得意外發達，也未可定。所以我對於歐洲，覺得他前途雖然是萬難，卻斷不是墮落。至於分國觀察，或者有一兩國從此雄飛，有一兩國漸行衰落，這又是別問題了」。[80] 他並不是看衰歐洲的現狀，而是在對歐洲的勞工問題、社會革命作了一番考察後，對社會主義在歐洲的前途表示了審慎的樂觀。

梁啟超評估戰後歐洲出現的思想混亂局面，在他看來，第一，「大戰的結果，奧、俄瓦解，中歐、東歐各小民族紛紛建國，加以威爾遜將民族自決四個字大吹大擂，民族主義

---

78 《歐遊心影錄・〈國際勞工規約〉評論》，湯志鈞、湯仁澤編：《梁啟超全集》，第十集，第 182 頁。

79 《歐遊心影錄・〈國際勞工規約〉評論》，湯志鈞、湯仁澤編：《梁啟超全集》，第十集，第 185 頁。

80 《歐遊心影錄・歐遊中之一般觀察及一般感想（上篇）》，湯志鈞、湯仁澤編：《梁啟超全集》，第十集，第 69 頁。

（一民族一國家主義）越發光焰萬丈」。第二，「雖然理想的國際聯
盟未見完成，國家互助的精神已是日見發達。質而言之，世界主
義要從此發剝了」。第三，「專制主義四個大本營（俄、德、奧、
土）連根拔盡，民主主義自然變成政治上絕對的原則，加以社會黨
日益發展，『社會的民主主義』要漸漸成為最中庸的一種政治」。
第四，俄國過激派政府成立居然過了兩年，並「已結結實實成為一
種制度。將來歷史價值，最少也不在法國大革命之下。影響自然是
及於別國，和前條所謂『中庸政治』相爭，還不知誰勝誰負哩」。
第五，「一面雖是國內資本家勞工兩階級鬥爭，一面各國仍競相獎
勵國產，借此補償戰後疲敝，將來國際間產業戰爭只有比前更劇，
自由貿易主義怕要作廢。就這一點看來，突飛的社會主義或者暫時
受些限制」。第六，「科學萬能說當然不能像從前一樣的猖獗，但
科學依然在他自己範圍內繼續進步」。第七，「這回戰爭給人類精
神上莫大的刺激，人生觀自然要起一大變化，哲學再興，乃至宗教
復活，都是意中事」。[81] 這裏梁啟超列舉了當時世界上流行的各種
主義，如民族主義、世界主義、社會主義、社會民主主義、自由貿
易主義，在他心中對這些主義並無成見。因此，世界的未來對他來
說，充滿了不確定性。訪歐之前，梁啟超曾表達了對現實的困惑：
「惟今日世界潮流急轉之時，從前舊思想舊主義，概已不能適用，
不許存在，吾國即亦不能不應此潮流，以力求進步。」「鄙人此行
考察，如有所得，將願研究一新主義，標示一新旗幟，圖政治上根
本之更新，為吾黨增一番新氣象也。」[82] 從他歸國後的表現看，歐

---

81 《歐遊心影錄·歐遊中之一般觀察及一般感想（（上篇））》，湯志鈞、湯仁澤編：
　　《梁啟超全集》，第十集，第 68－70 頁。
82 〈在憲法研究會餞別之演說〉，湯志鈞、湯仁澤編：《梁啟超全集》，第十五集，
　　第 192 頁。

洲之行似乎並沒達到這一目的。

　　梁啟超對國際聯盟的態度相對比較理性。1919 年 2 月 12 日國際聯盟同志會在北京大學成立，公推梁啟超為理事長（因梁不在國內，由汪大燮代理），蔡元培等為理事。[83] 歐戰結束後，國人對國際聯盟抱有極大的期望，但中國外交在巴黎和會遭受的挫折，國內輿論譁然，反應激烈。梁啟超力排眾議，對此自有見解：

　　　　我們中國人一年以前，期望國際聯盟，未免太奢了，到了如今對於他的失望，又未免太甚了……我們對於他的希望，並不在解決目前局部問題，——譬如我們的山東問題，他能夠給我們一個圓滿的解決，固然最好；就令不能，我們也斷不厭棄他。因為他是全世界人類共同締造的東西，我們既已是世界上一個人，總要盡我們的能力參加着締造他，扶持他，發育他。我們做中國國民，同時做世界公民，所以一面愛國，一面還有超國家的高尚理想。凡屬人類有價值的共同事業，我們總要參預，而且確信我們參與之後，一定能夠增長他的價值。[84]

這種主張積極參與國際聯盟的態度，應該說不失為提升中國國際地位的一種比較可行的途徑。相反，拒斥國際聯盟，自立於國際聯盟大家庭之外，對改善中國的國際地位可能有多大幫助是值得懷疑的事。訪歐歸來後，梁啟超一行「行篋得論國際同盟之書可數十種，

83　參見〈國際聯盟同志會之進行〉，載《晨報》，1919 年 2 月 11 日，第 2 版。

84　《歐遊心影錄‧歐遊中之一般觀察及一般感想（下篇）》，湯志鈞、湯仁澤編：《梁啟超全集》，第十集，第 174－175 頁。

率皆各明一義」，將其集於一冊，梁啟超特作序申明其義，[85] 表現
了他朝這個方向的持續努力。

　　梁啟超展望世界前途是調和中西矛盾，認為未來世界文化的
趨向是中西結合，建設一種綜合型的新文明。其辦法「是拿西洋
的文明，來擴充我的文明，又拿我的文明去補助西洋的文明，叫
他化合起來成一種新文明」。[86] 這與杜亞泉看好戰後東方文化的前
途，梁漱溟所謂「世界未來的文化就是中國文化的復興」[87] 的論調
顯有區別。梁啟超明確批評了國內兩種傾向：頑固的老派與崇洋的
新派。他說：「國中那些老輩，故步自封，說什麼西學都是中國所
固有，誠然可笑；那沉醉西風的，把中國什麼東西，都說得一錢不
值，好像我們幾千年來，就像土蠻部落，一無所有。」這就預設了
他進步的限度實際存在於這二者之間。面對西方紛至沓來、五光
十色的各種理論，梁啟超限於自己固有的知識結構，尚來不及消
化，並無精心研究，他概以唯心與唯物、宗教與科學，「最近提倡
的實用哲學、創化哲學，都是要把理想納到實際裏頭，圖個心物調
和」，他自己的傾向性可由此語窺見。在他看來，「心物調和」不
僅是西方現代哲學的理想，而且也是中國古典思想的精髓，中國先
秦諸賢「正是從這條路上發展出來」。這大概是他主張中西調和的
哲學基礎。梁啟超對先秦諸家思想現代價值的發揮倒是得心應手：
「孔、老、墨三位大聖，雖然學派各殊，『求理想與實用一致』，卻
是他們共同的歸着點。如孔子的『盡性贊化』、『自強不息』，老子

85　參見〈《國際聯盟論》序〉，湯志鈞、湯仁澤編：《梁啟超全集》，第十集，第
　　192－193 頁。

86　《歐遊心影錄·歐遊中之一般觀察及一般感想（（下篇）》，湯志鈞、湯仁澤編：
　　《梁啟超全集》，第十集，第 83 頁。

87　《東西文化及其哲學》，《梁漱溟全集》，第 1 卷，濟南：山東人民出版社，
　　1989 年，第 493 頁。

的『各歸其根』，墨子的『上同於天』，都是看出有個『大的自我』、『靈的自我』和這『小的自我』、『肉的自我』同體，想要因小通大，推肉合靈。我們若是跟着三聖所走的路，求『現代的理想與實用一致』，我想不知有多少境界可以闢得出來哩」[88]對中國古典儒、道、墨思想蘊含的現代意義做了新的開掘。梁啟超對西方思想理解的粗糙和對中國古典發揮的純熟恰然形成對比，這也許是人們指摘他與杜亞泉、梁漱溟同調的緣故。

　　梁啟超是一個極富時間感的思想家，二十世紀來臨前夕，他即首用「世紀」一詞，創作〈二十世紀太平洋歌〉，謳歌新世紀的到來。[89]訪歐前夕，他又發表〈將來觀念與現在主義〉一文，特別強調中華民族之所以具有強大的生命力與其強烈的「將來觀念」分不開：「我國是個狠有文明歷史的國家，這種文明歷史，都是從我們祖宗狠深強的將來觀念構造出來。我們受了這種好遺傳，就令不肖，何至便像阿非利加洲黑人今日想不到明日的事？」[90]訪歐歸來，他強化了重振中國文化的信心，要求重新認識中國文化對世界的責任，這似與他內心頑強的「將來觀念」發酵有關。為此，他希望青年一代，「第一步，要人人存一個尊重愛護本國文化的誠意；第二步，要用那西洋人研究學問的方法去研究他，得他的真相；第三步，把自己的文化綜合起來，還拿別人的補助他，叫他起一種化合作用，成了一個新文化系統；第四步，把這新系統往外擴充，叫人類全體都得着他好處。我們人數居全世界人口四分之

88　《歐遊心影錄・歐遊中之一般觀察及一般感想（（下篇）》，湯志鈞、湯仁澤編：《梁啟超全集》，第十集，第 84 頁。

89　此詩全篇收入《飲冰室合集》，第五冊《文集》之四十五（下），北京：中華書局，1989 年，第 17－19 頁。

90　〈將來觀念與現在主義〉，原載《國民公報》，1918 年 11 月 17 日。收入夏曉虹輯：《〈飲冰室合集〉集外文》，中冊，第 751－752 頁。

一，我們對於人類全體的幸福，該負四分之一的責任。不盡這責任，就是對不起祖宗，對不起同時的人類，其實是對不起自己」。[91]這種對中國文化四步走的規劃，構成其與《新青年》派不同的思想理路。可以這麼說，在五四時期的思想譜系中，與杜亞泉、梁漱溟相比，梁啟超多了一些西方文化的新元素；與《新青年》派比較，他又多了一些中國文化的分量。梁啟超的這種思想定位在 1920 年 9 月創刊《改造》時得到了比較充分的展現。[92] 在新文化運動狂飆突進、凱歌行進之時，梁啟超並不願失去新文化的旗幟，被時代譏諷為過時的保守者；[93] 在歐戰後西方資本主義文明弊端百出、矛盾激化之時，他倍感珍惜中國傳統文明的現代價值，尋求

---

91 《歐遊心影錄·歐遊中之一般觀察及一般感想（（下篇））》，湯志鈞、湯仁澤編：《梁啟超全集》，第十集，第 85 頁。

92 參見《改造》發刊詞（1920 年 9 月 1 日），湯志鈞、湯仁澤編：《梁啟超全集》，第十集，第 195－198 頁。現留有兩份《改造》發刊詞，一份是公開見諸於《改造》創刊號，一份是後來收入《飲冰室合集·文集》，後一份可能是梁啟超本人的手稿，保留有更多梁氏本人的思想痕跡，其中「（十一）同人確信思想統一為文明停頓之徵兆，故對於世界有力之學說，無論是否為同人所信服，皆採無限制輸入主義，待國人別擇。（十二）同人確信淺薄籠統的文化輸入，實國民進步之障，故對於所注重之學說當為忠實深刻的研究，以此自屬，並屬國人。（十三）同人確信中國文明實全人類極可寶貴之一部分遺產，故我國人對於先民有整頓發揚之責任，對於世界有參加貢獻之責任。（十四）同人確信國家非人類最高團體，故無論何國人，皆當自覺為全人類一份子而負責任；故褊狹偏頗的舊愛國主義，不敢苟同。」這四條涉及處理中西文化關係的內容，在《改造》發刊詞公開發表時沒有出現，這可能是同人對梁啟超意見有所保留時加以修改後的結果。

93 訪歐之前，梁啟超即存探求「新文化」的自覺意識，他明確表示：「此次鄙人遊歐，非僅欲一飽眼界，實欲親歷戰事最烈之地，親見於斯役任絕大犧牲之各民族，藉以吸取此互助之新精神，領略此世界之新文化也。」「余此行頗願發抒我華人民之心理，使他民族之領會；並願挹取歐美、日本互助之新空氣，攜歸我國，借於世界之新文化，有所盡力也。」參見〈在協約國民協會之演說詞〉（1918 年 12 月 24 日），湯志鈞、湯仁澤編：《梁啟超全集》，第十五集，第 194 頁。

「中國之文藝復興」。[94] 這是一條富有建議性意義的新思路,《歐遊心影錄》的指向和意義即在於此。

四、結語

　　歐戰後中國知識份子赴歐美考察並留下遊記或報告並非只有《歐遊心影錄》個案。1918 年范源廉赴美國專門考察教育半年,留有〈赴美調查教育情形〉(載 1919 年 1 月《法政學報》第 8 期)、〈美國教育行政譚〉(載 1919 年 2 月《中華教育界》第 8 卷第 2 期)。1919 年陶孟和赴歐洲考察,撰有〈遊歐之感想〉(載 1919 年 12 月《新青年》第 7 卷第 1 號)。1920 年底蔡元培赴法國考察教育,歸來後在北大師生會上發表感言(載《北京大學日刊》1920 年 10 月 23 日第 724 號),但這些文字都沒有造成應有的影響。相對來說,梁啟超一行首尾一貫,團中成員除這部《歐遊心影錄》以外,蔣百里撰《歐洲文藝復興史》,丁文江與張君勱在科學與人生觀中有旗鼓相當的對仗,可以說,歐洲之行為梁啟超一派人馬注射了新的興奮劑。回國後,他們力圖重新振作,爭奪新文化運動的話語權,形成新文化運動主流之外的另一選擇。

　　梁啟超並不是一個文化保守主義者。他要求文化開放,思想解放,主張學習歐洲文化的長處;他對中國文化保持信心,但主張利用西洋文化對之加以改造。他是一個漸進主義者,告誡人們不要着急,不鼓勵採取激進的社會革命手段,認為立即實行國有化於中國

94　1919 年 6 月 23 日梁啟超赴英國文學會歡迎會,發表以「中國之文藝復興」為題的演講。惜內容不詳,但從標題可窺見他的意願。參見丁文江、趙豐田編:《梁啟超年譜長編》,第 885 頁。

並不利。他接觸了個性主義、自由主義、國家主義、社會主義、世界主義，是多種主義的混合體。他主張未來中國文化要走中西結合之途，中國要對世界負責任，要積極參加和支持國際聯盟，這些觀點都是新鮮而具有建設性意義。過去論者給《歐遊心影錄》簡單地貼上一個標籤，或視之為東方文化派的代表作，或以為充滿了文化保守主義情調，而對該書所包含的新的思想元素缺乏分析，顯然是一種比較片面的處理。

　　五四以後，新思想界朝着建構「主義」的方向迅速發展，走向主義的時代。梁啟超一派對此反應相對遲緩，儘管他們開始探討基爾特社會主義，以與新興的比較激進的馬克思主義思潮相抗衡，但這樣一種溫和的社會主義路線與時代急速行進的步伐明顯脫節，正如在辛亥革命中，保皇派的改良策略不敵革命路線一樣，基爾特社會主義也在經受幾個回合的論戰以後，很快泡沫化。梁啟超本人選擇脫離政壇，逃避政治，專注學術文化事業，在革命運動風起雲湧的激盪歲月，這是一種自我邊緣化的策略選擇，它也許可潔身自好、明哲保身，但只能經營自己的那塊自留地了，梁啟超因此也就從歷史舞台的主角漸漸退居為二線的配角。

載《史學理論研究》，2021 年第 3 期，收入武漢大學中國傳統文化研究中心等編：《中國文化史研究再出發》，武漢：武漢大學出版社，2021 年 11 月。

紀

念

篇

紀念「五四」的政治文化探幽——1949年以前各大黨派報刊紀念五四運動的歷史圖景

　　紀念是現實與過去的對話，紀念對歷史事件、歷史人物的形象塑造至關重要，具有再造歷史的作用。在近現代中國，紀念活動通常由黨派組織，紀念與政治的關係密不可分。五四運動因其特殊的歷史地位和持久的思想影響，從其發生後迄今，紀念活動幾成為常態，年年有之。對五四運動歷史意義的確認自其發生後，人們對它的看法就分歧很大。五四運動的歷史地位是以追加的形式賦予的，這些追加的形式包括紀念、追憶和歷史解釋。紀念五四運動對其意義的表現和闡發具有追加投入的性質。這種追加投入，宛如雪球愈滾愈大，這就是「紀念五四」被賦予的意義可能遠大於「五四本事」的原因。美國學者柯文解析紀念與歷史事件的關係時說，「周年紀念是紀念歷史事件和人物的最常見最有影響的形式」：一方面，「人們經常利用周年紀念來重溫他們認為有積極意義的歷史事件」；另一方面，「人們利用周年紀念提供的機會對各自理解的歷史事件和人物爭論不休，並質疑以前紀念某人和某事的方式是否合適」，「總體而言，周年紀念可在現實與歷史之間築起一條情感橋樑，對紀念的人物和事件加以重新塑造，以適應現在的人們和政府

不斷變化的看法」。[1] 解析「紀念」這種形式在闡發五四運動中的作用，有助於理解五四運動在中國現代政治文化中的發酵效應。

「紀念」在漢語中，可作動詞，意為懷念，與英文 commemorate、remember 同；或用事物、行動表示對人或事的懷念，意同 mark、in honor of、in commemoration of；也可作名詞，指令人回憶的東西，用以表示紀念的事物、紀念的物品，如同 souvenir；紀念活動、紀念日、周年紀念日，即 commemoration、commemoration day。紀念在英文中的含義相對寬泛，commemorate 表示緬懷、紀念；in memory of / remembrance of 表示以紀念，以緬懷；pay homage to / pay tribute to 向某致敬、祭奠；mourn for 表示悼念、哀悼；honor、the memory of 緬懷。比較上述諸義，中外文的「紀念」含義基本相同，這正是近代中國通行各種不同來源（本土的、西洋的）的紀念性節日的緣由。

「紀念」自古有之，是一種古老而常新的儀式。「紀念」逝去的親人，追思故去的親朋，懷念犧牲的烈士，祭奠崇拜的神祇，都是「紀念」的形式和內容。

紀念是一種文化、一個符號，它具有象徵意義——一種具有傳承和表達意義的文化象徵。中國有四大傳統節日：春節、清明節、端午節、中秋節。春節的慶祝活動即以祭祀祖神、祭奠祖先、除舊佈新、迎禧接福、祈求豐年為主要內容。清明節是傳統最重要的祭祀節日，是祭祖和祭掃親人墓地的日子。端午節為歷代紀念忠君愛國、含冤投江自盡的烈士屈原所設的節日。中秋節以祭月、賞月、拜月、吃月餅、賞桂花、飲桂花酒等習俗，寄託思念故鄉，懷

1　（美）柯文著，杜繼東譯：《歷史三調：作為事件、經歷和神話的義和團》，南京：江蘇人民出版社，2000 年，第 188－189 頁。

念親人之情，以示「花好月圓人團聚」。傳統的節日都具有「紀念」的意義，它們內含豐富的文化意蘊，成為古人紀念、想像的象徵。

　　紀念是一種政治，一種政治訴求與政治動員的信號。我們可以文天祥祠、顧炎武祠為例來說明。北京文天祥祠坐落在東城區府學胡同 63 號，是南宋民族英雄文天祥當年慘遭囚禁和英勇就義之地，1376 年（明洪武九年）建祠。明清兩代士人在此舉行祭祀文天祥的活動，表彰其堅貞不屈、持守民族的氣節，這種紀念具有激勵人心、提振精神的政治作用。1946 年春傅斯年陪同蔣介石遊覽此處時曾在「萬古綱常」的匾額下合影，即是一種政治象徵。[2] 顧祠為紀念明末抗清名士顧炎武所建，顧亭林祠設在北京西城區廣安門內大街路北報國寺西院，1843 年（清道光二十三年）由張穆、何紹基發起集資修建，這是京城士人借祭祀顧亭林雅集會聚，相互激勵，以達其共同追求的經世致用之政治抱負。[3] 文天祥、顧炎武與屈原一樣，都是講求忠君愛國、持守民族氣節的士人代表。追思緬懷他們的精神，是為了延續中國士人認同的優秀政治傳統。

　　近代中國是一個事故頻發、內憂外患不斷的時代。「紀念」因此在近代被賦予新的意義。「紀念」的來源從傳統的節日到外來的國際節（international day，如「五一」勞動節、「三八」婦女節），從犧牲的烈士（如戊戌六君子殉難紀念、黃花崗七十二烈士殉難紀念）到具有重大歷史意義的事件（如「雙十節」紀念辛亥革命，五七國恥日），紀念的主題和內容被大大拓展，紀念的日子愈來愈多。共產黨早期特別重視利用紀念這種形式組織活動，擴大影響力，1926 年 4 月中共中央就 5 月各紀念日之宣傳工作發出

2　參見歐陽哲生編：《傅斯年文集》，第 6 冊，北京：中華書局，2017 年，照片頁。
3　參見段志剛：《顧祠——顧炎武與晚清士人政治人格的重塑》，上海：復旦大學出版社，2015 年。

通告，稱：「五月紀念日真多啊！特別是對於中國革命的民眾，從
『五一』、『五四』、『五五』、『五七』──『五九』以至『五卅』，
沒有一個紀念日不值得我們作廣大的宣傳，警醒民眾，檢閱自己的
力量，向帝國主義反動勢力示威。」[4] 7 月《中國共產黨第三次中央
擴大執行委員會文件》又將「各種紀念日宣傳大綱匯錄（如列寧、
李、盧、『二七』、『三八』、『三一八』、『五一』、『五五』、『五七』、
『五卅』、濟難日、少年日、巴黎公社、十月革命、雙十紀念、非
基週、反帝週、職工追悼週、孫中山廖仲愷紀念等），並附參考材
料」發放給全黨。[5] 如此多的紀念，本國的、外來的交織在一起，
共產黨簡直成了紀念黨。國民黨當時也很重視開發「紀念」的資
源，常常以紀念的名義作政治動員，以 5 月為例，「五月份紀念節
如五一、五四、五五、五九等，各地均有紀念，頗能博得民眾之熱
烈歡迎，以藉發揚民氣，宣傳主義，實為良好機會」。[6]「吾人每逢
五月一日，誰不想轟轟烈烈的勞動運動呢？每逢五月四日，誰不憶
及驚天動地的學生運動呢？每逢五月五日，誰不追念艱苦奮鬥的中
山先生呢？每逢五月七日，誰不憤恨猙獰強暴的倭寇呢？每逢五月
九日，誰不痛恨喪權辱國的貪官污吏呢？每逢五月卅日，誰不切齒
兇橫殘忍的帝國主義者呢？所以五月為多事之秋，最令人沉痛，亦
最令人興奮，而尤以五四為最堪紀念。蓋五四者，空前啟後之青年
運動，對於國人之思想，民族之精神，及社會之意識，均有絕大
關係，非僅驚奸邪，拯國難，而影響於一時之政治已耳。」[7] 紀念

4　團中央青運史研究室、中央檔案館編：《中共中央青年運動文件選編》，北京：
　　中國青年出版社，1988 年，第 100 頁。

5　團中央青運史研究室、中央檔案館編：《中共中央青年運動文件選編》，第
　　106 頁。

6　〈南京籌備五月節紀念〉，《民國日報》，1927 年 5 月 1 日，第 1 版。

7　陳友生：〈五四運動之回憶〉，《前途雜誌》，第三卷第五號，1933 年 5 月。

是近代社會生活、政治文化的新的組成部分，紀念成為近代社會動員、政治動員的重要方式。研究「紀念」成為史學的一大內容，[8]紀念史學因此大行其道。

　　「五四運動」一詞最早出現於何時？1935 年 5 月 5 日胡適在《獨立評論》發表〈紀念五四〉一文首先指出，「『五四運動』一個名詞，最早見於八年五月二十六日的《每週評論》（第二十三期）。一位署名『毅』的作者，——我不記得是誰的筆名了，——在那一期寫了一篇〈五四運動的精神〉」。胡文中所說的「毅」即為羅家倫。胡適的這一說法，常為後來的研究者所沿用。[9]周策縱先生在撰著《五四運動史》時發現，「五四運動」一詞最早見於 1919 年 5 月 18 日北京中等以上學校學生會聯合發表的〈罷課宣言〉。[10]這篇〈罷課宣言〉最初發表在 5 月 20 日《晨報》，後收入蔡曉舟、楊亮功 1919 年 9 月編輯、出版的《五四》一書。原文如此：「外爭國權，內除國賊，五四運動之後學生等以此呼籲我政府，而號召我國民蓋亦數矣，而未嘗有纖微之效，又增其咎。」[11]楊琥根據該文落款的

8　最近有關研究辛亥革命以來國共兩黨「紀念」符號與歷史記憶的代表性成果有：陳蘊茜：《崇拜與記憶——孫中山符號的建構與傳播》，南京：南京大學出版社，2009 年；李恭忠：《中山陵：一個現代政治符號的誕生》，北京：社會科學文獻出版社，2009 年；魏建克：《文本話語與歷史記憶——1921—1951 年中國共產黨的「七一」紀念》，北京：人民出版社，2012 年；陳金龍：《中國共產黨紀念活動史》，北京：社會科學文獻出版社，2017 年；（日）小野寺史郎著，周俊宇譯：《國旗、國歌、國慶——近代中國的民族主義與國家象徵》，北京：社會科學文獻出版社，2014 年；羅福惠、朱英主編：《辛亥革命的百年記憶與詮釋》，武漢：華中師範大學出版社，2011 年。

9　例如，李澤厚：〈啟蒙與救亡的雙重變奏〉，收入氏著《中國現代思想史論》，北京：東方出版社，1987 年，第 7 頁。

10　參見周策縱著，陳永明、張靜等譯：《五四運動史》，北京：世界圖書出版公司，2016 年，第 372 頁。

11　參見楊亮功：《早期三十年的教學生活　五四》，合肥：黃山書社，2008 年，第 137 頁。

電碼時間「巧」，判斷〈罷課宣言〉是 5 月 18 日。他認為 5 月 19
日《民國日報》刊發的〈北京中等以上學校學生聯合會致各省團體
電〉，發電時間署「寒」為 14 日，更早於上文。這篇電文稱：「五四
運動，實為敵愾心之激發，亦即我四千年光榮民族性之表見。」楊
琥認定「五四運動」一詞最早應是出現於 14 日發出的〈北京中等
以上學校學生聯合會致各省團體電〉。[12]

　　「五四運動」這個名詞後來頻繁見諸報刊，常被人們提及的文
字有：毅（羅家倫）〈「五四運動」的精神〉（載 1919 年 5 月 26 日《每
週評論》第 23 期）、沈仲九〈五四運動的回顧〉（載 1919 年 10 月
1 日《建設》第 1 卷第 3 號）、孫中山〈致海外國民黨同志書〉（1920
年 1 月）、陳獨秀〈五四運動的精神是什麼？〉（載 1920 年 4 月 22
日《時事新報》）諸文。其中沈仲九一文最值得注意，它可以説是
第一篇系統研究五四運動的文章。[13] 它從五四運動的特色、宗旨、
方法、原因、影響，五四運動與道德、社會之間的關係對五四運動
做了全面解析，開首即解釋五四運動這一名詞：「一千九百十九年
五月四日，北京幾千學生因為政府對付山東問題有失敗的消息，大
家聯合起來用示威運動的法子去表示真正的民意，後來罷學罷市
的運動，都是繼續這運動的，也都可包括在這個『五四運動』名
詞內。北京的新聞紙上，替這個運動定一個專名詞叫做『五四運
動』，這『五四運動』是中國空前的運動，是中國教育界空前的運

12　參見楊琥：〈「五四運動」名稱溯源〉，《北京大學學報》（哲學社會科學版），
　　2006 年第 2 期。

13　沈銘訓（1887－1968），字仲九，浙江紹興人。早年留學日本、德國。回國後
　　曾任上海立達學院院長、上海勞動大學校長等職。對沈仲九此文的評價，參
　　見吳相湘：〈胡適「但開風氣不為師」〉附錄〈中山先生敬重胡適教授〉，收
　　入吳相湘：《民國百人傳》，第一冊，台北：傳記文學出版社，1982 年二版。
　　吳先生最早稱讚沈文「是國內對『五四』評價最早公開刊佈而且公正深刻的
　　長文」。

動。」從此，五四運動作為一個專有名詞得以固定並流傳開來。

「五四」成為紀念日從 1920 年第一周年即已開始。紀念「五四」
與之後的二十、三十、四十年代的政治關係極為密切。以梁啟超為
代表的研究系、以胡適為代表的自由主義者、國家主義派、國民黨
內各派人士、共產黨及其左翼都以自己的方式和活動紀念五四運
動，爭奪關涉「五四」的話語權。這些黨派紀念五四運動的言行足
以表現當時政治與「五四」的糾葛，也可顯現民國時期的政治文化
生態。

1949 年以前，刊登紀念「五四」文字的報刊媒體林林總總，
據其黨派屬性，大致可分為四個系統：（一）研究系，如《晨報》
（1920 － 1925 年）；（二）國民黨，如《民國日報》（1924 － 1930
年）、《中央日報》（1929 － 1948 年）等；（三）共產黨及其左翼，
如《新中華報》（1938 － 1940 年）、《新華日報》（1938 － 1939 年）、
《解放日報》（1941 － 1946 年）、《人民日報》（1949 年）等；（四）
中間派，如《大公報》（1935 － 1948 年）、《獨立評論》（1935 年）、
《讀書知識》（1940 年）、《觀察》（1947 － 1948 年）、《北大半月刊》
（1948 年）、《燕京新聞》（1947 － 1948 年）等。筆者即以此分類為
基本線索，勾勒 1950 年以前報刊媒體的五四地圖，並對紀念五四
的話語文本及其黨派屬性做一簡要分析，以顯現紀念五四與報刊媒
體、黨派政治的內在聯繫和歷史關係。

一、研究系報刊紀念「五四」

研究系是五四時期頗為活躍的政派，在新文化運動中發揮過
重要作用。《晨報》是研究系掌控的在北京最有影響力的報紙，
1918 年 12 月由《晨鐘報》改名而來，翌年 2 月 7 日，宣佈改革第

七版，增添介紹「新修養、新知識、新思想」的「自由論壇」和
「譯叢」兩欄，內容多為宣傳新文化。五四運動爆發後，《晨報》持
贊助態度，不僅持續報道了五四運動的進展，而且刊登了與五四運
動相關的重要文件和評論文字，如羅家倫〈北京全體學界通告〉（5
月 5 日）、許德珩〈北京學生界宣言〉（5 月 6 日）、涵廬〈市民運
動的研究〉（5 月 6 日）、顧兆熊〈1919 年 5 月 4 日北京學生之示威
運動與國民之精神的潮流〉（5 月 9 日）、北京學生聯合會〈北京學
生界罷課宣言〉（5 月 20 日）等，可謂五四運動的傳聲筒，《晨報》
的銷售量因此激增。[14] 1920 年 7 月，《晨報》第七版由孫伏園主編，
以後又經他改出四開四版的單張，報頭定名為《晨報副鐫》。1925
年 10 月 1 日，徐志摩接手《晨報副刊》主編。

　　1920 年 5 月 4 日《晨報》特闢「五四紀念增刊」。編輯表示：
「今天是『五四』紀念日，本報增刊一大張，隨報附送，不另取資。
凡有未送到的，請向送報人索取。增刊的目錄如左（來稿遲到的，
登在第七版附錄裏面，請注意）。」第二版「論評」欄刊登「淵泉」
（時任《晨報》主筆陳博生的筆名）〈五四運動底文化的使命〉，
可算是社評。該文從文化使命的視角定位五四運動：「世人往往把
『五四運動』看作政治的運動或且是國家的運動，我以為是社會的
運動、國際的運動。『五四運動』是社會的運動、國際的運動，所
以在文化上才有很重大的意義和很重要的使命」，「要求社會的解
放和實現國際的公正，就是『五四運動』底文化的兩大使命」。陳
博生反對流行的兩大觀念，「『五四運動』絕不是褊狹的愛國運動，
也絕不是無聊的政治運動」，其筆鋒所指是激進的學生運動和他背

14　參見方漢奇主編：《中國新聞事業通史》，第 2 卷，北京：中國人民大學出版
　　社，1996 年，第 82 頁。

後的國民黨、國家主義派。隨後的梁啟超〈「五四紀念日」感言〉一文稱:「去年五月四日,為國史上最有價值之一紀念日,蓋無可疑。價值安在,則國人自覺自動之一表徵是已。」他認定「此次政治運動,實以文化運動為其原動力,故機緣發於此,而效果乃現於彼」,「今後若願保持增長『五四』之價值,宜以文化運動為主而以政治運動為輔」。梁啟超寄望,「故吾以為今日之青年,宜萃全力以從事於文化運動,則將來之有效的政治運動,自孕育於其中,青年誠能於此點得大徹大悟,則『五四紀念』庶為不虛矣」。由此來看,他們二人的看法表達了研究系的基調,即五四運動是文化運動,負有文化的重大使命。此外,當期所刊的其他文章還有黃炎培〈五四紀念日獲告青年〉、陶孟和〈評學生運動〉、蔡元培〈去年五月四日以來的回顧與今後的希望〉、胡適和蔣夢麟〈我們對於學生的希望〉、顧誠吾〈我們最要緊着手的兩種運動〉、羅家倫〈一年來我們學生運動底成功失敗和將來應取的方針〉、郭紹虞〈文化運動與大學移植事業〉、朱希祖〈五四運動周年紀念感言〉等。撰稿作者陣營之強大,顯示了《晨報》特有的影響力。應約的這些作者其實並非研究系人士,多具北京大學背景,由此可看出這一年知識界對五四運動話題的高度重視。

1921 年 5 月 4 日,《晨報》又闢「第三個五四」專欄紀念五四運動,編輯部為此說明:「今天是五四運動第二個紀念日,學界的人自然是耿耿不忘的,就是非學界的人,也不能忘記,並且也不可忘記。本社因為這個意思,所以把今天的報特別變個體裁,所有對於五四紀念的言論,都排印在二、三、六版,使大家揭開紙就看見。其餘新聞排在六、七版,並且把比較不十分緊要的都省略去,請讀者注意!」刊登的紀念文字有胡適〈黃梨洲論學生運動〉、瞿世英〈五四與學生〉、高一涵〈將來學生運動的責任〉、孫幾伊〈五四的回顧與希望〉、孟壽椿〈「五四紀念」與「精神勞

動紀念」〉、李大釗〈中國學生界的「May Day」〉、陶玄女士〈我
底五四紀念觀〉、章廷謙〈「五四」的我感〉、魯士毅〈一九二一
年的五四〉、錢用和〈「五四」的精神〉、馮淑蘭〈五四紀念的雜
感〉、平心〈一年來我們學生界的回顧〉、太空〈五四運動之回顧〉、
伏廬〈五四紀念日的些許感想〉等。撰文作者的思想傾向殊不一
致，多為京城文化名流，學生運動是紀念的主題。瞿世英的文章指
出：「五四已經過去了兩年了。想不到『五四』兩個字竟成了歷史
上一個最神聖，最鮮明的名詞，他至少給我們以一種新刺激和新印
象」，「五四運動的功績不獨在拒簽德約，不獨是罷免國賊，不獨
是街上添了幾次學生的遊行，也不獨是多發了幾次傳單——他的功
績是給中土以一個有力的新文化運動的動機」，「五四是奉着新文
化運動的使命來的」。章文的觀點略有不同，強調五四運動的「群
眾運動」一面，「就當時的運動而論，不過是一種群眾運動；群眾
運動是一時性的，是有惰性的，想使之永久的進行是很難的；所以
為了青島問題而發生的運動，雖當時拒簽了德約，到如今還是沒
有解決」。儘管如此，章認為，雖然許多人都說五四運動是文化運
動，但「所謂『文化運動』的成績，比我以上所說群眾運動的成績
還少」，「我們歷來的失敗，都因為文化運動基礎太薄弱的緣故」。
章文更具反思的意味。

　　1922 年 5 月 4 日，《晨報》再闢「第四個五四」專欄，刊文有
蔡元培〈五四運動最重要的紀念〉、譚熙鴻〈紀念「五四」〉、張
維周〈我主張學生要干預政治〉、甘蜇仙〈「第四個五四」底感言〉、
費覺天〈追懷舊五四，努力新五四！〉、周長憲〈五四運動底價
值和平民階級的覺悟〉、黃日葵〈怎樣紀念「五四」？〉、鄔祥褆
〈五四值得再紀念嗎？〉、錢用和〈這次「五四紀念」的社會心理〉、
王仲宸〈「五四」—「武士」—「無事」〉，5 月 5 日刊載章廷謙〈紀
念「五四」〉，5 月 6 日發表陳國榘〈五四運動底精神那裏去了〉。

《晨報副鐫》5 月 4 日刊柏生〈五月四日〉。總的來看，刊文所用篇幅量與前兩年相當，但作者名氣似不如從前。章廷謙強調「紀念五四」的現實價值：「使任何人都知道五四紀念日比無論什麼的紀念日也都光榮，而且使任何人都以為紀念『五四』比紀念無論什麼也都值得。」[15] 對五四運動的價值做了最大程度的肯定，表達了各位作者紀念「五四」的心聲和共識。

1923 年 5 月 4 日《晨報副鐫》發表章廷謙〈所望於今之教育界者〉。5 月 5 日，《晨報》刊出〈昨日之五四紀念大會〉，內載北京學生聯合會在女子高等師範召開紀念「五四」大會上陳啟修、朱務善、李大釗三人的演講，他們全為共產黨員。陳啟修演說內容集中於打倒軍閥、裁兵、否認現政府和現國會、維護人權、教育獨立、對外作國民的「自動外交」等。李大釗訴說了學生干政的理由：「今天是『五四』紀念日，是學生加入政治運動之紀念日，也是學生整頓政風的紀念日。因為政治不澄清，使我們不能不犧牲求學之精神，而來干涉政治。」中國共產黨開始利用紀念「五四」的活動做政治動員。

1924 年 5 月 4 日，《晨報副鐫》「特載」一欄刊出紀念五四運動的文章，有夷初〈五四〉、朱務善〈五四運動給國人對外的印象〉、譚仲逵〈五四紀念與青年的責任〉、董秋芳〈五四運動在中國文學上的價值〉、趙國鈞和蕭友梅〈五四紀念愛國歌〉、王振鈞〈五一與五四〉、岡念〈五四雜談〉。5 月 5 日發表君度〈五四運動之革命的涵義〉。

1925 年 5 月 4 日，《晨報副刊》特闢「五四運動紀念號」，刊文有梁啟超〈學生的政治活動〉、汪典存〈每逢五月便傷神〉、張

15　廷謙：〈紀念「五四」〉，《晨報》，1922 年 5 月 5 日。

維周〈噫，五四運動！〉、譚仲逵〈五四運動與中國國家的前途〉、止水〈又要添一個紀念日罷！〉、唯理〈大學與學生〉。5 月 6 日發表汪震〈想起來的幾句話〉、龔漱滄〈五四運動紀念日的感想〉。梁啟超在文中把「五一」與「五四」作了比較：勞動節的「五一」是世界性的，學生節的「五四」是中國的；「五一」的價值如旭日初升、隆隆日上，「『五四』這個名詞，不惟一般社會漸漸忘記，只怕學生界本身對於他的感情也日淡一日」。對「五四」的評價不再像當初那樣高調，而似有貶意。梁啟超以為紀念「五四」「就是紀念學生們的政治活動。然則紀念『五四』，當然是要希望學生繼續這種活動了」。鑒於當時政治的「亂七八糟」情形，他直率地說：「中國現在並沒有政治，現在凡號稱政治活動的人，做的都不是政治活動。」因此奉勸青年學生：「現在所謂政治是萬惡淵叢〔藪〕，現在所謂政治活動是誘惑青年一大坑陷。」這番言論多少表現出梁啟超對中國現實政治心灰意懶的心態。

綜上所述，從 1920 年到 1925 年，《晨報》紀念五四運動的專欄特別引人注目，可以說在報刊媒體界獨領風騷。《晨報》為思想文化界提供了一個共享平台，顯示了職業新聞人的特色。該報所約作者不限某一特定黨派，在教育界具有相當的代表性。研究系及其代表人物——梁啟超的「五四」話語雖表露出某種思想傾向，但大多是從文化的角度認識五四運動，並不稱其為「主義」，更不用說是意識形態。1926 年《晨報》依附於奉系軍閥張作霖，以後就不再見刊登紀念五四的文章了。

二、國民黨報刊系統紀念「五四」

國民黨與五四運動的關係頗為密切，在運動中曾發揮過重要

作用。[16] 五四運動發生後，國民黨領導人在《民國日報》、《星期評論》、《建設》等報刊發表文章，對五四運動給予熱情支持。[17] 在國民黨當政的年代，國民黨紀念五四運動的主要輿論陣地先後有《民國日報》、《中央日報》等兩大報紙。

《民國日報》1916 年 1 月 22 日在上海創刊，初為中華革命黨所控，1924 年 2 月國民黨一大後成為國民黨中央機關報，日出四大張。早在 1920 年 5 月 4 日，《民國日報》（上海版）就刊出邵力子的隨感錄〈五四紀念日的感想〉。文章表示：「『五四紀念』到了，我想各報館都要有幾句敷衍的文字，但在實際上，對於新理想，仍是懷疑，對於舊勢力，依然承認。」1921 年 5 月 4 日又刊出署名「心如」的〈「五四運動」二周年感想〉。1922 年 5 月 4 日刊邵力子〈五四運動的精神〉。1923 年 5 月 4 日刊登楚傖〈「五四」運動後的學生〉。1924 年 5 月 4 日又登楚傖〈打通「五四」「五一」的障壁〉。1925 年 5 月 4 日停刊副刊「覺悟」，由上海學生聯合會編輯的紀念「五四」專刊替代，刊文七篇：記者〈敬告學校青年〉、張永和〈瞻前顧後！紀念五四〉、光前〈紀念五四的意義〉、高爾

16　相關研究參見劉永明：《國民黨人與五四運動》，北京：中國社會科學出版社，1990 年。該著對五四運動期間國民黨人在北京、上海、山東、廣東的活動及汪精衛等人與巴黎武力拒約的關係作了詳細論述。

17　國民黨最初評論五四運動的文字，參見戴季陶：〈中國人的組織能力〉，《星期評論》，第 1 號，1919 年 6 月 8 日；本社同人：〈關於民國建設方針的主張〉，《星期評論》，第 2 號，1919 年 6 月 15 日；沈玄廬：〈告一段落〉，《星期評論》，第 3 號，1919 年 6 月 20 日；廖仲愷：〈三大民權〉，《星期評論》，第 6 號，1919 年 7 月 13 日；戴季陶：〈文化運動與勞動運動〉，《星期評論》，第 48 號，1920 年 5 月 1 日「勞動紀念號」。葉楚傖：〈這回的自覺運動〉，《民國日報》（上海），1919 年 6 月 14－19 日；戴季陶：〈「五一」「五四」「五五」「五七」「五九」〉，《民國日報》（上海），1920 年 5 月 4 日。朱執信：〈學生今後之態度〉，《上海晨報》，1919 年 7 月 21－22 日。朱執信：〈輿論與煽動〉，《建設》，第 1 卷第 1 號，1919 年 8 月；沈仲九：〈五四運動的回顧〉，《建設》，第 1 卷第 3 號，1919 年 10 月。

松〈五四紀念的感想〉、楊幼炯〈青年革命的第二期〉、劉一清〈五四運動與民眾組織〉、劉康侯〈五四運動與辛亥革命〉，其氣勢與同時《晨報副刊》紀念五四運動的文字旗鼓相當，這可能是《民國日報》為抵消《晨報》的影響而有意做出的安排。1926 年 5 月 4 日僅刊出署名「飛」的〈五四「感言」〉一篇文章。除了 1925 年刊登較大篇幅紀念五四運動的文字外，其他年頭都只有一篇短文，略加表示而已。《民國日報》這些紀念五四運動的文章，並不具多大影響力，但已顯現與國民黨「國民革命」話語相銜接的某些特性。如邵力子強調了五四運動的犧牲精神：「五四運動精神如何，乃是為民眾而犧牲。到民間去吧，這一條坦道是永能保持這個精神的。」葉楚傖則表達了政治優先、國民革命優先的看法：「要爭外交，要讀書，須先刷新政治，要刷新政治，須推倒國內外的壓力，要推倒國內外的壓力，須以國民的資格，加入國民革命運動。」高爾松認為：「什麼是五四運動？五四運動不過是中國人民不甘服於帝國主義與軍閥官僚雙重的壓迫，自然的發生了一種反感的行動罷了。簡言之，五四運動，乃純粹是中國民眾反對帝國主義與軍閥政治的運動罷了。」明顯也是呼應國民革命。國民黨對五四運動的政治定性截然不同於研究系的文化運動一說。隨着國民革命軍的北伐推進，北洋政府大勢已去，輿論導向從《晨報》逐漸轉到《民國日報》。

1927 年 5 月 4 日，《民國日報》在附刊「前敵之前敵」中刊出以下文章：趙澍〈五四運動與國民革命〉、陶百川〈五四運動的前前後後〉、夏膺英〈拿出「五四」的精神來〉、賀嶺僧〈應該怎樣紀念五四〉、翼鵬〈談五四運動〉、報道〈今日之「五四」學生運動大會〉，「教育」欄刊有翊新〈如何保持並發展五四的精神〉。這幾篇文章並不是專欄文章，而是置於「行易知難號」裏面。與過去《晨報》的風格不同，這期《民國日報》紀念五四運動的文字帶

有鮮明的黨性色彩，作者均為國民黨人，其言論完全是從孫中山學說的立場出發。當天，國民黨在上海舉行「二十萬人紀念五四」的大會，其意「繼續五四精神，一致加入國民黨，努力國民革命」。[18]這是南京國民政府成立後第一次舉行紀念五四運動的大會，聲勢之浩大，為此前歷次學聯組織的五四紀念活動所遠不及。這次紀念大會把紀念五四運動轉換為國民黨的政治動員，這樣的場景以後不斷重演。

　　在南京國民政府十年期間（1927 － 1937），國民黨控制的報刊幾乎主導了這一時期紀念五四運動的輿論。《民國日報》1928 年 5 月 4 日刊登的紀念文章有德征〈紀念五四的意義〉、彭學海〈五四運動與帝國主義〉、〈五四紀念告上海青年〉。5 月 10 日、11 日刊出胡適〈五四運動紀念〉，這是《民國日報》唯一一次刊登胡適的紀念五四運動的文章，不排除是國民黨上台後最初對胡適的示好。隨着人權論戰的開展，國民黨控制的報刊在宣傳反共思想的同時，又展開對自由主義的清算。1929 年 5 月 4 日發表了金志騫〈五四運動之經過及其影響〉、笑鶯〈統一青年的革命思想〉。對五四運動的負面評價文字開始出現在金志騫的文章中，「這偉大的五四運動，這轟轟烈烈的五四運動，實際上是失敗的運動，是走錯了方向的民眾運動，她所給予我們的，只是無限的遺憾，莫大的悲哀！」1930 年 5 月 4 日刊文包括社評〈紀念「五四」〉、陶愚川〈紀念光榮偉大的五四運動〉。後者在分析了五四運動的發生、影響及與學生的關係後表示：「我們要認清時代，現在不是五四運動的時代了，現在是我們專心求學，努力教育建設的時代了。」《民國日報》「上海黨聲」專版還刊出秋魂〈五四運動在中國近代史上的地位〉一

---

18 〈二十餘萬人紀念五四〉，《民國日報》，1927 年 5 月 5 日。

文，以反省的口吻，以為五四運動一方面破壞太過，一方面又不及廓清封建勢力，「『太過』與『不及』交織成了五四運動失敗的象徵，人們真不會相信這轟轟烈烈的五四運動，究其實，竟是失敗了的運動」。作者認定：「中國社會始終是以政治問題為中心的，凡是拋開了政治的種種改革運動，必定不會做成功的，幾年前高唱着的『實業救國』、『教育救國』、『宗教救國』等等不是都已悲慘地失敗了嗎？五四運動的所以失敗，根本原因，也就是這一點。」國民黨對五四運動的這些負面評價，多少透露其政策轉向的信息。抗戰勝利後，復刊的《民國日報》於 1946 年 5 月 4 日發表社評稱：「吾人之時代，異於五四時代之時代；吾人之精神，亦異於五四時代之精神；吾人在今日實不必遊行示威，貼標語，喊口號，以從事打倒賣國賊為能事。吾人之所努力者，應與其國策相符合，即應以努力完成工業化為職責，青年應負之責任甚多，而其最急要者則莫如此。」這種「五四時代過去了」的論調，表面上看似超前，實際上是倒退了。

《中央日報》1928 年 2 月 1 日創刊於上海。作為國民黨的中央機關報，它很快取代《民國日報》，成為國民黨紀念五四運動的主要報紙。1928 年《中央日報》設「五四紀念專刊」，刊發署名「雪崖」的社評〈五四運動的成績〉、〈今天是五四紀念日〉、〈上海特別市黨務指導委員會臨時民訓委會為「五四」紀念告上海青年〉、〈滬學聯會五四紀念告同學書〉、〈全國學生總會為五四紀念節告全國同學書〉、〈五四紀念宣傳大綱〉（上海特別市黨務指導委員會頒發）、〈五四紀念愛國歌〉、〈警備部政訓部為五四紀念告全國學生書〉。這些文件明顯具有政治動員和政治宣傳的作用，向青年發出新的號召：「我們要知道，那一次的五四，是沒有組織，沒有主義，而是一時情感的結合，尚有如此成績；今後在本黨指導之下，有主義，有策略，有目的，去和敵人奮鬥，當然是能達到我們

的目的！親愛的青年們！聯合起來，在本黨指導之下，完成五四未竟的工作。」[19] 1929 年 5 月 4 日刊登署名「慎予」的社評〈怎樣紀念五四〉、〈京市黨部宣傳部為五四紀念告青年〉。5 月 5 日刊發〈悲壯激昂之五四運動十周年紀念會〉、〈中央軍校特別黨部昨舉行五四紀念大會演說詞〉，何應欽在演講中批評了五四運動和當時流行的國家主義、共產主義，「學生沒有嚴密的組織和中心思想，這是五四運動失敗的主要原因。因為當時，總理的著作雖有若干出版，但尚未普及，而且在軍閥勢力之下，國家主義思想是軍閥所歡迎的，共產主義因為共產黨遠在俄國，是軍閥所不注意的」。[20] 何應欽的看法在當時國民黨軍政要人中具有一定代表性。1930 年 5 月 1 日發表社論〈為紀念五四運動中宣部告全國青年書〉，明確發出警示：「我們革命的青年學生熱血未定，學無素養，往往惑於邪說，在不知不覺間違背五四的精神，大幹其反革命的勾當。這是何等不幸的事啊！究其原因，實因沒有中心思想所致。須知努力實行本黨所手創的三民主義，就是紀念五四運動的大道。」毫不掩飾其以三民主義規訓青年學生的目的。5 月 4 日發表〈五四運動十一周告青年書〉、〈五四運動紀念標語〉，特別提示五四運動的成功應歸功於國民黨三民主義的領導，青年學生只有繼續「以三民主義為皈依」，「才可保存其革命的精神」，「以努力實現三民主義的精神來紀念五四運動，才有紀念五四運動的真意義」。[21] 1931 年 5 月 4 日刊登社評〈五四運動與今後學生應努力之新途徑〉，對五四運動及其後續流弊做了分析，「五四運動雖發動於學界，而同時呼應者則

---

19 〈警備部政訓部為五四紀念告全國學生書〉，《中央日報》，1928 年 5 月 4 日。

20 〈中央軍校特別黨部昨舉行五四紀念大會演說詞〉，《中央日報》，1929 年 5 月 5 日。

21 〈五四運動十一周告青年書〉，《中央日報》，1930 年 5 月 4 日。

有全國工商界各團體，影響所及，波動範圍之廣。且非同仇敵愾之精神，純粹激於愛國心之驅使，不摻雜何種自私及權利觀念，尤至足多，五四運動之所以值得吾人今日回憶者此也。雖然，此特就其好的方面言之耳，至由五四運動間接所接生之壞影響亦殊不妙，自五四運動以後，學生自視，幾若天之驕子，風氣囂張，學潮迭起，求學時期，群驅政治之活動，冀為畢業後求出路，正常之學業，則遑不計及。什種情形，十餘年來，為全國學界之普遍現象」。在「黨務」欄刊登消息〈五四運動紀念〉。1933 年 5 月 4 日只是刊登了報道〈首都各校紀念五四〉。《中央日報》這幾年紀念五四運動的文字意在理順國民黨與五四運動的歷史關係，對五四運動做出合乎三民主義要求的評價，指示青年學生、知識份子與國民黨保持一致，在教育領域實施三民主義的黨化政策。

從 1934 年到 1938 年，《中央日報》沒有刊登一篇有關紀念五四運動的文字，國民黨對「五四」顯然做了淡化處理。在國民黨控制的刊物中，《前途雜誌》、《文化建設》倒是填補了這一空檔。[22] 1933 年 5 月出刊的《前途雜誌》（1 卷 5 號）為「紀念五四專號」，發表了劉炳藜〈五月紀念的意義〉、余文偉〈我們對於五月紀念應有的認識和努力〉、陳友生〈五四運動之回憶〉、黃豪〈由五四到一二八之民族文化運動〉。1935 年 5 月《文化建設》（1 卷 8 期）刊出一組紀念五四文章，包括葉青〈五四文化運動的檢討〉、李麥麥〈論五四整理國故運動之意義〉、文夫〈五四運動十七年〉。這兩份刊物在紀念五四運動的聲浪中表達了國民黨既反對帶有西化

22　學界一般認為《前途雜誌》是力行社主辦的刊物，參見徐有威：〈從《前途雜誌》看德國法西斯主義在中國戰前之影響〉，《近代中國》，1999 年第 9 輯。《文化建設》則是國民黨 CC 派「中國文化建設協會」於 1934 年 10 月創辦的機關刊物。

色彩的自由主義、個人主義，又反對回復傳統的尊孔讀經的雙重聲音。陳友生直指五四運動常為人所誤解，因而失其精神，發生不良影響，「以為五四乃青年學生之運動，遂迷信青年萬能，發生種種之錯誤主張」，「五四運動以後，倡『青年革命』之說者頗多，結果則教育衰落，學術饑荒，真正之人才缺乏，建設之技能空虛，昔日為革命的青年，今日成無業的閒人」。文夫宣稱，「我們目前所須要的文化運動是一個以國家民族的需要為基本，怎樣以求適合於當今之環境的運動，如復古讀經果為今日環境所需要，則自當提倡，反之，倘若無益而且有害於國家現代化的發展，那就非反對或禁止不可了」。葉青着重批評了胡適，雖然他也認為五四新文化運動是「中國的文藝復興」，但不同意胡適將新文化運動的主要成績歸結為「文學革命」，以為「文學革命為思想革命的產兒」，「胡適只是文學革命中偏於形式之改造，即工具之改造的人」。胡適提倡的「整理國故」帶有「復古傾向」。他反對現實的尊古讀經，「現在的尊孔讀經、文言和土語，都是轉回五四以前去的辦法。其結果不獨不能創造，而且復古」。這在意識形態上明顯是圖謀政治規訓，其意當然是維護國民黨政權的合法性和三民主義的正統性。

　　抗戰時期，《中央日報》鑒於戰時需要，把紀念五四運動與動員民眾、激發青年的抗戰熱情結合起來，宣傳服從領袖，國家利益至上，以達其掌控「五四」話語權之目的。1939 年 4 月 15 日發表社評〈紀念五四運動〉。1940 年 5 月 4 日發表社論〈五四勖青年〉、陳誠〈告革命青年——民國二十九年「五四」紀念日告青年書〉，其中社論特別強調「依歷史的眼光來分析，那時候之所以會有五四運動，與五四運動之所以能夠成功，直接間接，都可說是受着本黨革命精神所領導」。1941 年 5 月 4 日發表社評〈青年報國之大道〉，並設「五四紀念特刊」，刊發吳鐵城〈「五四」的精神〉、錢用和〈「五四」運動回憶錄〉。1942 年 4 月 29 日發表消息〈青年節日期

正在會商中，五四不舉行紀念〉，援引中央社本市訊：「『五四』將屆，中央各機關以『五四』在歷史意義上雖甚重大，但非法定紀念日，更非青年節，特電各省市，本年應不舉行紀念會。至定何日為青年節，正由有關機關會商中。」這顯然是國民黨感受到紀念五四運動的左傾思潮日佔上風所做的一個防範動作。1943 年，國民黨可能敏感到「五四」話語權的旁落，故而打破常規地在《中央日報》開闢紀念五四特輯，大篇幅地刊文，包括社論〈國民革命與五四運動〉、黎晉偉〈五四運動之新認識〉、龍蔚然〈青年的任務〉、吳□賢〈青年應該走那條路？——為紀念「五四」作〉、君油〈五四運動之今昔觀〉、傅斯年〈五四偶談〉、羅家倫〈五四紀念與全國青年第三次大團結〉、華〈誰是青年的領導者〉、張□□〈五四運動對婦女的影響〉、海嘯〈事實與成見〉等。從傅斯年自稱是「一位西南聯大的同學強我寫此一文」一語看出，這組文章的發表似乎另有背景。而從傅斯年肯定「『五四』已經成就了他的使命了」、「其為顛覆軍閥之前驅則一也」以及「『五四』未嘗不為『文化的積累』留下一個永久的崖層」這兩點來看，顯然又發出肯定「五四」價值的正面聲音。不過，社論所表現出的傾向與以往國民黨對五四運動的定調並無二致，「『五四』實是國民革命中一個支流，這一個支流，經過四年的時間，仍舊匯宗於國民革命運動的大海」，「『五四』時代的青年要想愛國而難於得到機會，掀動了全國的社會運動而僅得表現其愛國之情緒」，「今日全國青年，惟當竭盡全力，服從領袖，貢獻能力，就是愛國的最大表現，也就是發揚『五四』的精神」，視五四運動為國民革命的支流，把「五四」的愛國精神與當前的抗戰事業所需要的「服從領袖」聯繫在一起。1944 年 5 月 4 日發表社論〈青年運動的又一階〉，把五四運動與戊戌維新、抗日戰爭前後做了比較：「『五四運動』的波瀾壯闊遠較『公車上書』為壯闊，但比起七年的全面抗戰，甚至於抗戰高潮裏

面青年從軍的運動，卻又不免黯然無色。『五四運動』的動機，主要是朦朧的祖國愛和民族感，其影響之所至，如果沒有匯合於國民革命之中，必至於像蔡孑民先生所說：『學生運動成了強弩之末』。五四所激起的文學革命，亦必有待於國民革命的發展，而後有光芒，有成果。最近的智識青年從軍運動，則以比五四運動更明白更深摯的祖國愛民族感為出發點，以獻身於苦戰血鬥的陣營。兩相比較，五四運動便不如這一次智識青年從軍運動的偉大壯闊和堅決確實。」這在實際上鼓勵知識青年投入抗戰從軍運動，這顯然是當時的國家需要，而其所謂「進一階」是希望將來的青年運動「轉到和革命主潮並駕齊驅的一階」。1945 年 5 月 4 日發表社論〈展開現階段的青年運動〉、知白〈五四運動的本質〉。社論鼓勵青年積極投身抗戰：「今日中國青年獻身於抗戰，不僅是完成國家獨立自由所必需，且是捍衛民主政治所必需」，「今日在國家為獨立、民主與科學而從事最後戰鬥的時候，每一覺悟的青年！在這一有意義的節日，就應立下決心，繼續去年十萬從軍青年的雄壯步伐，參加抗日戰爭」。知白指出，五四運動之初，「其對外的一面，是反對日本的侵略；其對內的一面是反抗北京政府的賣國」，青年是五四運動的中心，後來又成為國民革命的中堅。

　　抗戰勝利以後，《中央日報》適時地根據國內形勢的演變，調整宣傳策略，借紀念「五四」之名，行反共宣傳之實，重申國民黨對五四運動的領導地位，指責反對美蔣的學生運動受中共操控，引導青年學生走「建國」之路。1946 年 5 月 4 日發表社論〈「五四」精神之發揚〉，矛頭直指共產黨，「假若共產黨今日也還紀念五四，就不要忘記五四的愛國意義，更不要無視當前中國人民正在發揚五四愛國精神，這精神是不可對抗的偉大力量」。5 月 5 日發表蜚聲〈紀念五四應有的認識〉表示：「目前中國需要最迫切的是和平團結，建立一個工業化的民主新中國，這就是三民主義的

實現！」如果青年「放棄了責任，喪失了愛國精神，今天就不配來紀念五四」。5月6日「中央副刊」發表侯震宇〈中國劃時代的兩次學生運動〉，宣稱「五四時代過去了」，「現在的青年，只有除去了五四時代的惡果，而執著五四的聖餐，不站在工作的崗位上，就應埋頭作科學的研究，不去作學習的努力，就應挺身擔當建國的任務」。連續三天發表紀念五四的文字，其意並不是針對五四運動本身，而是當下的青年學生運動。1947年5月4日借社論〈蔡孑民先生的警語〉一文攻擊「今日共產黨製造並利用學生運動，對於我純潔的青年學生，正是蔡孑民先生所說道旁兒殺馬的悲劇」，「共產黨的學生運動，不是愛國運動，而是亡國運動，不是科學運動，而是教條主義」。這時國民黨已深深感受到學生運動對自己政權的威脅。1948年5月3日發表社論〈青年學生們！發揚獨立精神，不盲從不附和不受利用，去創造光榮偉大的歷史〉。此時正逢國民黨召開國民大會，宣佈實行憲政，故而社論張揚國民黨政權的合法性，「今年的五四，我們更要反對外力，更要割除敗類」。5月4日再發社論〈念五四，看當今〉，赤裸裸地展示其反共立場，「時至今日，卻又有所謂經濟史觀那一套新經濟運動的出現。於是科學變成馬列主義的教條，民主變成暴民專制的鐵幕，這是文化運動的逆流，也是科學與民主的變質……所以我們紀念五四，不能不堅持文化運動的本質，而以民主反鐵幕，以科學反教條」。這是《中央日報》在大陸時期最後一篇紀念「五四」的社論。從其火藥味極濃的文字中，人們可以嗅到意識形態的冷戰已在中國降臨，紀念「五四」成為國共內鬥的另一個戰場。

　　從《中央日報》有關五四運動的紀念報道和發表的紀念文章可以看出，當時紀念「五四」的活動和宣傳直接聽命於國民黨黨部和宣傳部等，他們頒發宣傳大綱，統一紀念口徑，組織紀念大會，相關消息報道也常常是刊登在「黨務」一欄。《中央日報》在二十

年間（1928－1948）十餘次發表社論紀念五四運動，頻次之高為其他報刊所無法比擬，顯示國民黨的確重視對「五四」話語權的支配和利用。《中央日報》在不同歷史階段因應當時的形勢，配合國民黨的戰略佈局，在紀念五四運動時採取不同的宣傳策略，目的是維護國民黨的合法統治地位，整合知識份子和青年學生，對五四運動所標榜的民主與科學進行三民主義的改造。

　　1949 年 5 月 4 日《申報》刊登國民黨文化運動委員會主任委員張道藩的紀念文章——〈「五四」運動的認識〉，重彈「『五四』運動的遠因，是三民主義文化思潮所陶鑄的」老調，堅稱「總理因揭三民主義的大旗，以倡導國民革命，方向既極端正確。復以黨人宣傳之深入，故能普及於各階層的人士，於是知識青年及思想界領導人物，咸能有革命的自覺，流波所及，遂演成光輝史乘的五四運動。故即今而紀念五四，吾人不能不飲水思源，俞為三民主義而盡其最大的努力」。國民黨的這種三民主義「五四觀」可以說始終如一，在其撤離大陸的最後時刻也未曾動搖。

　　抗戰時期國民黨紀念五四運動，對節日名稱的變更多少表現出其心理糾結的一面，其中變故頗耐人尋味。1938 年 7 月 9 日，三民主義青年團在武昌成立後不久將「五四」定為青年節。[23] 此舉可能因戰時原因，沒有進入法律程序，只是約定俗成，因此並不算

23　此事尚未找到明文規定，但當時一般人都這樣看。郭沫若曾說：「抗戰初期，在武漢時代，曾規定五四為『青年節』。但因 × 朝忌避五四的社會革命的精神，到了重慶時代便把三月廿九日黃花崗紀念日改定為青年節，並企圖把五四這個節日廢掉。甚至紀念五四都成了違法的行為了。」參見郭沫若：〈我再提議改訂「文藝節」〉，《北大半月刊》，第 4 期，1948 年 5 月 1 日。周策縱也提及三青團成立後不久便確定「五四」為青年節：「我後來見到一份早期文件記載，1938 年 7 月 9 日三民主義青年團成立後不久，曾提議把 5 月 4 日定為『青年節』。實在延安會議之前。」參見〔美〕周策縱著，陳永明等譯：《五四運動史》，北京：世界圖書出版公司，2016 年，第 4 頁。但周策縱並沒有具體舉出這份文件以為證明，故此說待考。

「法定節日」。其實此前的紀念「五四」的活動，不管是自發的還
是組織的，都不是「法定」活動。1943 年，三青團在重慶舉行第
一次全國代表大會，決定每年陽曆 3 月 29 日為「青年節」，以紀
念黃花崗起義殉難的七十二烈士。這樣，「五四」作為節日實際就
被廢掉。1938 年 3 月 27 日，「中華全國文藝界抗敵協會」在武漢
成立時將其成立日定為文藝節；1944 年，第六屆年會又改訂 5 月 4
日為「文藝節」，並於 1945 年 5 月 4 日發表〈為紀念文藝節公啟〉[24]，
第一次舉行慶祝活動。此舉得到國民黨的認可，以後幾年文藝界每
逢「五四」即以之作為「文藝節」相慶。很多人把「中華全國文藝
界抗敵協會」決定「五四」為「文藝節」之舉，看作是國民黨所為，
並不完全符合事實，應當說首先是當時文藝界人士自身所做出的一
個選擇，鄭振鐸〈迎「文藝節」〉、〈說「文藝節」〉兩文，[25] 便可
以證明這一點。

三、共產黨及其左翼報刊紀念「五四」

　　五四運動爆發時，中國共產黨雖尚未成立，但一批具有初步
共產主義思想的知識份子和青年學生積極投身其間，是北京及各地
學生運動的領導者或活躍份子。毛澤東曾認定陳獨秀「是五四運動
時期的總司令，整個運動實際上是他領導的，他與周圍的一群人，

24　中華全國文藝界抗敵協會總會：〈為紀念文藝節公啟〉，《抗戰文藝》，第 10
　　卷第 2－3 期合刊，1945 年 6 月。

25　鄭振鐸：〈迎「文藝節」〉，《文藝復興》，1945 年第 1 卷第 4 期；〈說「文藝
　　節」〉，《聯合日報晚刊》，1946 年 5 月 2 日。

如李大釗同志等，是起了大作用的」[26] 早期共產黨領導人陳獨秀、
李大釗紀念五四運動的文字都是發表在《時事新報》、《晨報》等
研究系主辦的報紙上，觀點與其他革命人士區隔並不明顯，如陳獨
秀將五四運動精神歸結為「（一）直接行動；（二）犧牲的精神」。
李大釗似稍進一步，他把五四看作和五一一樣的節日，「因為在那
天，中國學生界用一種直接行動，反抗強權世界，與勞動界的五月
一日，有同一的意味，所以要把他當做一個紀念日」。[27] 隨着共產
黨自己創辦的《中國青年》、《嚮導》、《新青年》（季刊）等刊物的
出現，共產黨人紀念五四運動的文字開始零星出現，如惲代英〈自
從五四運動以來〉（《中國青年》，第 26 期，1924 年 4 月 12 日）、
代英〈驚心動魄的五月〉（《中國青年》，第 29 期，1924 年 5 月 3
日）、瞿秋白〈自民族主義至國際主義——五七—五四—五一〉
（《上海大學週刊》，第 1 期，1924 年 5 月 4 日）、育英〈五四運動
的真精神〉（《共進》，第 61 期，1924 年 5 月 10 日）、西岩〈五四
運動六周年紀念〉（《共進》，第 81 期，1925 年 5 月 1 日）、太雷
〈五四運動的意義與價值〉（《中國青年》，第 77、78 期，1925 年 5
月 2 日）、雙林（瞿秋白）〈五四紀念與民族革命運動〉（《嚮導》，
第 3 卷 113 號，1925 年 5 月 3 日）、太雷〈五四紀念告廣東學生〉
（《人民週刊》第 11 期，1926 年 5 月 4 日）等。這些文章實際上承
擔着宣傳新生的共產黨主張的功能。瞿秋白將五四運動與社會主義
思潮勾連起來，「表面上五四運動仍舊不過是排日的民族運動，而
內容上卻實現了民權主義的真原則（革命的獨裁制）。五四運動的

26　《毛澤東文集》，第 3 卷，北京：人民出版社，1995 年，第 294 頁。

27　陳獨秀：〈五四運動的精神是什麼？〉，《時事新報》，1920 年 4 月 22 日；李
　　大釗：〈雙十與五四〉，《新生活》，第 10 期，1919 年 10 月 26 日；李大釗：
　　〈中國學生界的「May Day」〉，《晨報》，1921 年 5 月 4 日；李大釗：〈在北京
　　學生聯合會紀念「五四」大會上的演講〉，《晨報》，1923 年 5 月 5 日。

發展，摧毀一切舊宗法的孔教，急轉直下，以至於社會主義，自然
決不限於民族主義了」。[28] 林育英歸納「五四運動的真精神」是「反
抗的精神」、「合作的精神」、「不息的精神」。[29] 張太雷對五四運動
作了新的定性：「中國的民族運動自從五四運動才漸漸變成近代的
民族運動——有組織的群眾的反帝國主義與軍閥的運動」，「五四
運動實開中國革命的新紀元。」[30] 大革命時期共產黨人並沒有設置
專刊紀念五四運動，這可能與當時黨的工作重心放在工農運動，學
生運動置於工農運動之後有關。

　　但青年工作畢竟是中共早期活動的重要組成部分。為此，中
共將紀念五四運動納入青年工作的一環。1924 年 4 月，由陳獨秀、
毛澤東共同簽署的〈中共中央通告第 13 號——關於「五一」「五四」
「五五」「五七」之紀念與宣傳〉強調：「『五四』紀念當然以學生
為中心，同志們演說詞中，須發揮五四運動兩個重要的意義：（一）
恢復國權運動；（二）新文化運動。此時國外列強之壓迫，國內舊
思想之反攻，都日甚一日，因此，五四運動之精神仍有發揮之必
要。」1926 年 4 月，〈中共中央通告第 ××× 號——關於五月各
紀念日之宣傳工作〉提到：「『五四』是中國民眾第一次自覺的反
對帝國主義的紀念日，領導這個運動的是青年學生。這天的宣傳，
應以學生為中心，在這革命潮流低落學生群眾亦隨之分化的時期，
我們應提出學生會統一和回復『五四』精神的口號。」[31] 這兩份文

28　瞿秋白：〈自民族主義至國際主義——五七—五四—五一〉，《上海大學週
　　刊》，第 1 期，1924 年 5 月 4 日。

29　育英：〈五四運動的真精神〉，《共進》，第 61 期，1924 年 5 月 10 日。

30　太雷：〈五四運動的意義與價值〉，《中國青年》，第 77、78 期，1925 年 5 月
　　2 日。

31　團中央青運史研究室、中央檔案館編：《中共中央青年運動文件選編》，北京：
　　中國青年出版社，1988 年，第 30、101 頁。

件顯示中共早期把紀念五四運動當作發動學生運動的一種方式和策略手段。

　　十年內戰時期，中共轉入地下。1929 年是五四運動十周年，共青團機關報《列寧青年》刊登得釗〈中國學生已往的光榮和今後的去路——紀念「五四」運動〉、少峰〈今年「五四」紀念節對於青年學生之希望〉兩文。前文分析了五四運動的缺點，「『五四』運動時代，中國工人階級尚未擴大，沒有在運動中起領導的作用。這次運動在一般學生領導之下，就不能走上革命的正軌（如單獨反日，沒有認清一切帝國主義國家都是中國民眾的敵人，甚至有濃厚的親美傾向），同時也不能持久。這個可說是『五四』運動的最大弱點。後來的『五卅』運動，因為是工人階級所領導的，就糾正了這種弱點了。」[32] 後文則針對南京政府利用紀念節進行政治動員提出對策，「『五一』、『五三』、『五四』、『五五』、『五七』、『五九』都到了，轟轟烈烈的『五卅』紀念也在眼前了！國民黨正在利用這些革命紀念節，來遮掩他們自己的反革命行為，同時都禁止民眾的一切紀念運動，我們必須堅決的起來反對，自動的起來舉行種種紀念運動，喚醒廣大民眾的革命意識，提高廣大民眾直接鬥爭的精神和運動」。[33] 5 月 8 日，《紅旗》第 20 期發表毛達〈「五四」運動與中國無產階級〉一文，提出重新估量五四運動的問題：「現在的南京政府也把每年的這一天看做一個紀念日。這就是說，國民黨這一天要企圖更擴大他的影響，特別是在學生群眾之中的影響。現在戰鬥的工人群眾也必須估量 1919 年『五四』事件的意義，以及後來

32　共青團中央辦公廳編：《中國青年運動歷史資料（1929 年 1 月－6 月）》，內部資料，1980 年，第 403 頁。

33　共青團中央辦公廳編：《中國青年運動歷史資料（1929 年 1 月－6 月）》，內部資料，1980 年，第 451 頁。

學生群眾參加歷次革命運動的意義。」[34] 在這個時期，中共中央的文件幾乎不再提及紀念「五四」。[35] 由於政治鬥爭的特殊性，這十年中共及左翼紀念「五四」的文字極其少見。在蘇區創刊的《紅色中華》（1931 年 12 月－ 1937 年 1 月 29 日）沒有發表專門紀念或談論「五四」的文字，只在 1933 年 4 月 20 日第 71 期一篇題為〈「五三」「五四」「五七」「五九」〉的文章裏夾雜着對「五四」的簡略介紹，篇幅不過一百多字，而對「五一」、「五卅」的紀念文字則較多出現在該報，説明當時共產黨的注意力已完全轉向蘇區的根據地和白區的工人運動，對學生運動淡然處之。[36] 身在上海的知名左翼作家茅盾發表過〈「五四」與民族革命文學〉（《文藝新聞》，1932 年 5 月 2 日）、〈從「五四」説起〉（《文學》，1934 年 4 月 1 日）兩篇以「五四」為主題的紀念文字，這可能是他的個人行為，算是一個例外。

　　中共對「五四」話語的強有力介入是在新啟蒙運動之後。從1936 年到 1937 年的新啟蒙運動是左翼與中共對「五四」以來文化思想發展狀況的一次大討論，也是力圖超越「五四」的一次大挺進，所謂「新啟蒙」的意圖即在於此。相關的討論已經不少，在此不作贅述。[37] 在新啟蒙運動中，張申府這位當年北大的學生以紀

34　共青團中央辦公廳編：《中國青年運動歷史資料（1929 年 1 月－6 月）》，內部資料，1980 年，第 480 頁。

35　在國共內戰的十年中，中共中央文件只有一處提及紀念五四的文字：「號召全國學生要繼續『五四』『五卅』與軍閥奮鬥的精神，與目前反動黑暗的政治奮鬥。」參見〈中央通告第四十三號〉（1929 年 8 月 6 日），收入團中央青運史研究室、中央檔案館編：《中共中央青年運動文件選編》，第 232 頁。

36　相關文件參見〈中央關於學生運動的鬥爭策略給江蘇省委的指示信〉（1929 年 11 月 3 日），收入《中共中央青年運動文件選編（1921 年 7 月－1949 年 9 月）》，第 248－254 頁；〈北京大學示威運動的意義及其前途〉（1932 年 1 月 1 日），《中國青年運動歷史資料》，第 10 冊，1980 年，第 14 頁。

37　參見李亮：《揚棄「五四」──新啟蒙運動研究》，上海：三聯書店，2012 年。

念的姿態發表過〈五四紀念與新啟蒙運動〉，對新啟蒙運動自有別解，以為新啟蒙運動「必是理性運動」，「在文化上，這個新啟蒙運動應該是綜合的」，「五四的缺欠是不免淺嘗」。[38] 黨內宣傳工作者如陳伯達、胡繩、何干之、艾思奇更多地是從馬克思主義立場對五四運動作出階級分析，對新文化運動張揚的個人主義給予「理性的批判」。在中共的話語系統中，五四運動開始成為建構新民主主義理論的出發點。

　　1937 年 6 月 15 日出版的《認識月刊》第 1 期發表陳伯達〈論「五四」新文化運動〉一文，該文稱：「『五四』——這只是表示了這次新文化運動整個時代的里程碑。這次新文化運動的整個時代，事實上應該上溯到民國四年《新青年》的出版（五四前四年），而以民國十年關於社會問題的討論和民國十二年所謂『人生觀之論戰』為終點（五四後四年），接着『人生觀之論戰』，便是政治上狂風暴雨的時代了。」這篇文章明確指定了五四新文化運動的時限（1915－1923 年）和範圍（從《新青年》創刊到「人生觀之論戰」）。後來人們使用「五四新文化運動」，或者廣義上的五四運動，其意大體沿承了陳文的意思，「五四新文化運動」遂作為一

38　張申府：〈五四紀念與新啟蒙運動〉，《北平新報》，1937 年 5 月 2 日。

個固定名詞流傳開來。[39] 該詞偏重運動的政治、文化雙重性質的說明，是將作為文化革新的新文化運動與作為政治事件的五四運動疊合在一起。

抗日戰爭時期，《新中華報》（1937 年 1 月 29 日由《紅色中華》改名而來）、《解放日報》（1941 年 5 月 16 日創刊，實由《新中華報》停刊後改名）是中共在延安的最重要報紙，也是紀念五四

39　「五四新文化運動」一詞相對「五四運動」出現較晚，它是一個複合詞，有將新文化運動和五四運動涵蓋在內之意。檢索現有的各種民國報刊數據庫可知，最早使用「五四新文化運動」一詞，可能是 1927 年 1 月 18 日《中國青年》第 148 期署名「定一」（即陸定一）的〈評性教育運動〉一文。該文在評述國內性教育運動的派別時，指出「性史」派「這派的代表是張競生。這派的形成，要從五四新文化運動說起。從五四以後接受新思潮的人的分化，使一部分跑到政治運動的路上，而另外一部分則鑽進了文學與藝術的圈子裏」。1931 年 3 月 27 日《申報》（上海版）發表了署名「文」的題為〈萍影社之「萍影」〉一文，內稱：「自五四新文化運動以後，青年精神生活的傾向就移轉入一個新的階段了。他們對於文藝的追求，實有彌補缺陷和安慰心靈的企圖，雖不免類多是自我的表現，可是在某種意義上的論斷，固未始不是青年急求心靈之歸宿的徵象。」1932 年 7 月 20 日《北斗》第 2 卷第 3、4 期刊載了署名「寒生」（即陽翰笙）的〈文藝大眾化與大眾文藝〉一文，表示：「中國資產階級所領導的五四新文化運動，也和它所參加的革命運動一樣，自從它背叛了革命，投降到帝國主義和封建殘餘的懷抱中後，在文化革命運動上（文藝運動包括在內）也同樣的實行了背叛，它不僅不去切實的實行文化革命，反而很嚴厲的來摧毀文化革命。」在該刊前一期，「易嘉」（即瞿秋白）發表過一篇題為「五四和新的文化革命」的文章，該文雖未使用「五四新文化運動」一詞，但已表達了類似陽翰笙一文的觀點，稱「五四是中國的資產階級的文化革命運動」，「中國五四時期的思想代表，至少有一部分是當時的真心的民權主義者──自然是資產階級的民權主義者。中國的文化生活在五四之後，的確開闢了一條新的道路。五四式的新文藝總算多少克服了所謂林琴南主義」。可見，這幾篇文章雖表述不盡一致，但大體認可五四新文化運動的轉折意義。1934 年《新文化》第 1 卷第 7、8 期發表汪德裕的〈五四新文化運動的缺點及其補救方法〉一文，這可能是在文章標題上第一次使用「五四新文化運動」一詞。這篇文章分析了「五四新文化運動之社會基礎」、「五四新文化運動的缺點」，其基本立場和觀點是秉持國民黨的三民主義。從以上所舉諸文來看，共產黨人（如陸定一、陽翰笙、陳伯達）、國民黨人（如汪德裕）、中間派人士在 1927－1937 年間，都曾使用過「五四新文化運動」一詞分析五四前後的新文化運動。陳伯達〈論「五四」新文化運動〉一文發表後，這一名詞的使用率逐漸頻繁。

運動的主要發聲陣地。《新中華報》1938 年 5 月 10 日刊登了艾思奇〈完成五四文化運動的任務〉，文中提到五四運動所追求的民主和科學精神並沒有完成，其原因「第一是由於封建勢力的頑強的存在，（因為它得到了帝國主義的支持），第二是由於五四，是民族文化的否定時代，不能不從民族本身的基礎上發揚起民主的科學的精神，新文化基礎是不堅固的」，「然而現在是完成的時候了。在目前最迫切的抗日前提之下，國共兩黨之親密地合作起來，而且又加上了各黨派的合作，共同為救國建國的大事業戰鬥」。5 月 20 日發表西北青年救國聯合會戰時短期青年訓練班的〈為紀念「五四」十九周年致全國青年〉，稱：「集合在青救會組織以內的廿多萬會員和集合在青訓班的一千多青年學生，工人，農民，商人和職員，願在全國同胞前面，立誓為繼承五四革命精神，完成中華民族解放而奮鬥到底。我們擁護全國青年救亡運動的統一，我們願在中央政府和蔣委員長領導之下，願在抗戰建國綱領的方針之下，與全國一切青年團體攜手合作。」從這兩篇文字可以看出，抗戰初期共產黨表達了與國民黨合作的真誠願望。

　　1939 年 3 月 18 日，陝甘寧邊區西北青年救國聯合會召開常委會，決定「從五月一日起到五月七日止為西青救兩周年紀念與青年參戰動員週。在五月四日依照各地環境舉行紀念及動員大會、晚會……以後每年五月四日為青救成立紀念日，並向全國青年提議定 5月 4 日為『中國青年節』」。[40]「五四」前夕，為紀念五四運動二十周年，4 月 5 日〈中央青委關於根據地紀念「五四」給北方局的指示〉提到「從『五一』到『五七』進行一個青年運動參戰運動週，

---

40 〈西北青救會兩周年紀念與青年參戰動員周的決定〉，《新中華報》，1939 年 4月 13 日。

西北青救並已提議『五四』定為青年節」。同日，〈中央青委關於
大後方紀念「五四」青年節工作給南方局、中原局、東南局的指
示〉提到「西北青救已提議『五四』為中國青年節，請在各青年團
體中宣傳和討論」。[41] 4 月 6 日，〈總政治部、中央青委關於部隊紀
念「五四」青年節工作的指示〉指出：「中央青委決定每年五月四
日為中國青年節，並於本年五四號召全國各地舉行擁護中國青年節
的運動及紀念西青救成立的兩周年。」[42] 這些是現在能找到的西北
青年救國聯合會決定將五四確定為青年節的最早依據。《新中華報》
4 月 28 日刊發胡喬木〈紀念中國青年節與國民精神總動員〉一文，
強調紀念五四在國民精神總動員中的作用：「五月全月是國民精神
總動員月，而五月四日，經過西北青年救國聯合會的提議和三民主
義青年團的決定，又是全國青年所一致承認的中國青年節。五四本
來就是中國青年運動史中極光榮的日子。到了二十年後的現在，
五四所開始的抗日救國事業已經得到了大大的發展，五四紀念日本
身也增加了新的意義。」從胡文的口氣看，五四青年節的確定，是
由西北青救會「提議」而由三青團「決定」。[43] 同日發表的艾思奇
〈五四文化運動在今日的意義〉一文特別提到，「五四文化運動所培
養出來的最大的兩株文化樹，就是中國的馬克思主義和發展了的三

41　團中央青運史研究室、中央檔案館編：《中共中央青年運動文件選編》，第
　　472 頁。

42　團中央青運史研究室、中央檔案館編：《中共中央青年運動文件選編》，第
　　473 頁。

43　1939 年 4 月 15 日，三青團中央團部在《中央日報》發出〈紀念五四運動　青
　　年團決定號召全國擴大發動　請中央定每年五四為青年節〉的動員和呼籲：「為
　　紀念五四運動，發揚民族精神，號召全國青年肩負抗戰建國重任起見，特規
　　定自五月一日起至七日止為青年運動週，請中央通令全國以每年五月四日為
　　『青年節』，並頒發紀念辦法十六條，通令各級團部策動當地青年響應施行。」
　　胡喬木上文實為對此呼籲的一個回應。這是抗戰前期國共兩黨良性互動、相
　　互配合的一個案例。

民主義」，他們「是五四文化運動裏生長出來的寶貴的果實，也是今天抗戰的認識基礎」，「今年的五四期間，我們進行着更進一步的文化運動來配合抗戰，我們在做精神總動員的運動」。國民精神總動員的三項基本原則是：國家至上，民族至上；軍事第一，勝利第一；意志集中，力量集中。將紀念五四運動與國民精神總動員結合在一起，反映了抗戰時期紀念「五四」的時代特色。

　　同年 5 月 4 日，毛澤東在出席抗大第五大隊坪場舉行的延安青年紀念五四運動二十周年大會上發表講話指出，「現在規定五月四日為中國青年節，這是很對的」，看一個青年是不是革命的，「只有一個標準，這就是看他願意不願意、並且實行不實行和廣大的工農群眾結合在一塊」。[44] 毛澤東的這篇講話後以〈青年運動的方向〉為題收入《毛澤東選集》，成為中共指導青年工作的理論經典。5 月 4 日至 5 日，中共領導人博古在《新華日報》也發表了長篇論文〈五四運動——中國現代史研究之一〉，對五四運動的歷史背景、發生經過和思想基礎做了系統論述，特別指出五四運動值得注意的四點，其中第二點對辛亥革命與五四運動的比較頗有意思，「直到辛亥革命止，中國的革命者在進行革命鬥爭常用的手段是：集合志士，聯絡會黨，運動軍隊，實行起義。而五四運動則教會了中國人民使用新鬥爭方法：罷課、罷工、罷市、街頭演講、群眾示威、抵貨等等。中國革命者的組織形式則直到辛亥革命為止沒有越出帶着濃厚宗教意味的秘密結社之外，辛亥革命時則在中山先生的領導開始創建了政黨。而五四運動則教會中國人民使用新的群眾組織形式：工會、學生會、全國學生聯合會等等。自然，這種鬥爭方法和

44　中共中央文獻研究室編：《毛澤東年譜（1897－1949）》，中卷，北京：人民出版社、中央文獻出版社，1993 年，第 122 頁。

組織形式，在五四以前亦曾經局部的出現過，但是使這些鬥爭方法和組織形式在全國規模的運動中，在千百萬群眾親身的經歷中來大規模的成功的使用，則自五四運動開始。因之，五四運動是中國人民革命的方法與組織形式的一個重大的轉變。這對於中國革命運動以後的發展，有着重大影響和意義」。[45] 博古的這番痛快淋漓的議論，表面上是在禮讚五四運動，其實是對其運用自如的城市鬥爭的辯護。毛、博紀念五四運動言論的細微差異，微妙地折射了中共黨內對民主革命道路和鬥爭策略認識上的矛盾和差異。

《新中華報》1940 年 5 月 7 日發表社論〈紀念五四廿一周年〉、吳玉章〈中國青年偉大光榮歷史的一頁——在延安「五四」集會上的報告〉。社論說：「『五四運動』的掀起，表現了中國青年的英勇果敢，表現了中國青年對政治生活的接近，使中國青年清楚的認識了只有打倒日本帝國主義，推翻封建統治，才是中國青年真正出路。『五四』運動是全中國人民爭取民族解放、社會解放的一個偉大覺醒，它繼承了太平天國、黃花崗烈士、辛亥革命的光榮的革命傳統，創造了新的群眾的組織、新的鬥爭形式，給予以後 1925 － 27 年大革命及目前進行的抗日戰爭以豐富的經驗教訓。」對五四運動的歷史作用及其影響作了新的肯定。5 月 10 日發表陳伯達〈紀念「五四」〉，這篇精當的文字表現了一個革命者對大時代的感慨：「從五四到現在，中國已經歷過許多的大風暴。這時期內歷史內容的豐富，實為中國過去數千年所未有。活在這個偉大時代，並能投身於偉大時代的火爐中，和時代的敵人搏鬥，這的確是人生的幸事。」1941 年 5 月 7 日刊登時任中共中央代理宣傳部長凱豐的〈今

45　博古：〈五四運動——中國現代史研究之一〉（下），《新華日報》，1939 年 5 月 5 日。

年的五四與中國青年〉一文，它肯定五四運動具有三點意義：一是「在中國的資產階級民主革命中，無產階級踏上了政治舞台，它的代表人就是中國共產黨」；二是「在中國的文化運動上開闢了一條新文化運動的道路，批判的接受中國舊的文化傳統，開始介紹歐洲的先進的文化思想，這是在中國科學社會主義思想傳播的先聲」；三是「中國青年有組織的走向了中國革命的政治舞台」。凱豐對五四的總結與毛澤東一樣，朝着建構中共新民主主義理論的方向發展。

　　1942 年 5 月 4 日《解放日報》發表社論〈發揚五四的啟蒙精神〉、艾思奇〈五四文化運動中的一個重要爭論〉、蔣南翔〈論現在的學生運動〉。社論熟練地運用新民主主義理論詮釋五四運動，確認五四運動的歷史成績是「用來反對封建社會的意識支柱——禮教，反對孔子的教條」，是「文學革命的提倡」。五四運動的國際背景「是在第一次世界大戰和俄國十月革命的國際條件下產生的」。五四運動造就了「最光輝的產物」——馬克思主義與中國共產黨。「沒有五四運動的民族覺悟和思想解放，不徹底摧毀思想上的舊教條之束縛，要中國人民能接受科學的共產主義是不可想像的」。同時指出五四運動也有它的缺陷：「五四曾徹底摧毀了中國歷史上的舊教條，但五四以後卻在中國思想界出現了一個新的偏向，新的教條主義：割斷了中國歷史和脫離了中國現狀，專門搬弄外國的學術詞句。」把紀念五四運動與批判教條主義結合起來，這與當時黨內鬥爭有一定關係。1943 年 5 月 4 日發表亞靈〈五四運動〉。1946 年 5 月 4 日發表社論〈紀念五四，貫徹為民主自由的鬥爭〉、徐特立〈紀念「五四」〉。徐文特別提到五四運動的群眾基礎，「『五四』運動，有些人把它縮小為學生運動，忽略了當時各階層的參加，忽略了當時新文化運動的啟蒙作用，這是不對的。『五四』運動有廣大的群眾基礎，學生只是當時運動的發動者、首

倡者，起了先鋒作用與橋樑作用。一切革命運動，必須有廣大的群眾參加，才有力量，『五四』運動的偉大就在於此」。對新文化運動提出過的「勞工神聖」口號，徐特立亦給予高度讚揚，稱「這一口號給中國歷史上賤視勞動者的思想一個破天荒的打擊」；紀念五四，「發掘光大『勞工神聖』的思想，知識份子更應進一步與工農結合，建立為人民服務的人生觀」。[46] 徐特立這些對五四運動的認識，多少具有個人經驗的成分。

　　《新華日報》1938 年 1 月 11 日創刊，是中共第一張向全國公開發行的報紙。以《新華日報》為陣地，中共展開對五四運動的紀念和宣傳。1938 年 5 月 4 日刊發社論〈紀念五四〉，這是中共報紙第一次刊發紀念五四運動的社論，之後成為定例，每逢五四，中共各大報刊均發文紀念五四運動。同日登出的潘梓年〈紀念「五四」的光榮傳統〉，讚揚「『五四』不特是中國學生運動史上很光榮的一頁，同時也是中國革命史——中國民族解放史上很光榮的一頁」。1939 年 5 月 4 日發表社論〈發揚「五四」運動的精神〉、博古〈五四運動〉、鄧穎超〈五四運動的片斷回憶〉。社論高度評價了五四運動的思想意義，「在政治方面，它演變成為一個爭取民主政治思想的運動；在思想方面，它演變成為一個反封建思想、反舊孔教、反玄學而推崇科學思想的鬥爭；在文學方面，它提出『文學革命』的口號，為今日中國的新文學運動開了一條發展之路。所以『五四』運動，除在我國民族解放運動鬥爭的歷史上具有偉大的意義，還是整個中國新文化運動和思想啟蒙運動史上的一個大的轉變點」。1942 年 5 月 4 日發表華崗〈「五四」的來由與歷史的鞭策〉，這篇文字以生動的敘事筆調論述了五四運動發生的國內、國際環

46　徐特立：〈紀念「五四」〉，《解放日報》，1946 年 5 月 4 日。

境，五四運動的過程，五四運動的歷史意義，可視為華崗後來撰寫的《五四運動史》的提綱。1944 年 5 月 4 日發表林柏〈五四運動憶感〉、林煥成〈五四運動與青年思想〉。

　　《群眾》是中共中央機關刊物，1937 年 12 月 11 日創刊。為紀念五四運動，1942 年 5 月 1 日出版的第 7 卷第 8 期刊有華崗〈論五四運動與學術研究〉、張申府〈五四當年與今日〉、蕭岩〈「五四」告大後方青年〉、陳素〈「五四」與婦女運動〉。1943 年 6 月 1 日出版的第 8 卷第 9 期刊有止戈〈科學與民主〉。1944 年 5 月 5 日出版的第 9 卷第 8、9 期刊有潘梓年〈提高自己，改造自己〉。1945 年 5 月 5 日第 10 卷第 9 期刊有〈知識青年與民主運動〉、郭沫若〈「五四」課題的重提〉。1948 年 5 月 6 日出版的第 2 卷第 17 期刊有荃麟〈「五四」的歷史意義〉。1949 年 5 月 5 日出版的第 3 卷第 19 期發表林石父（華崗）〈中國新民主主義文化的產生和發展——紀念五四運動三十周年〉，將五四運動置於新民主主義革命理論的框架中，對五四運動及其以後中國新文化的歷程作了系統總結。一般來說，《群眾》所刊文章，通俗易懂，說理性強，愈到後面黨性色彩逐漸濃厚，邵荃麟一文多處引用毛澤東對五四運動的論斷，運用新民主主義理論解析五四運動，基本上是對毛澤東思想的詮釋。

　　《中國青年》1939 年 4 月在延安復刊。5 月出版的第 1 卷第 2 期刊登紀念五四運動的文章有〈為紀念中國青年節聯合宣言〉，毛澤東、陳紹禹〈五四運動的二十年——感想與回憶〉，李昌〈紀念中國青年節〉。在此文之後，編輯選擇了一段「孫中山先生論五四」的語錄：「試觀今次之學生運動，不過因被激而興，竟以極短之期間，收絕倫之巨果，可見結合者即強也。」（〈在寰球中國學生會講演〉）孫中山對學生運動的這段評語顯為共產黨所讚賞。同期還刊登了鄧發〈紀念今年青年國際節〉、劉光〈國際青年節的歷史與意義〉兩文，反映當時共產黨紀念「青年節」的國際意識。

歐美與基督教有關的節日是隨進入中土的傳教士而來，但一些革命
性紀念節日的引進則多與共產黨的宣傳有關。1940 年 5 月 5 日出
版的第 2 卷第 7 期發表劉光〈「五四」以來中國革命知識份子的道
路〉一文，該文強調，「『五四』不僅是中國民主革命從資產階級
舊範疇轉到新範疇的新民主主義革命的分水嶺，而且是中國知識青
年熱心追求先進革命學說和走上群眾化的偉大的轉變點」，「實在
的，判斷一個知識份子是不是徹底革命的，就要看他是不是與工農
相結合，這是唯一無二的標準。『五四』以來，我們看見過一部分
知識份子不願意與工農民眾相結合，或者沒有決心與工農民眾結合
到底，後來都弄得一事無成或走投無路」。文章點名批評陳獨秀、
張國燾這些五四運動時代的「要角」後來成為「革命的叛徒」，胡
適、戴季陶這些五四時代的「健將」後來「走到與統治階級一塊去
了」，汪精衛、周佛海、陳公博、周作人之流在五四時代「曾經大
露頭角」，「今日變成最可恥的民族叛徒」，指出「毛澤東及其戰友
們為代表的道路，即知識份子群眾化，『永遠與工農大眾相結合』，
為勞動者和被壓迫人民徹底解放而奮鬥的道路」才是擺在中國知識
份子面前可走的道路。[47] 這實際上對當時中國知識份子的類型做了
分界處理。

　　有趣的是，這一時期重慶也辦有同名異刊的《中國青年》，在
當時亦具影響力。該刊 1940 年 4 月出版的第 2 卷第 4 期刊登紀念
五四運動的文章共四篇，即陳誠〈告革命青年〉、譚平山〈紀念偉
大的「五四」〉、孫桐樓〈從政治角度談「青年運動」〉、黎琴南
〈「五四運動」史的檢討〉。除陳誠外，其他三人思想實為左傾，因

47　劉光：〈「五四」以來中國革命知識份子的道路〉，《中國青年》，第 2 卷第 7
　　期，1940 年 5 月 5 日。

此重慶版《中國青年》雖係國民黨辦刊物，但在抗戰時期為團結其他黨派，也表現了一定的包容度，國民黨色彩相對淡化。如黎文對評價五四運動提出了三點意見：「一、檢討五四運動的歷史，所以要從清初的學術思想鬥爭開始，不僅為找出它的歷史淵源，而且為說明它的必然性」，「二、五四運動，解放了青年的思想，組織了全國的青年，提高了青年的社會地位，同時也衡量了他在社會運動中所具有的力量之比重，加重了他的責任」，「三、青年經過了五四運動的訓練，養成了反抗日本帝國主義的傳統」。[48] 1942 年 5 月出版的第 6 卷第 5 期刊出紀念五四運動的文章有朱光潛〈五四運動的意義和影響〉、吳之椿〈五四運動在中國近代史上的意義〉、劉雲非〈國民革命與五四運動〉、許德珩〈發揮「五四」時代的青年精神——五四運動的回憶與感念〉、洪瑞釗〈對於五四運動的新認識〉、樊德芬〈五四運動之新舊意義〉。朱光潛認為，五四運動意義重大，「它不僅是中華民國成立以來，簡直是中國有史以來，唯一彌漫全國的民眾運動」，「五四運動是中國民眾第一次集體地覺悟到自己的責任，第一次表現公同意志於公同行動，第一次顯出民眾的偉大力量」。[49] 吳之椿分析了「五四」前後的變化，「在政治方面，『五四』以前，是紊亂達於極點，找不出任何建樹；『五四』以後才開始擴〔廓〕清軍閥，建設統一。在對外方面，『五四』以前中國伏處於加緊的外患壓迫之下，而未發出反抗的呼聲；『五四』以後中國民族對於外患發出的怒吼，可以概括在中山先生所揭出的『取消不平等條約』的口號之中」，「在領導國事的人物方面，『五四』以前，在中國負實際責任的人，除中國國民黨以外，還有

48　黎琴南：〈「五四運動」史的檢討〉，《中國青年》，第 2 卷第 4 期，1940 年 4 月。

49　朱光潛：〈五四運動的意義和影響〉，《中國青年》，第 6 卷第 5 期，1942 年 5 月。

各黨各派的人，以及政客軍閥；『五四』以後，國事的領導逐漸移歸國民黨獨掌」，其中孫中山、蔡元培、蔣介石三人最重要。[50] 吳氏的觀點很明顯是偏袒國民黨。抗戰時期，國共兩黨都意識到青年在抗戰中的主力軍作用，誰得到青年的擁護，誰就擁有未來，雙方展開了一場青年資源的爭奪戰。

　　在抗戰時期紀念五四運動的左翼刊物中，《中蘇文化》（1936年 5 月創刊）值得一提。該刊 1940 年 5 月出版的第 6 卷第 3 期專刊紀念「五四」，文章分兩組：一組「紀念五四」包括王昆侖〈五四紀念憶蔡孑民先生〉、馬哲民〈我所認識的「五四運動」〉、張申府〈五四的當年與今日〉、呂振羽〈五四運動的歷史意義與教訓〉、施復亮〈回憶五四運動〉；一組「五四運動與新文藝」包括宗白華〈我所見到五四時代的一方面〉、胡風〈文學上的「五四」〉、以群〈新文藝底成果〉、姚蓬子〈「五四」精神〉、黃芝岡〈胡適之先生的主張〉、王平陵〈「五四」與新文藝運動〉、楊騷〈五四精神和舊瓶主義〉、常任俠〈五四運動與中國新詩的發展〉、向林冰〈大眾化內容與通俗化形式〉、鄭伯奇〈五四運動與文學革命〉。內容偏重五四新文學，這是抗戰時期刊發紀念五四運動的文章篇幅量最大的一次，其中呂振羽對五四運動發生的經濟基礎、五四運動的缺陷、五四運動的內容作了符合馬克思主義的解釋。「自胡適、陳仲甫等先生以至進步的青年，對民族舊文化只偏重於『破』的方面，對民族舊文化之優良傳統的繼承，還沒有從『立』的方面注意到」。他對陳獨秀、胡適新文化觀所做的批評，對李大釗新哲學的見解的

50　吳之椿：〈五四運動在中國近代史上的意義〉，《中國青年》，第 6 卷第 5 期，1942 年 5 月。

讚賞，顯示其作為馬克思主義者的特性。[51]

　　此外，《中國文化》1940 年 5 月 25 日出版的第 1 卷第 3 期發表艾思奇〈五四文化運動的特點〉、周揚〈關於「五四」文學革命的二三零感〉。1941 年 5 月 20 日第 2 卷第 6 期發表社論〈紀念今年五四的奮鬥方針〉。艾思奇認為「五四運動的主要形式是文化上的大革命。它只在思想上準備了 1925 至 27 年的第一次大革命，本身並不是一個政治形式上的革命運動」；「五四文化運動，就是新民主主義革命運動的準備，或者說，五四文化運動是結束了中國的舊民主主義時代，而開始了新民主主義革命的時代」。他提到五四文化運動最重要的特點，是與戊戌時期的文化運動不同，「對於舊中國文化思想進攻的猛烈性是其表現之一」。值得注意的是，艾思奇使用「五四文化運動」，迴避用「五四新文化運動」一詞，這似乎是他個人堅持的一個提法。[52] 一字之去，對一個富有哲學素養、講究邏輯的理論家來說，當然是有意為之，其中的差異值得人們嚼味。

　　《人民日報》是中共中央機關報，1948 年 6 月 15 日在河北省平山縣里莊創刊。1949 年 3 月 15 日，人民日報社隨中央機關遷入北平。為紀念五四運動三十周年，5 月 4 日《人民日報》第 1、2 版刊登了陳伯達〈五四運動與知識份子的道路〉長文；第 3 版刊登的是「參考資料」〈五四運動介紹〉；第 4 版闢「五四運動三十周年紀念特刊」，刊登〈毛澤東論「五四運動」〉（內收〈新民主主義論〉語錄三段、〈反對黨八股〉語錄一段）、吳玉章〈紀念「五四」

51　參見呂振羽：〈五四運動的歷史意義與教訓〉，《中蘇文化》，第 6 卷第 3 期，1940 年 5 月 5 日。

52　另參見艾思奇：〈五四文化運動在今日的意義〉，《新中華日報》，1939 年 4 月 28 日；艾思奇：〈五四文化運動中的一個重要爭論〉，《解放日報》，1942 年 5 月 4 日。

運動三十周年應有的認識〉；第 6 版刊登了俞平伯〈回顧與前瞻〉、
葉聖陶〈不斷的進步〉、宋雲彬〈從「五四」看知識份子〉、何
家槐〈唯一的真理〉、王亞平〈「五四」哺育了我〉、臧克家〈會
師〉、柏生〈幾個「五四」時代的人物訪問記〉。6 月，新華書店
出版《五四卅周年紀念專輯》，收入這年已經刊發的紀念五四運動
的署名文章三十七篇，其中有不少出自民主人士或知名作家之手，
有些當年參加五四運動的北大學生的表態尤為引人注目。俞平伯回
憶過去每逢五四，自己總是推託寫紀念文字，「今年卻不然了。大
大的不同了，非但三十年為一世值得紀念，大時代的確已到了」。[53]
楊振聲也無比感歎道：「許多在五四時代前進的份子，現在蹩在時
代的後面了，像我便是一個。」他自我檢討道：「這前後三十年間，
我也並非在睡覺，卻是不夠警醒的；也並非不感苦惱，卻是找不到
出路。我是悶在葫蘆裏了，這葫蘆是以個人主義為表裏的。」[54] 魏
建功感慨時代的驟變帶來的個人覺悟：「對於『五四』給我們的認
識，深深地感到所謂河東變成河西的意義。這意義使我發生極高度
的警悟」，「檢討過去，可憐摸索的人，改造了三十年，縱未滅亡，
已屬落伍，偏重個性，離群閉塞，只知道消極不滿意，而忽略了積
極建設工作。」[55] 羅常培更是豪邁地說：「『五四』是中華民族要求
解放的啟蒙運動，如今不單『五四』的策源地——北平——早已解
放，眼看着中國就要全部解放了。先烈犧牲了若許頭顱鮮血，人民
受了千辛萬苦，所換得所企盼的日子，居然一旦到來，這的確是自
有『五四』以來第一件痛快事！」「『五四』既然到三十歲了，咱

---

53 俞平伯：〈回顧與前瞻〉，《「五四」卅周年紀念專輯》，北平：新華書店，
    1949 年，第 174 頁。
54 楊振聲：〈我蹩在時代的後面〉，《進步日報》，1949 年 5 月 4 日。
55 魏建功：〈「五四」三十年〉，《「五四」卅周年紀念專輯》，第 178－181 頁。

們大家得要拿出成人的氣魂來，不要憧憬過去的光榮，必須企圖未來的創造！」[56] 四位老北大人面對即將到來的政權更替，都感受到新時代的來臨對自己的壓力。這本紀念集是中共運用新民主主義理論闡發五四運動的典型話語文本，對以後三十年中國大陸的五四運動史研究影響深遠。

5 月 4 日當天，北平舉行盛大的紀念集會，據報「本市北京大學、師範大學、清華大學、輔仁大學等八十餘大、中學校及青年團體等單位，分地區舉行盛大的『五四』三十周年紀念。參加紀念的大中學生工人共約三萬一千餘人。各校分別邀請工人代表趙振邦同志及民主人士馬敘倫、茅盾、張志讓等先生，費青教授等出席講話」。[57] 對於中共來說，1949 年紀念五四運動，不僅僅是奏響慶祝新民主主義革命勝利的凱旋曲，而且是為中共新政權建構意識形態做了重要鋪墊。

1949 年 12 月 23 日，中華人民共和國政務院頒佈的〈全國年節及紀念日放假的辦法〉規定，5 月 4 日為中國青年節，「青年節（5 月 4 日）這一天，14 周歲以上的青年放假半天」。從此，五四青年節成為國家法定的節日。民國時期「紅五月」的其他紀念日子（除五一國際勞動節）悄然隱去，婦女節、勞動節、兒童節都採國際節（International Day），唯獨青年節是中國青年節，顯示紀念「五四」的國族性和愛國性。

綜上來看，共產黨報刊開始大張旗鼓地紀念五四運動是在抗戰時期，抗戰來臨前夕開展的新啟蒙運動為此做了重要鋪墊。中共

56　羅常培：〈紀念「五四」的第三十年〉，《「五四」卅周年紀念專輯》，第182－184 頁。

57　〈青年歌聲響徹古都！平市三萬大中學生集會遊行紀念五四　葉市長號召青年學習建國工作〉，《人民日報》，1949 年 5 月 5 日。

的「五四」話語系統是以毛澤東的新民主主義理論為指導，經黨內
理論家和歷史學者陳伯達、胡喬木、艾思奇、呂振羽、周揚、胡
繩、華崗等人闡發，逐漸形成並發生影響的。相對國民黨比較單調
的三民主義「五四」觀，共產黨的新民主主義「五四」觀更具理論
形態，其論述方式也更貼近現代意義上的社會科學。共產黨在抗戰
以後密集組織紀念「五四」的報刊輿論宣傳，青年受其影響日益左
傾，國民黨逐漸陷入被動。

四、中間派自由人士的報刊紀念「五四」

　　自由主義與五四運動有着密切的關係，紀念「五四」、闡釋
「五四」是其自認不可推卸的責任。在早先《晨報》紀念「五四」
的作者群中，便可見到蔡元培、胡適這些人的名字。蔡元培本屬國
民黨，但他紀念五四運動的言論卻是從一個職業教育家的立場出
發，規勸學生「最要緊的是專心研究學問。試問現在一切政治社
會的大問題，沒有學問，怎樣解決？有了學問，還恐怕解決不了
嗎？」因此，「專心增進學識，修養道德，鍛煉身體」，這是他對
學生界的希望。[58] 南京國民政府時期，自由主義者和中間派勢力受
到嚴重打壓，圍剿人權派，殺害中國民權保障同盟總幹事楊杏佛，
暗殺《申報》總經理史量才就是明證。在這樣嚴禁的空氣下，自由
派的言論空間明顯受到限制，以紀念「五四」為噱頭表現其思想性
格的文字只是依稀可見，胡適的〈紀念「五四」〉（《獨立評論》第

58　蔡元培：〈去年五月四日以來的回顧與今後的希望〉，《晨報》，1920 年 5 月 4
　　日。

149 號，1935 年 5 月 5 日）、〈個人自由與社會進步——再談五四運動〉（《獨立評論》第 150 號，1935 年 5 月 12 日），[59] 張奚若的〈國民人格之培養〉（《大公報》1935 年 5 月 5 日）、〈再論國民人格〉（《獨立評論》第 152 號，1935 年 5 月 26 日）可謂代表。胡、張兩人都充分肯定五四運動內含的個人主義和思想解放，呼籲尊重國民人格和個人自由，胡適曾說：「爭你們個人的自由，便是為國家爭自由！爭你們自己的人格，便是為國家爭人格！自由平等的國家不是一群奴才建造得起來的。」[60] 張奚若也認為，「今日中國的政治領袖是應該特別注意為國家培養這種人格，因為中國數千年來專制政治下的人民都是被動的，都是對於國事漠不關心的，都是沒有國民人格的」，[61]「國家不過是個人的集合體；沒有健全的個人，不會有健全的國家……完成個人解放，培養國民人格，是建設新社會新國家的基本工作」。[62] 這種維護個人主義的聲音極為稀有。《北平晨報》1934 年 5 月 5 日發表題為「燦爛光榮『五四』昨在黯淡中度過」的報道，顯示時人對紀念五四運動的冷淡。一年後，胡適禁不住哀歎，「這年頭是『五四運動』最不時髦的年頭。前天五四，除了北京大學依慣例承認這個北大紀念日之外，全國的人都不注意這個日子了」。[63]「五四」只是孤獨的北大人的節日，這大概是當時紀念「五四」遭遇的真實境況。1937 年 5 月 4 日《益世報》刊發社

59　有關胡適對五四運動的論述參見拙作〈自由主義與五四傳統——胡適對五四運動的歷史詮釋〉，收入歐陽哲生：《五四運動的歷史詮釋》，北京：北京大學出版社，2013 年，第 222－241 頁。

60　胡適：〈介紹我自己的思想〉，《胡適文存四集》，卷四。收入歐陽哲生編：《胡適文集》，第 5 冊，北京：北京大學出版社，1998 年，第 511－512 頁。

61　張奚若：〈國民人格之培養〉，《大公報》（天津），1935 年 5 月 5 日。

62　張奚若：〈再論國民人格〉，《獨立評論》，第 152 號，1935 年 5 月 26 日。

63　胡適：〈個人自由與社會進步〉，《獨立評論》，第 150 號，1935 年 5 月 12 日。

論〈五四感言〉道出了其中的苦衷:「在今日中國,不但發動一個愛國運動,人民沒有了自由,即令紀念一個歷史上的愛國運動,人民亦沒有了自由。在今日不但人民在愛國運動上,沒有了自由,即今追念一個過去的愛國運動,人民亦沒有自由。這是過甚其詞的議論嗎?青年學生們今日且閉着眼睛,想想自己今日的處境,是否如是?以今比昔,民國八年豈不是成了黃金時代?」原來人民失去自由才是不能紀念「五四」的根本原因。

抗戰以後,中間派自由人士積極參政,周旋於國共之間,為抗戰出謀劃策,紀念「五四」成為其表達政治訴求的一種方式,《大公報》是他們代表性的言論陣地。在《大公報》的作者名單裏,既有胡適、傅斯年這些最具影響力的自由主義者,也有像茅盾、鄭振鐸這樣的左翼人士,《大公報》的中間派立場從其約稿作者可見一斑。

《大公報》1941 年 5 月 4 日發表一組紀念五四運動的文章,包括陶百川〈我替青年上陳情表〉、陳立夫〈從五四到七七〉、譚平山〈「五四」運動的價值〉、陳慶瑜〈五四運動的新檢討〉、林同濟〈從五四到今天——中國思想去向的一轉變〉。這一組紀念「五四」的文字多為國民黨黨員所撰,他們顯露出在抗戰這一大背景下的特殊國家需求。陳慶瑜呼籲,「堅決擁護和執行自力更生的外交政策」,「重新認識自己對國家民族所應負的使命——我們在今天緬懷『五四』時代青年前輩的偉業,興奮萬千,感慨萬千,自不恃!然而歷史賦予現階段青年的使命只有一個——為實現三民主義而奮鬥」[64] 林同濟認同思想界的新動向是「從自由到皈依」、「從權利到義務」、「從平等到功用」、「從浪漫到實現」、「從理論到行

64　陳慶瑜:〈五四運動的新檢討〉,《大公報》(重慶),1941 年 5 月 4 日。

動」、「從公理到自力」、「從理智到意志」。[65] 這些轉變似乎都是因應抗戰的需要。在抗戰這一新歷史背景下，知識份子對民族需要、國家意志有了新的認同。

《大公報》在 1941 年 9 月 6 日張季鸞逝世後，王芸生接任總編輯。王芸生對紀念五四運動抱有熱情，其職業新聞人的操守主要體現在堅守新聞自由的自由主義信念。在他接任《大公報》總編輯的日子裏，幾乎年年都不忘紀念「五四」，《大公報》遂成為中間派或自由人士紀念「五四」的一塊輿論陣地。1942 年 5 月 4 日，《大公報》刊出社評〈五四精神與中國外交〉（此文實為王芸生所寫）。當時正逢國民黨中央下令停止紀念「五四」的活動，社評對此特別評論道：「中央以五四非法定紀念日，特電各省市，勿舉行紀念會」，「當然是無取於學生干政之風」。該報同日發表王芸生〈為青年憂，為國家懼〉、李長之〈五四運動之文化的意義及其評價〉、上官雲遍〈緬懷五四〉三文，明顯表示其在紀念「五四」問題上不同於國民黨的態度。李長之不點名地批評胡適「五四精神是中國的文藝復興」一說，認為五四精神應該是啟蒙運動。他以為啟蒙運動的特點是「明白清楚」，這「正是五四時代的文化姿態。這樣的一個象徵人物，就是胡適」。他定性五四運動「是一個移植的文化運動」，「是一個資本主義的文化運動」，「在文化上是一個未得自然發育的民族主義運動」，「五四這個時代在文化上最大的成就是自然科學」，「五四文化運動可看做是西洋思想演進的一種匆遽的重演」。[66] 1943 年 5 月 4 日刊有社評〈五四與青年〉。1944 年 5 月

65　林同濟：〈從五四到今天——中國思想去向的一轉變〉，《大公報》（重慶），1941 年 5 月 4 日。

66　李長之：〈五四運動之文化的意義及其評價〉，《大公報》（重慶），1942 年 5 月 4 日。

4 日刊出傅斯年〈「五四」二十五年〉。針對蔣介石在《中國之命運》中重彈恢復民族固有道德的老調，傅文發表了不同之見：「恢復民族的固有道德，誠為必要，這是不容懷疑的。然而滌蕩傳統的瑕穢，亦為必要，這也是不容疑的，假如我們必須頭上肩上背上拖着一個四千年的垃圾箱，我們如何還有氣力做一個抗敵勞動的近代國民？如何還有精神去對西洋文明『迎頭趕上去』？」這篇文字肯定「五四」重新估定傳統的價值，「五四」提倡民主、科學，顯示了傅氏對現代性的堅卓不移之一面。1945 年 5 月 4 日刊有〈五四雜感〉、茅盾〈文藝節的感想〉。1945 年是抗戰時期最後一個「五四」。面對即將來臨的勝利，茅盾放眼世界，俯視國艱，心情複雜，感慨萬千。世界將要發生的大變局和中國處處的脫節，讓其「不能不憂慮反省以至坐臥不安」，「時勢的要求，一天比一天急迫了，文藝必須配合整個的民主潮流，『深入社會，面向人民』，表現人民的喜怒愛憎，説出人民心坎裏的話語。文藝工作者工作的對象不能不從城市讀者觀眾群的小天地擴展開去，這是為了擴大影響，同時也為了充實自己。客觀的困難和束縛，要努力以求解除，主觀的能力也要努力增強。讓我們在總結經驗，改正錯誤的新起點上，重振抗戰初期文藝運動那種闊大而活潑的作風。世界在前進，中國也不能不前進，中國的文藝運動也一定得前進」，表現了一個中國文藝工作者要趕上時代要求的急迫心情。

1947 年為紀念五四運動二十八周年，《大公報》特闢紀念專輯。5 月 3 日至 5 日刊登子岡〈「五四」又要到來了〉，5 月 4 日刊登社評〈「五四」紀念〉、〈文藝節感言〉、胡適〈「五四」的第二十八周年〉、鄭振鐸〈迎第三屆文藝節〉、丁易〈「五四」與文藝節〉、冶秋〈「五四」前後的魯迅先生〉、許傑〈在文協旗幟下〉、馮至〈那時——一個中年人述説五四以後的那幾年〉（詩）、吳之椿〈紀念「五四」〉、黎地〈紀念文藝節〉，上海版《大公報》還

刊登了調孚〈雜憶五四時候的出版界〉、周策縱〈依新裝，評舊制
——論五四運動的意義及其特徵〉。5 月 5 日「五四紀念特刊」刊
出靜遠〈迎接新的五四〉，上海版《大公報》刊出蔡尚思〈中國學
生運動述評〉、〈中國文藝往那裏走〉。在國共大打內戰之時，如此
大篇幅地刊登紀念五四運動的文字，表面上看去是《大公報》紀念
「五四」，實在是反映了《大公報》同人對時局的憂慮和焦慮。胡
適沒有像過去紀念「五四」的文字那樣，高舉個人主義和思想自由
的旗幟，而是引用 1920 年 1 月 29 日孫中山〈致海外同志書〉稱讚
北大學生發動五四運動的那段名言，以為「最可以表示當時一位深
思遠慮的政治家對於五四運動的前因後果的公平估價」。胡適反覆
讚揚孫中山，實際上是向執政的國民黨發出溫和地忠告，「中山先
生把當時的各種潮流綜合起來，叫做『新文化運動』，他承認『此
種新文化運動在我國今日誠思想界空前之大變動』，『實為最有價
值之事』」，「中山先生是個革命領袖，所以他最能了解這個『思想
界空前之大變動』在革命事業上的重要性」。[67] 如果說胡適的文章
是他在大陸時期最後一次發表有關「五四」的文字，那麼，後來成
為五四運動史研究專家的周策縱的紀念文章，則是他系統討論五四
運動的處女作。周策縱討論了已有五四運動的兩種論斷，即胡適的
五四運動是中國文藝復興，李長之的五四運動是啟蒙運動兩說，表
示「以『啟蒙運動』比擬五四運動，只能表示其精神上某種特徵的
相似，而不能盡括其歷史的內在意義」。周認為，五四運動的內在
意義表現在它「是承洋務運動、維新運動與辛亥革命以後而展開的
如火如荼的文化運動與生活革命。它是中國文化史上一個偉大的轉
捩點，代表着近百年來『文化大破壞』的極峰，同時也是此後『文

67　胡適：〈「五四」的第二十八周年〉，《大公報》（天津），1947 年 5 月 4 日。

化大建設』的最低谷」。他總結五四運動的特徵:「是一個反抗傳統的文化運動」,「是一個點滴改革的文化運動」,「是一個移植的文化運動」。周文最後說:「時代在不斷的進步,五四雖然已經過去了,五四的餘波卻還在搖撼着我們的心靈,我們應該承認五四運動的偉大成就,也應該批判它的得失,好讓我們步入一個更新的更完美的時代。」[68] 在紀念五四運動的文字中很難看到像這樣平和的心態和學理的探討。就此來看,周策縱日後成為海外五四運動史研究權威,決非偶然。

　　1948 年 5 月 3 日,上海版《大公報》刊登〈德賽兩先生座談會〉。5 月 4 日蔡尚思〈科學的民主與民主的科學〉。同日天津版《大公報》刊登社評〈五四文藝節感言〉、秦天民〈懷念蔡子民先生〉、葉景莘〈五四運動何以爆發於民八之五月四日〉、〈紀念五四:北大民主廣場〉、沙克拓〈紀念五四,改造自己〉、周華〈從五四談知識份子〉、康迪〈跨過五四〉。4 月 29 日,為紀念五四運動,《大公報》舉行第二十次時事問題座談會,以「德先生與賽先生」為題,邀請知名人士任鴻雋、蔡尚思、林同濟、張志讓、黃炎培、劉咸、王天一、張孟聞、周建人參加。「編者按」稱,「儘管今天有三千人在南京開國大,但民主實不景氣,科學方面雖較五四時代進步很多,但還難令人滿意」。因此,舉行這場座談,「今後我們的途徑是什麼,我們怎樣的努力,給下一代的青年以正確的指示」。在座談會上,大家表達了對民主、科學在中國的現狀頗為不滿的情緒。[69]

　　四十年代是中間派知識份子最為活躍的時期,除《大公報》外,知識份子通過創辦刊物拓展公共空間,紀念屬於自己的節日,

68　周策縱:〈依新裝,評舊制——論五四運動的意義及其特徵〉,《大公報》(上海),1947 年 5 月 4 日。

69　〈德先生與賽先生〉,《大公報》(上海),1948 年 5 月 3 日。

這些刊物存續時間通常不長。如《讀書知識》（1940 年 4 月 1 日
創刊）在第 1 卷第 2 期闢有紀念五四運動的專輯，刊文有朱謙之
〈五四運動之史的追述〉、陳嘯江〈從社會史的觀點考察五四〉、
穆木天〈繼續和完成「五四」的文學革命的作業〉、劉光〈五四
運動與新舊文化的消長〉、彭慧〈「五四」與中國婦女〉、彭韜晦
〈「五四」以來中國青年運動的發展〉。這組文章的觀點明顯傾向進
步，朱謙之、陳嘯江的文章可以為證。朱謙之從經濟、政治、文
化三方面論述了五四運動的背景，並以一個「目擊者」的資格，
再現五四運動當時慷慨激昂的情形；至於五四精神的發揚，「在目
前國難比『五四』時嚴重和深刻了許多倍的時候，我們覺得更應
該把『五四』精神發揚光大，以拯救當前國家民族的危難」。他將
五四運動與抗戰時期的思想狀況做了比較，「『傾向於五四』時代
的新文化運動，仍不免於批評的、破壞的，乃至帶着散漫的、個人
主義的色彩；然而二十一年後的今日已顯然不同，顯然一致傾向於
一個理想一個目標一個國策之下，現在的新文化運動已經是建設
的，有組織的了」，這是從來沒有的好現象。[70] 陳嘯江比較了五四
運動與當下的抗戰救亡運動，「五四運動乃在民族資本幻想發展的
形勢下發生的，而救亡運動，則在民族資本發展完全無望的形勢下
發生的；五四運動的結果，是十三年北伐；而救亡運動的結果，則
為空前的全民抗戰的實現」。面對烽火連天的抗日救亡，他感慨地
說：「在民族存亡絕續關頭的今日，來作文紀念這富有冒險性、前
進性、原始性的五四運動，更令人傷感交集了。」從陳文分析五四
運動的背景強調經濟的變動，認為近代有價值的文化、政治運動是
以反帝反封建為對象，可見他是一個受到馬克思主義影響的學人。

70　朱謙之：〈五四運動之史的追述〉，《讀書知識》，第 1 卷第 2 期，1940 年 5 月。

　　《世界學生》於 1942 年 1 月 1 日創刊，社長杭立武，主編黃席群。5 月出版第 1 卷第 5 期為「五四特輯」，刊文六篇，內容可分為兩大類：一類是宣傳、推廣五四精神，如吳敬恒〈五四產生了兩位新先生〉、王芸生〈五四精神與中國外交〉、杭立武〈五四精神與青年今後努力之方向〉；一類是當年北大師生回憶五四運動的文字，如王星拱〈五四的回憶〉、顧頡剛〈我對於五四運動的感想〉、許德珩〈「五四運動」的回憶與感念〉、〈蔡孑民先生之五四（節錄蔡先生遺著）〉。有學者對這組紀念五四的文字進行分析時，指出儘管各位作者對五四的看法不盡一致，但他們均有意無意地特別強化五四運動與國民黨的關係，有人甚至說國民黨領導了五四運動。[71] 從抗戰禦侮、一致對外的這一立場，作者們的確都認可國民黨的領導地位和三民主義的現實意義，如王星拱表示，五四運動「就具體的命名上講，是在北洋軍閥統治要區以內，由國民黨所導引的表現民族意識的愛國運動」。[72] 許德珩的表態則落腳於現實，「『五四運動』雖然給予我們許多光榮的史績，值得我們今日紀念，並且需要我們去發揚光大；然而『五四運動』離我們已經二十三年」，「今日的青年學生紀念『五四』，是應當如何的進一步去覺悟，發揚『五四』的精神，實現三民主義，努力的去爭取抗戰勝利，達到新中國建設之早日的到來」。[73] 顧頡剛相對是以純然的學者面目出現，重申自己過去所認定的五四運動的使命是「必須先從

71　參見羅志田：〈歷史創造者對歷史的再創造：修改「五四」歷史記憶的一次嘗試〉，《四川大學學報》，2000 年第 5 期。

72　王星拱：〈五四的回憶〉，《世界學生》，第 1 卷第 5 期，1942 年 5 月 25 日。

73　許德珩〈「五四運動」的回憶與感念〉，《世界學生》，第 1 卷第 5 期，1942 年 5 月 25 日。

事兩種運動，一是教育運動，二是學術運動」。[74] 王芸生對五四運動與中國外交關係的闡述富有深意：「民八拒簽凡爾賽條約之舉，可說是中國近代史上的第一次民意外交。因此，我們可以正確解釋五四運動的精神，就是對列強支配的一種反抗。我們不獨反抗日本的侵略，也反抗英法日的共同支配。這種精神不僅表現於過去，也必能表現於將來。現在我們正與同盟國並肩作戰，以爭取共同勝利，假使將來在和平會議席上，再有不公道的事情出現，我們也必然反抗，這是中國外交的五四精神。」[75] 由此可見，顧、王的言論代表着獨立知識份子的呼聲。

　　《觀察》於 1946 年 9 月創刊，主編儲安平，該刊在國統區的知識份子中影響極大。1947 年 5 月 3 日出版第 2 卷第 10 期，刊登了一組紀念五四運動的文章，包括吳世昌〈寫在「五四」的前夕〉、王芸生〈五四，重新使我感到不安〉、周紱章〈談「孔家店」〉、觀察記者〈五四前夕胡適專訪記〉。吳世昌尖銳地指出：「在這『五四』的前夕，望望中國的前途，看不到有什麼光明。甚至於連『五四』本身有沒有完成其歷史任務，以前不成問題的，在今日想來也頗有問題。」「『五四』運動的中堅份子沒有意識地完成爭民主的歷史任務，二十八年以來中國依然是槍桿〔子〕的天下，終是事實。」[76] 王芸生訴說了自己對「五四」的特殊情感，「每逢五四，我總戀念着這個偉大的日子，對過去、對未來也總有所憧憬與期勉。奇異得很，今年又逢五四，這是我們抗戰勝利後的第二

74　顧頡剛：〈我對於五四運動的感想〉，《世界學生》，第 1 卷第 5 期，1942 年 5 月 25 日。

75　王芸生：〈五四精神與中國外交〉，《世界學生》，第 1 卷第 5 期，1942 年 5 月 25 日。

76　吳世昌：〈寫在「五四」的前夕〉，《觀察》，第 2 卷第 10 期，1947 年 5 月 3 日。

個五四，在我的心靈感映上卻起了不可言說的煩燥與不安。」他比較了兩次世界大戰後中國的境況，根據自己剛去日本考察所得，敏銳地發現「我們的國際地位還是極其可憐。而從日本問題來看，它們對我們的威脅還一天天的在增長着。別人或許還未感覺到這問題的嚴重性，今逢五四，在我的心靈感映上，湧起了煩燥與不安」。[77] 1948 年 5 月 8 日第 4 卷第 11 期刊登許德珩〈「五四」二十九年〉，一改其在抗戰時期那種擁戴國民黨和三民主義的姿態，提醒人們五四運動過去三十年了，「使我們不能忘記的，是當時學生那種團結互愛、敢於擔當的精神」，「是當時的先生們不畏強暴愛護青年的精神，其代表我可舉當時的北大校長蔡孑民先生」，團結就是力量，「以群眾的力量，制壓暴力，不犧牲少數人，這種精神，是值得紀念而不能忘記的」。這顯然是在力挺當時風起雲湧的學生運動。許德珩的言論發出了中間派左傾的明確信號。

《燕京新聞》1946 年在北平復刊。1947 年 4 月 28 日，第 13 卷第 23 期刊登了一組紀念「五四」的文字，包括潘光旦〈正視科學〉、張東蓀〈中國民族的良心〉、吳之椿〈我們為什麼紀念「五四」〉、張奚若〈新的課題〉、吳晗〈新五四運動〉。吳之椿文中引人注目的發出了「建造新中國」的口號，「『五四』所提出來的兩大課題，一是民主，一是科學。在政治上它教我們推翻帝國主義，反抗專制獨裁，在思想上教我們廓清黑暗勢力，打倒封建傳統。很顯然的，這兩大課題所提示的共同意義，是向舊社會下總攻擊，以圖建造新中國」。面對美蘇在世界的對立和爭奪，張東蓀呼籲喚起「中國民族的良心」，「我們不要夾在他們的當中，為任何

77　王芸生：〈五四，重新使我感到不安〉，《觀察》，第 2 卷第 10 期，1947 年 5 月 3 日。

一方所利用。中國沒有權力干涉美國的反蘇，但確有權力把自己不作美國的反蘇基地」。他「希望由青年先喚起一個大運動，然後遍及於各階層，用以實現全國性的愛國自救運動」。既不反美，又不親蘇，超脫於美蘇對立的格局之外，這樣的外交選擇實際上就是中間派的路線。張奚若批評了現實的國民黨統治，「現在的統治者是最反對思想解放的，憑藉武力，強迫實施黨化教育，在各小學、中學、大學中灌注一套劃一的機械式的教育，根本違反思想自由，這是當年『五四』運動的精神所絕對不許可的！」他提出「新的課題」：「當年的『五四』運動對於社會上固定的、死的制度，如家庭、婚姻等，固然有各種新的估價，但當時並未充分地直接談及政治上和經濟上的主要問題。現在我們最重要的課題，是要更進一步直接研究、討論政治上、經濟上各種重要問題。而在研究、討論時，必須有一個中心思想」，「所謂中心思想，就是舉凡一切政治上、經濟上的重要設施，必須以人民為出發點，而且以人民為歸宿」。這種以人民為依歸的觀點實際上已接近社會主義思想。1948 年 5 月 3 日第 14 卷第 26 期刊出林純〈把科學交還人民〉、茅盾〈知識份子的道路〉兩文，明確指出知識份子的前途就是「走向人民」。

　　《北大半月刊》是北大學生自治會發行的刊物。1948 年 5 月 1 日出版的第 4 期為「五四特大號」，刊發張申府等〈五四談片〉、樓邦彥〈我們不能失敗〉、王鐵崖〈五四運動與新五四運動〉、張奚若〈五四運動的將來〉、張東蓀〈從社會學家歷史學家的話說起〉、吳恩裕〈論政治的滲透性及對政府應持的態度〉、鏡台〈五四紀念與北大師長〉、郭沫若〈我再提議改訂「文藝節」〉、顧學彝〈紀念文藝節話學潮〉等文。張奚若宣佈：「今後中國社會改革運動在思想方面的第一任務，便是對於將近三十年前的五四運動給以重新估價，取其有長久價值的地方而棄其已經失掉時代性的地方。須知世界是進步的，在實際和思想的領域裏，馬克斯和列寧早已代替了

服爾太和盧梭。這並不是要趨時髦，也不是認為凡是最新的都是最好的，這不過是沒有偏見，正視現實的人無法避免的一個結論。」這樣的言論出自一位曾是自由主義者之口，着實令人驚訝。張東蓀的思想也發生了變化，他認同反帝反封建的理論，「我近來看中國近四五十年的歷史卻另抱一種眼光。我以為五四事件不是單獨的，不能單獨來估價。原來中國自辛亥以前起，由清末以迄現在，乃只是一個革命」，「現在流行的術語所謂反封建反帝」，「反封建就是經濟解放；反帝就是民族獨立。而所以致此卻必用一種方法或途徑：那就是民主。所以可以說，自辛亥起，中國的根本要求是民主，而民主即含有反封建反帝在內」。張奚若、張東蓀的思想明顯左傾，反映了當時中間派人士適應形勢的新變化，看清了中國的前途，做出了自己新的選擇。

中間派民主人士適時地提出「新五四運動」的口號，這一點鮮見人提及。最早闡述「新五四運動」內涵的可能是鄭學稼。他在討論五四運動與新五四運動之間的關係時指出：其一，五四運動的具體歷史任務是建立「民族國家」，「新五四運動，必然地完成那一工作。對內徹底地消滅割據的軍閥，對外解除我民族第二號敵人的壓迫與陰謀」；其二，五四運動的諸口號之一是「德先生」，「新五四運動，必然地尊崇他，使他以完整的姿態出現。這就是說，我們必須實現普選的民主制，掃除貪污，鞏固統一的民主的中央政府」；其三，五四運動在思想方面是「啟蒙運動」與「文藝復興」的統一，但其實際所做的工作不過是整理國故，「新五四運動，當然要進一步，吸收各國大思想家的思想精華，配合自己的固有文化，創造新的更高度的文化」；其四，五四運動「一方面，是適應新興資產階級的要求，發揮它的意識；另一方面，卻受十月革命的影響，追求社會主義的烏托邦」，「新五四運動，則由具體的歷史教訓中，認識十月革命精神已經死亡的演變，發揚民族主義，並在勞資合作

發展民族工業前提下，改善工人的生活，和扶助民族企業」。在紀念五四運動二十七周年時，「我們要為新五四運動而努力」。[78] 吳晗對新五四運動別有所解，「我們要發動一個『新五四』運動，我們要完成『五四』未完的業績，要實現民主和科學！但是，首先的重要的是人權的保障！『新五四』運動是人權保障運動。只有人權得到確切的保障，才能實現民主和科學」。[79] 在另一處，吳晗對新五四運動作了更為激進的發揮，「我們要把五四運動發展為新五四運動」，所謂新五四運動「是全體進步青年的集體領導，領導着中年人老年人向目標邁進」，是反內戰運動，是反獨裁運動，是人權保障運動，是民族解放運動。「紀念五四，要擔當這個任務」。在內戰不到一年之時，他就喊出了「新中國在不遠的前面！」的口號。[80] 王鐵崖也大聲疾呼新五四運動，「在傳統的束縛、權威的壓迫、真理的被侮蔑、人格被否定、大眾福利被抹殺的情形之下，五四運動的精神必須加強發揮，五四運動的最後目的必須確定不移，從文化的局部，走到政治、經濟、社會的各方面。這也就是説，從五四運動之中產生一個新五四運動是當前的急務」。[81] 中間派的分化，造成他們向左、向右兩極發展，新五四運動的目標直接指向新中國，這是左傾的中間派民主人士的選擇。

　　相對來説，中間派自由人士紀念五四，不帶意識形態情結，主要是表達一種文化訴求和思想願望，語調比較溫和。從 1948 年為紀念五四，《燕京新聞》約稿茅盾和《北大半月刊》約稿郭沫若

78　鄭學稼：〈論新五四運動——為「五四」第二十七周年紀念而作〉，《民主與統一》，創刊號，1946 年 5 月 10 日。

79　吳晗：〈新五四運動〉，《燕京新聞》，第 13 卷第 23 期，1947 年 4 月 28 日。

80　吳晗：〈論紀念五四〉，《清華週刊》，1947 年 4 月 30 日。

81　王鐵崖：〈五四運動與新五四運動〉，《北大半月刊》，第 4 期，1948 年 5 月 1 日。

兩例來看，中間派的民主人士在國共對決中開始左傾，有些自由主義者最後因對國民黨的絕望而接受革命式的進步，這樣的結局對他們來説，有的是出於追求進步的真誠，有的則是無奈的選擇。

五、結語

五四運動之所以成為一個值得紀念的日子，誠如曾琦所説，「自民國成立以來，先五四發生之種種運動，不知凡幾，後五四發生之種種運動，又不知凡幾，然吾人均不復憶之，而獨念念不忘五四運動。此無他，蓋五四運動，自有其可貴之價值與夫特有之意義在焉」。在曾琦看來，五四之特有價值在於五四運動「為學生運動之發端」，「為國民運動之開始」，「為内除國賊外抗強權之壯舉」，「為全民合作不分階級之實例」。曾氏將五四運動與國家主義並聯在一起，「至五四時代，則國家觀念已發達，國民意識已養成，對於國家權利之喪失，有如私人財產之損害，痛心疾首，憤起抗爭，此種愛國運動，實為『國家主義運動』」。[82] 國家主義派如此，其他黨派也無不從五四運動發掘其可資利用的資源。紀念「五四」演變成為各大黨派新的政治宣傳和政治造勢。

各大報刊在「五四時刻」藉紀念「五四」擴大聲勢，宣洩情緒，表達訴求，整合資源，它們的社會地位、媒體影響力隨之沉浮升降。報刊與紀念「五四」有莫大的關係。當一個報刊與「五四」的結合度較密，顯示其包容、開放、大度，這個報刊在新聞媒介中往

---

[82] 曾琦：〈五四運動與國家主義〉（1926 年 5 月 4 日），收入陳正茂、黃欣周、梅漸農編：《曾琦先生文集》，上冊，台北：中研院近代史研究所，1993 年，第 391－394 頁。

往就有較高的影響力。相反，當某個報刊對「五四」處處防範，表現其限制、狹隘、小氣的度量，實際上也就是這個報刊行將就木、即將關門之時。從研究系的《晨報》到國民黨的《民國日報》、《中央日報》，從中間派的《大公報》到共產黨的《新中華報》、《解放日報》、《人民日報》，都可以看到紀念五四運動的報刊地圖的變遷流程。在民國風雨交加的動盪年代，「五四」不啻是測量各大報刊升降的一個晴雨表。

　　各大黨派或獨立學者在紀念五四運動時所表現的態度，有的熱情，有的淡漠，有的褒揚，有的貶損。他們對「五四」價值的衡估和認定有共同之處，如都聲稱出於對社會發展、國家利益、世界趨勢的考量，但更多的時候是基於自身理念和黨派利益的「私心」。由於政治鬥爭的複雜性，當時人們並不太關注對「五四」本身的歷史建構，更多的是關注「五四」的當下價值和現實需要。因此，紀念「五四」其實就是配合現實形勢的需要和意識形態的建構，是當時政治造勢、社會動員的重要組成部分。紀念在「五四」話語中所佔的分量如此之重，五四運動在民國時期並不是一個歷史話題，更不用說是一個純然的學術課題。因此我們面臨處理的五四遺產，實際上不僅是還原歷史本身，更多的是需要清理「五四」話語的歷史形成。

　　國共兩黨與五四的關係錯綜複雜。一方面因為五四運動與青年學生、知識份子密切的歷史關係，通過紀念「五四」，希望拉近或重建與他們之間的關係，整合這部分社會資源；一方面又因「五四」包含與國共兩黨理念不相容的某些思想因素（如自由主義、西方文化），對「五四」作必要的戒懼處理，剔除與其不一致的思想元素。經過反對北洋軍閥的鬥爭、十年內戰的對壘，到抗戰時期國共之間經過長期的磨合，雙方似乎都互相認識了對方，意識到各自主義的「勢力範圍」，找到了「五四」在其各自理論體系（三民

主義、新民主主義）中的位置。國共兩黨在「五四」紀念中不斷角力，紀念「五四」也就成為國共兩黨持續調整自我的思想槓桿。

　　周策縱注意到國共雙方在處理「五四」問題上的態度不一。「關於是否應當強調『五四』的文學方面，或是強調青年方面和政治方面，這在中國已經成為一個政治爭論問題。1939 年 3 月，當中共支持的中國青年聯合會在延安成立的時候，會中提議把 5 月 4 日定為『青年節』。（縱按：我後來見到一份早期文件記載，1938 年 7 月 9 日三民主義青年團成立後不久，曾提議把 5 月 4 日定為『青年節』。實在延安會議之前。）全國各地許多機構紛紛接納了這項建議，國民政府也曾予以接受。但其後，1944 年 4 月 16 日，重慶國民政府卻改行採用中國文藝界協會的建議，把 5 月 4 日改定為『文藝節』，而另把 3 月 29 日黃花崗烈士殉難紀念日定為『青年節』。後來國民黨退居台灣，新中國成立，1949 年 12 月，又重新把 5 月 4 日正式定為『中國青年節』。自此以後，雙方都堅持自己的方式來慶祝『五四』。這並不是說，共產黨只認為『五四』是青年運動，也不是說，國民黨只認為『五四』除了文學外，便沒有其它意義。但是這件事例足以部分地顯示他們雙方對『五四』意義的觀點不同」[83] 國共雙方在紀念五四上表現出的分歧，本質上是意識形態差異以及鬥爭的延伸。由於堅持的「主義」不同，國民黨紀念五四運動是從三民主義出發，共產黨紀念五四運動是為引導青年走上新民主主義革命道路。中間派自由人士雖不具特別強烈的意識形態情結，但因抱持民主、自由理念，對「五四」精神則作了與自由主義理念相一致的闡發。從這個角度來看，紀念五四運動在 1919 到 1949 年這三十年間的確是一場「主義」之爭。

83　周策縱著，陳永明、張靜等譯：《五四運動史》，第 3-4 頁。

　　紀念五四運動所產生的紛爭和多歧，是由五四運動本身內含的多元性、複雜性所引發的。五四運動是一場愛國運動，有着國家觀念和民族自尊心的人無疑會熱烈擁抱他。發動五四運動的主體是學生，得到社會各階層的迅即響應，這是一次成功的社會動員，各大政黨刻意模仿它，試圖複製再造。五四運動有着強烈的國際意識，這是中國走向世界的思想基礎，力圖溝通中西文化的人在這裏可以找到自己新的支撐點。五四運動喚起全民族潛在的巨大精神力量，中國現代各大政黨都力圖發掘、利用五四運動的思想資源，或納入其理論系統，或使之與自己的話語系統相銜接。國共兩黨紀念五四運動時所做的政治動員、政治宣傳、政治規訓，以及形成的五四話語系統，在歷史與現實之間構建了新的關係鏈，成為中國現代政治文化一道特有的風景線。

載《中共黨史研究》，2019 年第 4 期。收入黃克武主編：《重估傳統、再造文明：知識分子與五四新文化運動》，台北：秀威資迅科技有限公司，2019 年，第 360－411 頁。

新文化的理想與困窘
——蔡元培看五四運動

　　蔡元培與五四運動的歷史關係，早為人們注意，且有大量的論證。陳獨秀曾説：「五四運動，是中國現代社會發展之必然的產物，無論是功是罪，都不應該專歸到那幾個人；可是蔡先生、適之和我，乃是當時思想言論上負主要責任的人。」[1] 陳獨秀這番評論可謂對蔡元培與五四運動關係的權威定位。但蔡元培本人在五四運動以後如何看待這一運動，似不見人們關注和深入探究。有關新文化陣營的主要代表如何評價五四運動，我曾發表〈自由主義與五四傳統——胡適對五四運動的歷史詮釋〉，[2] 耿雲志先生發表〈傅斯年對五四運動的反思——從傅斯年致袁同禮的信談起〉，[3] 蔡元培高胡適、傅斯年一輩，胡、傅是與蔡元培思想接近的北大晚輩，他們三人都是五四時期北大的主要代表。檢閱蔡元培的文字，人們可以發現蔡先生是喜歡談論五四運動且留下較多文字的一員，這與魯迅、

1　陳獨秀：〈蔡子民先生逝世後感言〉，原載重慶《中央日報》，1940 年 3 月 24 日。

2　歐陽哲生：《探尋胡適的精神世界》，北京：北京大學出版社，2013 年，第 222－241 頁。

3　載《歷史研究》，2004 年第 5 期。

傅斯年迴避這一話題的表現有很大不同。[4]「五四」以後，五四運動雖然成為一個公共話題，但真正不避諱自己與五四運動的關係且常常反思這一運動的北大人其實很少，蔡元培、胡適可謂這少數人中的兩位代表。因為鮮少，蔡元培對五四運動的回顧與反思，才有其獨特的文獻價值和思想意義，我們梳理五四運動闡釋史時就有必要討論蔡元培留下的這份思想文獻。

一、「五四運動最重要的紀念」

蔡元培是最早發起紀念五四的那批北大人。1920 年「五四」一周年之際，他就在《晨報》開闢的「五四紀念增刊」發表〈去年五月四日以來的回顧與今後的希望〉一文，這是蔡元培第一次比較系統地評述五四運動。該文名為紀念，實為反省。它首先肯定學生在五四運動中發揮的先鋒作用，「自去年五四運動以後，一般青年學生，抱着一種空前的奮鬥精神，犧牲他們的可寶貴的光陰，忍受多少的痛苦，作種種警覺國人的工夫。這些努力，已有成效可觀。維爾賽對德和約，我國大多數有知識的國民，本來多認為我國不應當屈服，但是因為學生界先有明顯的表示，所以各界才繼續加入，一直促成拒絕簽字的結果。政府應付外交問題，利用國民公意作後援，這是第一次」。蔡元培特別肯定學生的政治的、社會的覺悟，

4　參見歐陽哲生：〈被解釋的傳統——五四話語在現代中國〉，文中提到「二三十年代，魯迅沒有寫過一篇以五四為主題的紀念文字，這在新文化陣營的知識領袖中可謂絕無僅有」。收入歐陽哲生：《五四運動的歷史詮釋》，北京：北京大學出版社，2012 年，第 245 頁。其實傅斯年也是如此，1943 年 5 月 4 日傅斯年在重慶《中央日報》發表〈五四偶談〉一文中即表示，「我從來不曾談過『五四』」。

「因為學生有了這種運動，各界人士也都漸漸注意國家的重要問題」。學生們「知道政治問題的後面，還有較重要的社會問題，所以他們努力實行社會服務，如平民學校、平民講演，都一天比一天發達。這些事業，實在是救濟中國的一種要着」。另一方面，蔡元培以為學生罷課損失不小，「全國五十萬中學以上的學生，罷了一日課，減少了將來學術上的效能，當有幾何？要是從一日到十日，到一月，他的損失，還好計算麼？」「至於因群眾運動的緣故，引起虛榮心、倚賴心，精神上的損失，也着實不小」。權衡成效與損失之間的比重，他以為「實在是損失的分量突過功效」。最後，蔡元培寄希望學生：「專心增進學識，修養道德，鍛煉身體。如有餘暇，可以服務社會，擔負指導平民的責任，預備將來解決中國的——現在不能解決的——大問題，這就是我對於今年五月四日以後學生界的希望了。」[5]

　　蔡元培這些對學生運動的評論，可能有些出人意料之外，他並沒有高調讚揚學生的「五四」遊行活動，而是在一揚一抑之間，對學生愛國運動作了平實的估價，顯示了他作為一個職業教育家的品性。

　　如果把《晨報》這期「五四運動紀念增刊」發表的十篇文字作一大致分類：梁啟超、陳博生為研究系一派，他們強調五四運動的文化原動力性質；蔡元培、蔣夢麟、胡適、陶孟和、朱希祖、顧誠吾為北大師生，他們的言論對五四運動後的學生更帶有勸勉的性質。蔡元培甚至對學生介入政治有一種警覺感：「依我看來，學生對於政治的運動，只是喚醒國民注意。他們運動所能收到的效果，

5　中國蔡元培研究會編：《蔡元培全集》，第 4 卷，杭州：浙江教育出版社，1997 年，第 139－141 頁。

不過如此，不能再有所增加了。他們的責任，已經到了。現在一般
社會也都知道政治問題的重要，到了必要的時候，他們也會對付
的，不必要學生獨擔其任。現在學生方面最要緊的是專心研究學
問。」[6] 蔡元培表達的願望與蔣夢麟、胡適聯名發表的〈我們對於
學生的希望〉幾乎是異口同聲，在蔣、胡的聲明中，呼請：「我們
希望從今以後要注重課堂裏，自修室裏，操場上，課餘時間裏的
學生活動。只有這種學生活動是能持久又最有功效的學生運動。」[7]
他們顯然都是本着對北大、對學生負責任的態度，溫和地勸解學生
以課堂為重，務學業之本。

　　「五四」時期，蔡元培提倡「平民教育」。他特別看重五四運
動對「平民教育」的促進作用。「『五四』而後，大家很熱心群眾
運動、示威運動。那一次大運動，大家雖承認他的效果，但這種驟
用興奮劑的時代已過去了」；「『五四』後的惟一好結果，是平民教
育。乘我們用功的餘暇辦些學校，教育那些失學的人，就是犧牲光
陰，也是值得的」。[8]

　　面對五四運動以後頻頻發生的學生罷課風潮，蔡元培在紀念
五四的場合多次勸導學生重視學業，並以為學生干涉政治是「不得
已的」。「我再回溯去年五四運動以後，我們一般學子受了這種感
觸，其中自覺到覺人的很不少，至若學生去歲干與政治問題，本是
不對的事情，不過當此一髮千鈞的時候，我們一般有智識的人，如
果不肯犧牲自己的光陰，去喚醒一般平民，那麼，中國更無振興的
希望了。但是現在各位的犧牲，是偶然的不得已的。若是習以為

6　收入中國蔡元培研究會編：《蔡元培全集》，第 4 卷，第 140 頁。
7　蔣夢麟、胡適：〈我們對於學生的希望〉，《晨報》，1920 年 5 月 4 日。
8　〈在北京大學話別會演說詞〉（1920 年 10 月 20 日），收入中國蔡元培研究會
　　編：《蔡元培全集》，第 4 卷，第 210 頁。

常，永荒學業，那就錯了。」[9] 蔡元培比較五四運動前後學生的變
化，高度評價五四運動引發的學生新覺悟、新氣象，「五四運動以
來，全國學生界空氣為之一變。許多新現象、新覺悟，都於五四
以後發生」，其中最重要者，約有四端：一是「自己尊重自己」。
「從前的社會看不起學生，自有此運動，社會便重視學生了。學生
亦頓然了解自己的責任，知道自己在人類社會佔何種位置，因而
覺得自身應該尊重，於現在及將來應如何打算」。二是「化孤獨為
共同」。五四運動後，學生「自己與社會發生了交涉，同學彼此間
也常須互助，知道單是自己好，單是自己有學問有思想不行，……
於是同志之連絡，平民之講演，社會各方面之誘掖指導，均為最切
要的事，化孤獨的生活為共同的生活」。三是「對自己學問能力的
切實了解」。「五四以後，自己經過了種種困難，於組織上、協同
上、應付上，以自己的學問和能力向新舊社會做了一番試驗，頓然
覺悟到自己學問不夠，能力有限。於是一改從前滯鈍昏沉的習慣，
變為隨時留心、遇事注意的習慣了」。四是「有計劃的運動」。「從
前的學生，大半是沒有主義的，也沒有什麼運動。五四以後，又經
過各種失敗，乃知集合多數人做事，是很不容易的，如何才可以不
至失敗，如何才可以得到各方面的同情，如何組織，如何計劃，均
非事先籌度不行」。[10] 蔡元培強調五四運動對學生追求學業、完善
人格的促進作用。「前年『山東問題』發生，學生關心國家，代表
社會，又活動起來。國人對於學生舉動很注重，對學生議論也很信
仰，所以有好機會，為社會作事。不過五四以後，學生屢屢吃虧。

9　〈學生的責任和快樂〉（1920 年 11 月 4 日），收入中國蔡元培研究會編：《蔡
　　元培全集》，第 4 卷，第 244 頁。

10　〈對於學生的希望〉（1921 年 2 月 25 日），收入中國蔡元培研究會編：《蔡元
　　培全集》，第 4 卷，第 333－335 頁。

中間經過痛苦太多。功課耽誤，精神挫傷，幾乎完全失敗。因為學生發生兩種覺悟出來：第一，受此番經驗，自知學問究竟不足，於是運動出首的學生，或到外國求學，未出國的，也都格外專心用功了。第二，經此番風潮，社會對於學生，都加一番重視。學生自身，也知人格可貴，就大家不肯作貶損人格的事情。」[11] 蔡元培的這些言論，既是對五四運動歷史作用的正面闡釋，也是對學生運動的疏導。

1922 年為紀念「五四」，《晨報》再闢「第四個五四」專欄，蔡元培應約發表〈五四運動最重要的紀念〉，他結合時事，強調「五四運動最重要的紀念」是「（一）廣集贖回膠濟路的股款。（二）自動的用功。（三）擴充平民教育」。他表示，學生在五四運動中得到鍛煉，同時在運動後產生新的覺悟，「我常常對人說，五四運動以後，學生有兩種覺悟是最可寶貴的：一是自己覺得學問不足，所以自動的用功；二是覺得教育不普及的苦痛，所以盡力於平民教育。這兩種覺悟，三年來，很見得與前不同，不能不算是五四運動的紀念」。

五四運動發生後，蔡元培曾一度辭職離開北大，1919 年 5 月10 日，蔡元培在南下途中致信北大學生解釋自己辭職的原因：「僕深信諸君本月四日之舉，純出於愛國之熱誠，僕亦國民之一，豈有不滿於諸君之理？惟在校言校，為國立大學校長者，當然引咎辭職。僕所以不於五日即提出辭呈者，以有少數學生被拘警署，不得不立於校長之地位以為之盡力也。今幸承教育總長，警察總監之主持，及他校校長之援助，被拘諸生，均經保釋，僕所能盡之責，止

---

11 〈在愛丁堡中國學生會及學術研究會歡迎會演說詞〉（1921 年 5 月 12 日），收入中國蔡元培研究會編：《蔡元培全集》，第 4 卷，第 342 頁。

於此矣，如不辭職，更待何時？……惟恐諸君或不見諒，以僕之
去職，為有不滿於諸君之意，故特在途中匆促書此，以求諒於諸
君。」[12] 蔡元培南下後，經北大師生呼請和各方調和，9 月蔡元培
回校復職。以後又因各種風潮，蔡元培幾度提出辭職。為此，1923
年 1 月 21 日蔡元培發表〈不合作宣言〉，對自己在「五四」風潮
中提出辭職的緣由做了解釋：「《易傳》說：『小人知進而不知退。』
我國近年來有許多糾紛的事情，都是由不知退的小人釀成的。而且
退的舉動，並不但是消極的免些糾紛，間接的還有積極的努力。」
「我們的責任在指導青年，在這種惡濁氣裏面，要替這幾千青年保
險，叫他們不致受外界的傳染，我自忖實在沒有這種能力。所以
早早想脫離關係，讓別個能力較大的人來擔任這個保險的任務。」
「五四風潮以後，我鑒於為一個校長去留的問題，生了許多支節，
我雖然抱了必退的決心，終不願為一人的緣故，牽動學校，所以近
幾年來，在校中設立各種機關，完全倚幾位教授中堅，決不致因
校長問題發生什麼危險了。」[13] 蔡元培辭職在外人看來是消極的對
抗，實際上他是以「不合作」為要挾，這是一種以退為進的策略。
五四運動以後，蔡元培曾多次提出辭去北大校長一職，但都沒有
「下台」，每次辭職都被勸回，說明他進退有據，「退」的背後是有
着支撐的力量。

---

12 〈致北大同學函〉（1919 年 5 月 10 日），中國蔡元培研究會編：《蔡元培全集》，
　　第 10 卷，第 407 頁。

13 〈關於不合作宣言〉（1923 年 1 月 21 日），中國蔡元培研究會編：《蔡元培全
　　集》，第 5 卷，第 38 頁。

二、愛國不忘讀書，讀書不忘愛國

1927 年南京國民政府建立後，蔡元培先後擔任大學院院長、中央研究院院長等職。環境的變化，政權的更迭，角色的轉換，蔡元培對學生運動的看法自然有所調適。

蔡元培辯證地分析讀書與救國的關係，強調學生應以學業救國。「學生在求學時期，自應惟學是務，朝朝暮暮，自宜在書本子裏用功夫。但大家不用誤會，我並不是說學生應完全的不參加愛國運動，總要能愛國不忘讀書，讀書不忘愛國，如此方謂得其要旨。至若現在有一班學生，借着愛國的美名，今日罷課，明天遊行，完全把讀書忘記了，像這樣的愛國運動，是我所不贊同的。」他甚至批評「五四」以後風起雲湧的學生風潮產生的流弊，「自『五四』以後，學潮澎湃，日勝一日，罷課遊行，成為司空見慣，不以為異。不知學人之長，惟知採人之短，以致江河日下，不可收拾，言之實堪痛心啊！」[14] 他告誡學生，五四運動是「非常的運動」，並不是常規的活動。「青年是求學的時期，青年運動，是指青年於求學以外，更為貢獻於社會的運動。這種運動有兩類：一是普通的；一是非常的。」「普通的運動，如於夜間及星期日辦理民眾學校，於假期中盡有益社會義務，如中央黨部所舉的『識字運動』、『造林運動』等。這種運動，不但時間上無礙於學業，而經驗上且可為學業的印證，於青年實為有益。非常的運動，如『五四』與『三一八』等，完全為愛國心所驅迫，雖犧牲學業，亦有所不顧，

---

14 〈讀書與救國〉（1927 年 3 月 12 日），中國蔡元培研究會編：《蔡元培全集》，第 6 卷，第 19 頁。

這是萬不得已而為之的。」[15] 蔡元培特別強調學生學業的重要性。「學生愛國，是我們所最歡迎的，學生因愛國而肯為千辛萬苦的運動，尤其是我們所佩服的：但是因愛國運動而犧牲學業，則損失的重大，幾乎與喪失國土相等。」[16] 他顯然反對為運動而犧牲學業的做法。

　　國民黨是五四運動幕後的重要推動者，在其後利用青年學生運動為國民革命造勢。[17] 對於國民黨開展青年運動的策略，1928 年 7 月蔡元培提交《關於青年運動的提案》專作評論，並以為有必要調整國民黨開展青年運動的策略：「往者中央黨部、國民政府在廣州，舉國大半皆在軍閥之下。不得不厚集革命之力量，以顛覆籍據。故吾黨當時助各地青年學生之運動，不復慮其一時學業之犧牲。本理所宜然，策所必助。雖有所痛於心，誠不能免乎此也。及後革命勢力克定長江，學生鼓勵民氣之功績已著，而青年犧牲學行訓練之大弊亦彰。改弦易策，人同此心。」也就是說，在北洋政府倒台以後，國民黨應該停止運動學生，利用學生運動反對北洋軍閥的策略。蔡元培檢討過去國民黨運動學生之理由時說：「原吾黨當時之所以不得不任學生犧牲者，蓋以有故：一、學生所進之學校，大抵在軍閥勢力範圍之內，其訓育宗旨，多與本黨主義相違，率學生以反對教員，亦未始非宣傳黨義一法。二、破壞工作，在大多數有地位有家室有經驗者多不肯冒險一試；學生更事不多，激動較

15　〈説青年運動〉（1928 年夏），中國蔡元培研究會編：《蔡元培全集》，第 6 卷，第 277 頁。

16　〈犧牲學業損失與失土相等〉（1930 年 12 月 14 日），中國蔡元培研究會編：《蔡元培全集》，第 7 卷，第 258 頁。

17　有關這方面的研究，參見呂芳上：《從學生運動到運動學生——民國八年至十八年》（中研院近代史研究所專刊 71），台北：「中央研究院」近代史研究所，1994 年。

易，既無家累，而智識辯才，適在其他民眾之上，為最便於利用之工具。三、欲在反革命區域以內，救援全體民眾，而犧牲一部分青年之利益，以政治學上最大多數之最大幸福之要求衡之，尚非不值。有此三義，故本黨往昔之青年運動，自今日思之，不得不告歉於青年；而自當日言之，實出於不得已。」[18] 如此坦誠地交代往昔學生運動之損失，可能在國民黨內殆無第二人。因是之故，蔡元培主張「採用廣州中山大學及廣東、廣西教育廳所提出之案，不必再為他種學生會及學生聯合會等組織，以避免學術界之大犧牲」。[19]

　　1930 年代，國際國內情勢發生新的變化，中日民族矛盾日益成為更為突出的矛盾。1933 年 5 月 4 日上海教職、學聯、市教育局等二十餘團體聯合舉行「五四運動十五周年紀念會」，蔡元培帶病前往會場，會議因種種阻撓未能開成。第二天補開會議，他因病「不克到會」，又特別請康選宜攜稿代為致詞。他指出「五四運動所迫切要求的，一不簽字於巴黎和約，二罷免親日派曹、章、陸。這兩種形式，經當年全國青年學生艱苦的奮鬥，與上海、北平等都市商工界罷工、罷市的援助，而始為當時政府所容納。倘使此等要求僅僅為一地方的學生所主張，或大多數學生有此要求，而商工界不贊同，或不認為重要，而不加援助，則仍不能達到目的。所以參加五四運動的學生感於商工界援助之力，而悟普及常識的需要。一方面大學生每於課餘辦校役夜校及平民學校；一方面而促進語體文之發展，出版之書籍及雜誌，較前踴躍。」蔡元培肯定青年學生在五四運動中的先鋒作用，讚揚五四以後的平民教育普及，這顯然是

18　〈關於青年運動的提案〉（1928 年 7 月 31 日），中國蔡元培研究會編：《蔡元培全集》，第 6 卷，第 260、262 頁。

19　〈關於青年運動的提案〉（1928 年 7 月 31 日），中國蔡元培研究會編：《蔡元培全集》，第 6 卷，第 264 頁。

力挺日益高漲的抗日民族情緒。有感於時局的惡化，蔡元培重申紀念五四的時代意義：「現在國難之酷烈，視十五年前酷烈到萬倍，我們感覺到十五年普及常識，提倡力學的成效，尚屬微乎其微，只要從軍隊戰鬥力與提倡國貨等事觀察就明白。孟子説『七年之病，求三年之艾』，我們若再不能切切實實地從根本上求救濟，我們的紀念五四運動，也不是很有意義的。」[20]

　　蔡元培晚年回顧五四運動的歷史時，總結自己對學生運動的看法：「五四運動發生的時候，我對於學生運動素有一種成見，以為學生在學校裏面，應以求學為最大目的，不應有何等政治組織。其有年在二十歲以上，對於政治有特殊興趣者，可以個人資格，參加政治團體，不必牽涉學校。」他從 1918 年夏北京學生運動談到 1919 年五四運動的過程，「民國七年夏間，北京各校學生曾為外交問題，結隊遊行，向總統府請願；當北大學生出發時，我曾力阻他們，而他們一定要參與，我因此引咎辭職，經慰留而罷。到八年五月四日，學生又有不簽字於巴黎和約與罷免親日派曹、陸、章的主張，仍以結隊遊行為表示，我也就不去阻止他們了。他們因憤激的緣故，遂有焚曹汝霖住宅及攢毆章宗祥的事……都中喧傳政府將明令免我職，而以馬永昶君任北大校長，我恐若因此增加學生對於政府的糾紛，我個人且將有運動保持地位的嫌疑，不可以不速去，乃一面呈政府引咎辭職，一面秘密出京，時為五月九日」。[21] 他對自己辭職離開北大南下的原因再次做了解釋，「我離校之本預備決不回去，不但為校務的困難，實因校務以外，常常有許多不相干的

---

20 〈五四運動十五周年紀念演説詞〉（1933 年 5 月 5 日），中國蔡元培研究會編：《蔡元培全集》，第 7 卷，第 433－434 頁。

21 〈我在五四運動時的回憶〉（1936 年 10 月 23 日），中國蔡元培研究會編：《蔡元培全集》，第 8 卷，第 414 頁。

纏繞，度一種勞而無功的生活，所以啟事上有『殺君馬者道旁兒；民亦勞止，汔可小休；我欲小休矣』等語。但是隔了幾個月，校中的糾紛，乃允回校。回校以前，先發表一文，告北京大學學生及全國學生聯合會，告以學生救國，重在專研學術不可常為救國運動而犧牲。」[22] 從這段敘述中，人們可以看出，蔡元培雖然辭職離京，但在整個風潮中，他仍是中心人物。關於蔡元培在「五四」時期扮演的角色，北大相關人員後來有不同解讀，蔣夢麟說：「蔡校長顯然因為事情鬧大而感到意外，這時已經辭職而悄然離開北京……雖然大家一再敦勸，他仍舊不肯回到北大。他說，他從來無意鼓勵學生鬧學潮，但是學生們示威遊行，反對接受凡爾賽和約有關山東問題的條款，那是出乎愛國熱情，實在無可厚非。至於北京大學，他認為今後將不容易維持紀律，因為學生們很可能為勝利而陶醉。他們既然嘗到權力的滋味，以後他們的欲望恐怕就難以滿足了。這就是他對學生運動的態度。有人說他隨時準備鼓勵學生鬧風潮，那是太歪曲事實了。」[23] 許德珩回憶說，在五四運動中，「蔡元培先生是同情學生，反對賣國，不願和軍閥政府站在一邊，去鎮壓學生。但是堅定地和學生站在一邊，公開與政府對立，他又有所顧慮，於是就採取辭職的辦法來逃避。這也正好反映了蔡先生當時的矛盾心理。不過，蔡先生愛護學生這一點是不容抹殺的。」[24] 蔣夢麟、許德珩對蔡元培的態度描述不一，但都認為他一方面同情學生們的愛國行動，對他們的愛國運動給予「贊助」，另一方面他作為一校之

22　〈我在五四運動時的回憶〉（1936 年 10 月 23 日），中國蔡元培研究會編：《蔡元培全集》，第 8 卷，第 414 頁。

23　蔣夢麟：《西潮‧新潮》，長沙：嶽麓書社，2000 年，第 125－126 頁。

24　許德珩：〈回憶蔡元培先生〉，收入蔡建國編：《蔡元培先生紀念集》，北京：中華書局，1984 年，第 134－135 頁。

長希望罷課風潮不要鬧大，學生須有所節制，應以學業為重，這種
兩面性正是蔡元培的思想矛盾所在。

三、新文化的守護神

　　蔡元培是新文化運動的保護人。1930 年代，新文化運動的人
物，或被捕下獄（如陳獨秀），或猝然離世（如劉半農），或幽憤
而去（如魯迅），蔡元培晚年以其崇高的社會地位，為自己昔日
的戰友助力送行，他如一個麥田的守望者，再次充當新文化的守
護神。

　　亞東圖書館決定影印再版《獨秀文存》，1933 年 4 月蔡元培應
約為之作序，稱讚陳獨秀的筆力：「大抵取推翻舊習慣、創造新生
命的態度；而文筆廉悍，足藥拖沓含糊等病；即到今日，仍沒有失
掉青年模範文的資格。」[25] 陳獨秀此時身陷囹圄，蔡元培的序作不
蒂是為其廣告宣傳。

　　劉半農病逝時，蔡元培撰文對這位新文化運動的健將和北大
同事表示深切哀悼，他說：「我認識先生，在民國六年。那時候，
先生在《新青年》上提倡白話文，敘述地攤上所搜集的唱本，我們
完全認為文學家。」對劉半農的中年夭折，蔡極為惋惜。「以先生
張馳自由的心情，互相調劑，宜可卻病延年，在學術上多有所貢
獻，不幸以四十歲之盛年，一病不起，學術界的損失，我們還能計

25　〈《獨秀文存》序〉（1933 年 4 月），中國蔡元培研究會編：《蔡元培全集》，
　　第 7 卷，第 428 頁。

算嗎?」[26] 劉半農下葬後,蔡元培欣然為之題寫碑銘。[27] 丁文江在湖南因工殉職,蔡元培參加追悼會並致悼詞,撰文〈丁文江對中央研究院的貢獻〉,稱讚「在君先生是一位有辦事才能的科學家。普通科學家未必長於辦事;普通能辦事的,又未必精於科學。精於科學而又長於辦事如在君先生,實為我國現代稀有的人物」。他列舉丁文江對中央研究院的貢獻有三:一是評議會,二是基金保管委員會,三是各所與總辦事處預算的更定。這三項「均為本院定百年大計」。「至於在君先生實事求是的精神,案無留牘的勤敏,影響於我們全院同人的地方很大,我們也是不肯忘掉的」。[28] 魯迅逝世後,1936 年 10 月 22 日蔡元培參加喪禮並發表講話:「魯迅先生的文字完全以真實作依託的,所以為一般人士深信。魯迅先生的著作,是永遠不會消滅。他從『人』與『社會』最深刻的地方,寫出文字來。至於在修辭上,他的作品誰也不能來添一個字或減一個字,因此他的文字亦足以千古流傳。」[29]《魯迅全集》出版時,索序於蔡先生,蔡元培作序總結魯迅一生的工作:「綜觀魯迅先生全集,雖亦有幾種工作,與越縵先生相類似的;但方面較多,蹊徑獨闢,為後學開示無數法門,所以鄙人敢以新文學開山目之。」[30]

　　《新青年》是新文化運動的核心刊物。亞東圖書館決定影印再

26　〈哀劉半農先生〉(1934 年 8 月 20 日),中國蔡元培研究會編:《蔡元培全集》,第 7 卷,第 606－607 頁。

27　〈劉復碑銘〉(1935 年 10 月 8 日),中國蔡元培研究會編:《蔡元培全集》,第 8 卷,第 157－158 頁。

28　〈丁文江對中央研究院的貢獻〉(1936 年 2 月 7 日),中國蔡元培研究會編:《蔡元培全集》,第 8 卷,第 265－267 頁。

29　〈在魯迅喪禮上的講話〉(1936 年 10 月 20 日),中國蔡元培研究會編:《蔡元培全集》,第 8 卷,第 412 頁。

30　〈《魯迅全集》序〉(1938 年 6 月 1 日),中國蔡元培研究會編:《蔡元培全集》,第 8 卷,第 526 頁。

版《新青年》，1935 年 8 月 20 日蔡元培應約為之題辭：「《新青年》雜誌為五四運動時代之急先鋒。現傳本漸稀，得此重印本，使研討吾國人最近思想變遷者有所依據，甚可嘉也！」[31]

　　蔡元培重視整理新文化運動的成果。1935 年秋《中國新文學大系》出版後，他特別向趙家璧提出〈編輯五四時期翻譯作品結集的建議〉。「假如這部書出版後銷路不壞，你們很可以續編二集。但我個人認為，比這更重要的是翻譯作品的結集。五四時代如果沒有西洋優秀文藝作品被介紹到中國來，新文學的創作事業就不可能獲得目前的成就。當時從事翻譯工作的人，他們所留下的種子是同樣值得後人珍視的，困難的是這些作品散失的情形，比這部書更難着手整理而已。」[32] 新文學的興起大大推進了新文化運動，蔡元培對此也有高度評價：「至《新青年》盛行，五四運動勃發，而軒然起一大波，其波動至今未已。那時候以文學革命為出發點，而以科學及民治為歸宿點。文學革命的工作，是語體文、語體詩。古代語體小說的整理與表彰，西洋小說的翻譯，傳說、民歌的搜集，話劇的試驗，都是以現代的人說現代的話，打破摹仿盲從的舊習，正猶民族復興以後，意、法、英、德各民族，漸改拉丁文著書的習慣，而用本民族的語言，正是民族思想解放的特徵。」[33] 推許新文化運動的民族思想解放作用，這顯是對正在興起的抗日浪潮的呼應。

　　總結新文學成就的集大成作品——《中國新文學大系》出版時，蔡元培應約為之作總序。他對比中國與歐洲文藝復興的情形：

---

31 〈《新青年》重印本題詞〉（1935 年 8 月 20 日），中國蔡元培研究會編：《蔡元培全集》，第 8 卷，第 133 頁。

32 〈編輯五四時期翻譯作品結集的建議〉（1935 年秋），中國蔡元培研究會編：《蔡元培全集》，第 8 卷，第 159 頁。

33 〈吾國文化運動之過去與將來〉（1934 年 6 月 13 日），中國蔡元培研究會編：《蔡元培全集》第 7 卷，第 593 頁。

「歐洲的復興，普通分為初、盛、晚三期：以十五世紀為初期，以千五百年至千五百八十年為盛期，以千五百八十年到十七世紀末為晚期……人才輩出，歷三百年。我國的復興，自五四運動以來不過十五年，新文學的成績，當然不敢自詡為成熟。其影響於科學精神、民治思想及表現個性的藝術，均尚在進行中。但是吾國歷史，現代環境，督促吾人，不得不有奔軼絕塵的猛進。吾人自期，至少應以十年的工作抵歐洲各國的百年。所以對於第一個十年先作一總審查，使吾人有以鑒往而策將來，希望第二個十年與第三個十年時，有中國的拉飛兒與中國的莎士比亞等應運而生呵！」[34] 他期願中國新文化運動的發展在二三十年內比肩歐洲，顯為一種大躍進式的理想，這是在西學東漸的高潮中發出的最強烈的呼喊，可惜後來新文化的演變隨着抗日戰爭的爆發出現了新的轉向。

四、結語

　　蔡元培在五四運動中的表現是矛盾的。從發動、支持北大學生到天安門示威遊行，到親自出面到警廳作保，要求釋放被捕學生，表明他都是站在學生一邊，是愛護、保護學生的；另一方面，他又害怕事情鬧大，學生運動失控，出現與北京政府公開對抗的勢態，故以辭職南下為退路。蔡元培在回顧五四運動這段歷史經歷時，並不隱諱自己的真實態度和當時面臨的困窘，這是他作為一個教育家的真實、可敬之處。

34　〈《中國新文學大系》總序〉（1935 年 8 月 6 日），中國蔡元培研究會編：《蔡元培全集》，第 8 卷，第 118 頁。

蔡元培評述五四運動，主要是就教育與政治的關係而發，其落腳點在學生運動的定位。他堅持「讀書不忘救國，救國不忘讀書」。學生以學業為主，這是他對大學本質的一貫理念。他任北大校長初始，即揭破大學宗旨「大學學生，當以研究學術為天職，不當以大學為升官發財之階梯」[35] 他認為學生運動是不得已的事，是非常態的事，所以他並不鼓勵發動學生運動，這是他作為一個教育家的良知所在。

蔡元培的政治身份是國民黨員，五四運動與國民黨有着密切的關係。但我們在他評述五四運動的話語中，幾乎看不到他將五四運動與國民黨捆綁在一起，更不見他將五四運動作三民主義化的意識形態處理，看不到他使用國民革命、三民主義這些在國民黨話語系統中的習見詞匯或語言，就這一點而言，他與羅家倫有意把五四運動三民主義化、國民黨化的取向確不一樣。教育與政治的關係至為密切，不可截然分離。但蔡元培強調教育獨立，教育與政治的區別，他似乎是非常自覺地將教育與政治區隔開來，他的質樸與同時期五四敘事的意識形態化趨向完全分離。他對五四運動這個政治性很強的運動做了非意識形態的處理。從這個意義上說，我認為，蔡元培對五四運動的論述帶有某種超越黨派的性質，他不僅超越了自身的黨派屬性，而且超越了各種意識形態。正像他在五四運動中比較純正的歷史表現一樣，他對五四運動的闡釋也是表現出一個單純教育家的品性和良知，這是他的人格偉大之處。

載《史學月刊》，2019 年第 5 期。收入周佳榮、黎志剛、區志堅主編：《五四百周年：啟蒙、記憶與開新》，下冊，香港：中華書局，2019 年。

---

35 〈我在教育界的經驗〉，中國蔡元培研究會編：《蔡元培全集》，第 8 卷，第510 頁。

詮釋篇

新文化運動研究論域之拓展
——關於新文化運動研究的片斷思考

一、新文化運動的語境

要理解新文化運動，首先要了解新文化運動所面臨的語境。

新文化運動面臨的第一重語境是「家國天下」體系的崩解。孔子稱他所處的時代是「禮崩樂壞」，清末民初的中國可以説是傳統「家國天下」秩序的崩潰。「正心修身齊家治國平天下」既是傳統士大夫的理想信念，也是儒家倫理的核心價值。這裏包括三個層面：一是華夷之辨的天下秩序，這是處理對外關係的原則。二是一家一姓、一君之尊的王朝體系，這是國家秩序的規定。三是宗族制度或家族制度，宗族作為中國傳統社會的基層社群組織，是傳統社會的重要特徵。

傳統「家國天下」體系的崩潰首先體現在「華夷之辨」秩序的瓦解，西方以其軍事上、科技上的優勝迫使清朝推行洋務運動，走上學習西方的現代化軌道。其次是國家認同的危機，在制度層面，從開明士紳接受君主立憲，到新型知識群體追求共和，君主專制的根基開始動搖，傳統的政治秩序逐漸瓦解。

第二重語境是民國政治文化建設面臨新選擇。辛亥革命推翻了君主制，代之以共和制。在國家體制層面，這是一次革命。它不

僅僅是推翻了清朝，而且顛覆了延續二千年的君主制。中國採取共
和制在亞洲是第一，在世界大國中，則居美國、法國之後。但民國
初建，圍繞政治制度、政治文化仍存極大的爭議。

　　在政治制度層面，存在共和與開明專制（帝制）之爭。面對
民國初年的政治亂象，包括康有為、梁啟超、嚴復在內的一批知識
份子以為中國民智未開，不適共和，主張退而求諸開明專制。正是
在這種思想主張的慫恿、鼓動之下，袁世凱才膽敢有復辟帝制之妄
舉。以孫中山為代表的革命黨人與以袁世凱為首的當權統治者就共
和與帝制之爭展開生死搏鬥。這是一場軍事鬥爭，也是一場思想鬥
爭。如果説，從「二次革命」到護國戰爭是共和派所展開的武力抗
爭的話，那麼，從《甲寅》到《新青年》則是革命黨人開闢的思想
戰場。

　　在政治文化層面，存在孔教運動與思想自由之爭。民國初
年，康有為、陳煥章師徒二人積極推動孔教運動，他們的主張獲得
了包括嚴復在內一大批官僚政客、學者文人的支持。推動孔教國教
化的主張，這主要體現在陳煥章領銜向國會遞交的兩份請願書：《孔
教會請定孔教為國教請願書》（1913 年 8 月 1 日）、《孔教會上參
眾院兩院請定國教書》（1916 年 9 月 11 日）。第一份請願書主要申
訴「定孔教為國教」的現實理由：「今日國體共和，以民為主，更
不容違反民意，而為專制帝王之所不敢為。且夫共和國以道德為精
神，而中國之道德，源本孔教，尤不容有撥本塞源之事。故中國當
仍以奉孔教為國教，有必然者。」「定孔教為國教，然後世道人心
方能有所維繫，政治法律方亦可施行。」[1] 認定孔教適宜共和國家，
孔教可繼續發揮作用。是書遞交國會後，幾經辯論、協商，最後以

1　載《孔教會雜誌》，第 1 卷第 6 號，1913 年 7 月。

「國民教育以孔子之道為修身大本」取代定孔教為國教，經憲法委員會三讀通過。[2] 孔教會雖未達其目的，但較民國元年蔡元培任教育總長時取消前清學部尊孔宗旨之強硬態度，國會對尊孔的態度多少有所緩和。

　　第二份請願書呈遞在袁世凱去國、黎元洪上台之時。借黎氏支持之力，孔教會再次上書敦促：「立法之事業，莫大於制憲，而憲法之精神，莫重於國教。諸公之果能代表民意者在此，其或不幸，而違反民意者亦在此。」再提定孔教為國教議案。在策略上，第二次上書內容有所改變，以申訴孔教對拯救中國之用為主。這一請願書在國會又一次引起波瀾。經過長達半年多的討論，國會反將1913 年所定之「國民教育以孔子之道為修身大本」一條撤銷，改為「中華民國人民有尊崇孔子及信仰宗教之自由，非依法律不受限制」，不僅否定了國教案，而且較 1913 年憲法相關規定更為寬鬆，從此結束了這場民初有關國教的討論。[3] 1918 年以後，陳煥章率人向國會提出「聖誕節案」、「尊孔法」、「祀天案」、「祭告天壇聖廟建議案」、「讀經議案」、「祭天祀孔案」，這些畢竟是孔教運動的餘波末流了。

　　對於康有為和陳煥章提出的定孔教為國教的論調，陳獨秀、易白沙、吳虞、李大釗等人在《新青年》發表文章，予以批駁。這是《新青年》前期的重要內容。其他一些知名學者也參與了論戰。如章太炎站在古文經學派的立場，提出了不同意見，稱「中土素無

2　有關國會爭論情形，參見吳紹慈：《中華民國憲法史前編》，第三章〈起草時代之波折〉，第九節〈孔教案之發軔〉，台北：文海出版社，1988 年，第 38 頁；韓華：《民初孔教會與國教運動研究》，北京：北京圖書館出版社，2007 年，第 196－199 頁。

3　參見韓華：《民初孔教會與國教運動研究》，第 199－208 頁。

國教」,「孔子於中國,為保民開化之功,不為教主」。[4] 章士釗也曾提出反駁,孔子所「言絕無教質,神所不語,鬼不能事」,「後人祖述,經師講習,系統不出乎師弟子,範圍不越乎大學書院」,故儒學「本非教也」。[5]

　　第三重語境是第一次世界大戰帶來的「西方的分裂」,給中國提出了重新選擇的問題。第一次世界大戰以前,西方對中國來說意味着是一個整體,是現代化的樣板。一戰爆發後,以英、法等為一方的協約國與德、奧等為一方的同盟國之間的搏鬥,吸引了全世界的注意力。面對歐洲兩大集團的對峙,中國面臨選邊的問題。故戰爭一開始,中國朝野上下都頗為關注戰局的發展。在中國的觀察家看來,這不僅是一場軍事衝突,更是一場「思想戰」(杜亞泉語)。在甚囂塵上的戰爭機器背後,是各國強有力的民族主義在支撐。德國的大日耳曼主義、俄國的大斯拉夫主義、英國的大不列顛主義,成為各國發動戰爭的真正精神動力。國人都敏感地意識到,歐戰雖發生在歐洲,但悠關中國的前途和命運,故大家都希望戰爭的結局能朝着有利於中國的方向發展,或中國藉此機會發展自己的實力。戰爭臨近尾聲時,俄羅斯、東歐各國社會主義風潮湧起,世界面臨新的巨大震盪。歐洲從一分為二,到再次陷入新的更深層次的分裂,不僅是利益的衝突,而且是新的制度文明的選擇不同、新的主義之爭。「西方的分裂」對中國思想界自然產生了影響,由於對西方思想傳統和新的趨向的認識差異,中國思想界對現代化方向的把握也出現了新的分歧。

　　這三重語境既構成新文化運動的歷史背景,又是它必須面對

4　　章太炎:〈駁建立孔教議〉,收入湯志鈞編:《章太炎政論集》,下冊,北京:中華書局,1977 年,第 688－693 頁。

5　　秋桐(章士釗):〈孔教〉,《甲寅》,第 1 卷第 1 號,1914 年 5 月 10 日。

的對話對象。從歷史的角度評估新文化運動，首先不能背離或抽離它所面臨的對話語境。

二、新文化運動的最初定位

對新文化運動之定位做出明確解釋的是陳獨秀、胡適。1920年4月1日，陳獨秀在《新青年》第七卷第五號發表〈新文化運動是什麼？〉一文中說：「新文化運動，是覺得舊文化還有不足的地方，更加上新科學、宗教、道德、文學、美術、音樂等運動。」陳獨秀在這裏使用的是「加上」一詞。他批評了當時「兩種不祥的聲音」：「一是科學無用了，我們應該注重哲學」；這是針對梁啟超在《歐遊心影錄》一書中開首所發出的「科學破產了」的呼喊而發。「一是西洋人現在也傾向東方文化了。」這是面對《東方雜誌》和梁漱溟為代表的東方文化派而發。陳獨秀認為，「各國政治家、資本家固然用科學做了許多罪惡，但這不是科學的罪惡」；「西洋文化我們固然不能滿意，但是東方文化我們更是領教了，他的效果人人都是知道的，我們但有一毫一忽羞噁心，也不至以此自誇。」顯然，陳獨秀既不同意將第一次世界大戰的罪惡與「科學」並聯在一起，也不認同因近代西洋文明存在弊病，而改弦易轍重新復歸傳統的東方文化。這是陳獨秀的態度，也是當時新文化陣營的共識。

胡適在〈新思潮的意義〉一文中陳述自己對新文化的見解時說：「新思潮的根本意義只是一種新態度。這種新態度可叫做『評判的態度』。評判的態度，簡單說來，只是凡事要重新分別一個好與不好。仔細說起來，評判的態度含有幾種特別的要求：（1）對於習俗相傳下來的制度風俗，要問：『這種制度現在還有存在的價值嗎？』（2）對於古代遺傳下來的聖賢教訓，要問：『這句話在今日

還是不錯嗎？』(3) 對於社會上糊塗公認的行為與信仰，都要問：
『大家公認的，就不會錯了嗎？人家這樣做，我也該這樣做嗎？難
道沒有別樣做法比這個更好，更有理，更有益的嗎？』尼采說現
今時代是一個『重新估定一切價值』（Transvalution of all Values）
的時代。『重新估定一切價值』八個字便是評判的態度的最好解
釋。」⁶ 胡適是從價值取向上確認新文化、新思潮的意義。

　　陳、胡二位的追求，亦即對「新」的文化的追求，都是不滿
足於所謂舊文化、所謂「國粹」所致。可以想像，這樣一種追求，
必然與「舊文化」發生嚴重衝突。陳獨秀對此有清醒認識。「本志
同人本來無罪，只因為擁護那德莫克拉西（Democracy）和賽因
斯（Science）兩位先生，才犯了這幾條滔天的大罪。要擁護那德先
生，便不得不反對孔教、禮法、貞節、舊倫理、舊政治。要擁護那
賽先生，便不得不反對舊藝術、舊宗教。要擁護德先生又要擁護賽
先生，便不得不反對國粹和舊文學。」⁷ 新文化運動的最初論域，
就是討論新文化與舊文化的對立關係，「破舊立新」是《新青年》
主流派的共同選擇。

　　當然，陳獨秀對新舊文化關係的陳詞並不是沒有可商榷之
處，也許他追求的民主、科學這兩大目標並沒有錯，但他指陳的中
國「舊文化」種種問題卻引起了極大的爭議甚至非議。從語義邏輯
來看，以我們今天的知識來判斷，他的邏輯顯然只是一種模糊處
理，實際上，與民主政治相對立的應是專制政治，並不關乎孔教、
禮法、貞節、舊倫理，科學發展與「舊藝術」、「舊宗教」也不存
直接的對應、對立關係。在美國這樣的民主國家，基督教照樣流

6　胡適：〈新思潮的意義〉，《新青年》，第 7 卷第 1 號，1919 年 12 月 1 日。
7　陳獨秀：〈本志罪案之答辯書〉，《新青年》，第 6 卷第 1 號，1919 年 1 月 15 日。

行；像牛頓這樣的大科學家奉信上帝者大有人在。陳獨秀的這種模糊處理做法，長期地支配後來的人們，對此不求甚解者很容易地因執著於維護新文化的話語霸權，對中國的古典文化、儒家倫理採取一種排斥、乃至貶抑的態度。

三、反對孔教的問題

當代海外新儒家攻擊新文化運動是中國傳統文化的斷裂層，這不過是新文化運動與其反對派鬥爭的延續。從歷史的演進來看，新文化運動並不是近代中國文化的新開端，鴉片戰爭以來的一次又一次對外戰爭挫辱，促使敏感的士人學子覺醒，他們開始睜眼看世界，向西方尋求真理。新文化運動不過是中國早期現代化運動從器物層面到制度層面、再向精神層面推進的結果。「沒有晚清，何來五四？」這是我們追朔新文化運動前史時可以順理成章得出的一個結論。

新文化運動的主要代表蔡元培、陳獨秀、胡適、李大釗激烈反對將孔教定為國教之舉。但破除儒學意識形態的話語霸權，並不是自新文化運動始，清末維新運動即對八股取士的制度給予激烈抨擊，對韓愈的「原道」學說提出激烈批評。1905 年廢除科舉制，從制度上實際解構儒學的正統地位，確立新教育的發展方向。民國初年，蔡元培制定的新教育宗旨明確取消「尊孔」條款，《大學令》解除經科，新的民國教育制度排除了建立孔教意識形態的可能。陳煥章等人的努力無濟於事，說明民國政治文化朝著民主、科學的方向發展已是不可更改的方向。

新文化運動對孔教的批評主要是展現在「禮教」、舊的家庭制度對人的個性束縛這一層面。新文化運動之表現為個性解放運動，

一方面得力於破解束縛人性、個性的「禮教」、舊的家庭制度，一方面歸功於西方的「健全的個人主義精神」的介紹。嚴格來説，新文化運動對儒學的系統清理和研究工作，因為各種條件的限制尚沒有全面展開。胡適提出「整理國故」在當時也只獲得很小範圍的認同。

中國作為文明古國，有着沒有間斷的歷史文化傳統，儒學在這一歷史文化傳統中居主幹地位。傳統歷史文化的資源核心部分實在是儒學，對於這一點新文化運動限於當時的歷史環境，在破的一方面下力較多，而對承繼一方面所做的工作相對較少。

新文化運動反對將孔教定為國教，主張捍衛憲法的思想自由原則。這一選擇並不為過。但如孔教能退出政治領域，不介入意識形態的話語霸權之爭，這就應該給予它應有的生存空間。在二十世紀中國，人們給有神的宗教留下了生存的空間，外來的基督教、本土的道教和佛教，都有自己受到法律保護的生存空間。但無神的宗教——孔教，似乎從來沒有得到承認。這裏與孔教自身所扮演的角色密切相關。既然是宗教，就不應該要求參與世俗事務，更不應該介入政治權力之爭，而應謹守在道德生活領域，這樣作為宗教的純潔性也許會得到人們的尊重。民初的孔教之所以成為一個問題，主要並不是在宗教的層面，而是在政治的層面，由於孔教介入了意識形態的霸權之爭，從而引發了它與各種勢力的衝突及其悲劇性的結局。另一方面，如果孔教真正退回到宗教領域，它是否應有自己生存權利和發展空間，這也是一個問題。既然有神的宗教因有「信仰自由」可以獲得生存的空間，為什麼無神的宗教——孔教就不能有它的容身之地？知識份子的身心安頓，除了依靠自己的人生修養獲得，孔教是否還有其可資利用的資源和價值呢？這是我們應該重新考慮和反省的一個問題。這一問題曾經不斷被某些現代新儒家所發問，今天仍然值得我們去思考和反省。

　　新文化運動之所以能夠釀成大氣，與中國資本主義的發展、新文化力量的迅速成長有關，並非只是幾個新思潮的「弄潮兒」興風作浪的結果。現在有一種似是而非的說法，以為新文化之成為「運動」是被人「運動」起來的。陳獨秀對此早有駁議，他曾說：「常常有人說：白話文的局面是胡適之、陳獨秀一班人鬧出來的。其實這是我們的不虞之譽。中國近來產業發達人口集中，白話文完全是應這個需要而發生而存在的。適之等若在三十年前提倡白話文，只需章行嚴一篇文章便駁得煙消灰滅，此時章行嚴的崇論宏議有誰肯聽？」[8] 胡適曾以「逼上梁山」來表達他投身「文學革命」之初的切身感受。新文化運動的揭竿而起不過是對復辟政治和復辟運動的反抗而已。

　　晚清在中國傳輸西學的主力是西方的傳教士，中國雖向歐美派遣了數批留學生，但人數過少，尚不成氣候。二十世紀初期，中國大批留學生奔赴東瀛，向日本這個曾是自己的學生討教。1910年以後，隨着美國將庚款用於資助中國留學，中國開始有計劃地分批派遣赴美留學生。民國初年，留學生在中國高等教育中已佔住重要地位，他們成為傳播西學的主力。這樣傳播西學的主體從西方傳教士轉向中國知識份子，在中國高等教育中這是一大變化，新文化運動的領導者大多為在日本、歐美留學者，這與戊戌維新運動的領導者主要為士紳，辛亥革命的領導者主要是留日學生有絕大不同。新文化運動中所包含的「西方元素」明顯超越了辛亥革命、戊戌維新。作為新文化運動尾聲的科學與玄學之爭，論爭雙方的代表丁文江、胡適與張君勱均為留學歐美者，說明即使文化保守主義也在尋求用「西式」來包裝自己。

8　陳獨秀：〈答適之〉，收入《科學與人生觀》，上海：亞東圖書館，1923 年 12 月。

　　五光十色的西方思潮在五四時期湧入中國，在中國尋求它的代言人。戊戌變法運動中活躍的康有為、梁啟超、譚嗣同都是在國內成長的一代知識份子，他們無緣接受西方的學術訓練，當然也不可能傳授西方近代思想，他們只能講一些貌似思想解放但實際上還是中國傳統的那套東西。五四這一代人不一樣，他們在國外接受了教育，甚至是接受了比較系統的現代教育，所以他們能夠把歐美最新的思想、最前沿的學術帶到中國來，這些思想與學術在西方可能還處在實驗階段，但在中國因為得到胡適這些留學生的傳播，在中國的影響力卻不比在西方小，五四時期影響最大的易卜生主義、實驗主義就是如此，很多外來的「主義」在異域的影響超過了在本國的影響，包括馬克思主義，這得益於五四時期那些從歐美歸來的知識份子佔據了中國知識界的制高點。

四、新文化運動論域之轉變——啟蒙運動

　　新文化運動論域之轉變為以確認其為啟蒙運動，認定新文化運動的基本精神是民主、科學，這是在新時期以後紀念五四運動六十周年開始出現的轉向。在新民主主義革命理論框架中，新文化運動被當做舊民主主義革命的尾聲，其所提出的「民主」、「科學」被定性為資產階級的思想，其價值和意義自然被打折扣。通覽三大冊《紀念五四運動六十周年學術討論會論文選》（北京：中國社會科學出版社，1980 年），我們即可看出，民主、科學的思想價值重新得到確認，它不僅被當作五四新文化運動的基本精神，而且被視為中國現代化運動的前進方向。

　　本來陳獨秀深受法國啟蒙運動的影響，《青年雜誌》的外文譯名用的就是法文 LA JEUNESSE。陳獨秀在《青年雜誌》發刊詞〈敬

告青年〉中提出對青年的六大要求:(一) 自主的而非奴隸的。(二) 進步的而非保守的。(三) 進取的而非退隱的。(四) 世界的而非鎖國的。(五) 實利的而非虛文的。(六) 科學的而非想像的。帶有濃厚的啟蒙色彩。在同期刊出的〈法蘭西人與近世文明〉一文,提出「近代文明」的三大事件:「一曰人權說」,「一曰生物進化論」,「一曰社會主義」,都是法國人率先發動,[9] 彰顯的就是啟蒙運動和法國大革命的思想貢獻。在〈本志罪案之答辯書〉中提出向西方學習「民主」與「科學」,「只有這兩位先生可以救治中國政治上、道德上、學術上、思想上一切的黑暗。若因為擁護這兩位先生,一切政府的壓迫,社會的攻擊笑罵,就是斷頭流血,都不推辭」。[10] 他認定新文化運動是一場啟蒙運動。陳獨秀的啟蒙思想因其激烈而果敢,其實就是革命思想,他從法國大革命走向「以俄為師」的共產革命,其中的內在邏輯即在於此。

　　新時期重新認定新文化運動是一場啟蒙運動,主要是重新確認思想自由、個性解放的合理性、正當性。「啟蒙」(Enlightenment) 的本意是讓近代文明之光照亮黑暗的中世紀,這是因為中世紀處在神學的統治之下,受到宗教愚昧的支配。擺脫這種愚昧狀態,成為那些追求科學、自由、人權的知識份子的目標。在「文化大革命」中,由於民主、法治被摧殘殆盡,個人迷信、獨斷專行猖厥,國家政治生活的正常秩序受到嚴重干擾。知識份子被當做「臭老九」,完全失去應有的人格、尊嚴,教育、科學發展面臨重重阻力。這些惡果重新喚起人們對新文化運動倡導的民主、科

9　陳獨秀:〈法蘭西人與近世文明〉,《青年雜誌》,第 1 卷第 1 號,1915 年 9 月 15 日。

10　陳獨秀:〈本志罪案之答辯書〉,《青年雜誌》,第 6 卷第 1 號,1919 年 1 月 15 日。

學的記憶，深切體驗到民主、科學是現代社會所不可缺乏的基本
要件。

　　近代中國的啟蒙思想萌動於歐風美雨之中，它具有兩個層次：
一是打破傳統的忠君觀念，進行國族（Nation）思想的啟蒙。將忠
君引向對國族的認同，強調愛國，發掘「集體的能力」，這種以優
先追求國族富強的目標為主，對國族思想的啟蒙，幾乎是近代各大
政黨、各大思潮探討的主題。嚴復將《自由論》譯成《群己權界
論》，確認的是一種個人與社會相適的自由秩序。國民黨領袖孫中
山在《三民主義》演講中強調「國家自由」，主張以「國家自由」
代「個人自由」。共產黨追求共產主義，對社會平等的張揚。青年
黨標榜的「國家主義」。這些都反映了這樣一種思想傾向。不過，
將「Nation-State」譯成國家，似乎是一種誤導，近代民族國家表現
的是對「國族」的認同，而不含有「國家」之「家」的含義。二是
個人主義或個性主義。這是胡適在〈易卜生主義〉一文中特別宣傳
的一種思想。他強調個人自由、個人權利的正當性，強調個性解
放。「這篇文章在民國七八年間所以能有最大的興奮作用和解放作
用，也正是因為它所提倡的個人主義在當日確是新鮮又最需要的一
針注射。」[11]

　　由於對國族思想的啟蒙更為急迫，因而在近代中國思想大潮
中實際佔有主流。尋求國族富強，發掘集體能力，重建新的社會秩
序，這是近代思想家們思考的問題，也是新文化運動深入發掘的主
題。如果說，建立民國是近代民族國家建構的一個新開端，那麼，
五四運動則可視為社會重建的發動機。傅斯年所謂「從五月四日以

11　胡適：〈介紹我自己的思想〉，收入歐陽哲生編：《胡適文集》，第 5 冊，北京：
　　北京大學出版社，2013 年版，第 464 頁。

後，中國算有了『社會』了」，[12] 表達的就是這樣一種看法。但如僅將啟蒙思想局限於國族思想，忽視個體思想的啟蒙，也是一種偏見，新時期的新文化運動之論域擴展到啟蒙運動，其拓展之處在於再次確認了思想自由、個性解放、民主政治的價值和意義。

五、1990 年代以後新文化運動論域的再次轉向

新文化運動論域的再次轉向是 1990 年代以後，對「東方文化」派、梁啟超為代表的研究系、《學衡》派文化主張的重新評估，表現了中國學術界對文化多元的深度理解和對中西文化的平衡處理。實際上，這些過去被當作新文化運動的反動派並不願自外於新文化運動，他們對中西文化關係的別樣處理，雖有對主流派揚西貶中的抗衡一面，還有為被壓抑的中國文化尋求出路表達新的訴求一面。換句話說，他們發出的聲音既是「異聲」，又是「和聲」。

中國之所以出現「近代」，主要是由於中國與世界（特別是西方）的關係發生變化所致。換言之，近代以來中國面臨的緊要問題是如何處理中西關係，如何認識中西文化。從魏源提出的「師夷長技以制夷」，到洋務派的「中學為體，西學為用」，再到嚴復在〈論世變之亟〉一文對中西文化所進行的一抑一揚的比較，可以看出中西之比漸次發生換位，中西關係之調適是朝着重西輕中的方向發展，這是西方在歷次侵華戰爭中勝利的結果。一系列戰爭的挫辱帶來的另一個後果是對本民族劣根性、本國文明制度的優劣的反省，

12　傅斯年：〈時代與曙光與危機〉，收入歐陽哲生編：《中國近代思想家文庫·傅斯年卷》，北京：中國人民大學出版社，2015 年，第 121 頁。

近代的批判性、啟蒙性思潮隨之產生，並成為一股不可遏制的潮
流，中國文化的突破面臨新的瓶頸。

　　民國初年，中國知識界對中西文化關係處理出現新的對峙。
新文化運動與反對派的爭論主要表現在對東西文化認識的分歧，當
時的東西文化論戰在三個方面展開：一是東西文化的優劣比較；二
是新舊文化可否調和；三是戰後中國文化的道路選擇問題。[13] 五四
時期的東西文化論戰，將中國對西方近代文化的輸入引向高潮。這
場論戰對後來中國文化的重要影響乃在於強調東方文化與西方文化
的二元對立，強調新文化與舊文化的替換關係，這樣一種思維方式
成為定式，長期地支配人們的頭腦，對後來人們處理中西文化關係
造成極大的影響。

　　東方文化派、《學衡》派和梁啟超、梁漱溟為代表的文化保守
主義者的思想主張對於抗衡新文化運動的激進傾向，不失為一種合
理的選擇，他們的思想主張的確包含有不可否認的合理內核。但因
此認可其為正確的選擇，或視其為較新文化運動更優的「上策」，
則又悖於當時的實際情形。新文化運動論域之拓展，對東方文化
派、《學衡》派和梁啟超、梁漱溟為代表的文化保守主義者之重新
評估，表現了人們對新文化運動之多向思路、多元文化的包容，這
實為新時期人們謀求平衡處理中西文化關係的反映。

　　但中西文化之權重，並不是由主觀願望所可任意處置的。近代
以來的中西文化關係究其根本原因是由中西之間的實力所決定。所
謂「文化軟實力」其實也是國力的反映，軟實力當然也是與硬件相
匹配的。離開了國家實力這個硬件，就談不上所謂的「文化軟實力」。

13　參見陳崧編：《五四前後東西文化問題論戰文選》，北京：中國社會科學出版
　　社，1985 年，第 1－32 頁。

　　在對文化保守主義重新評估的同時，對陳獨秀、胡適、李大釗、錢玄同、魯迅、周作人為代表的《新青年》派之研究也在朝着更為深入、細緻的方向掘進。實際上，對後者的研究應該說仍然是1980、90年代新文化運動史研究的熱點或重點。如果說，陳獨秀將新文化運動定位為啟蒙運動，表現的是他對中國現代化之民主、科學這一方向的追求的話，胡適將新文化運動定位為「中國的文藝復興」，則是表現其開掘新文化運動與中國人文傳統相聯結的一面。胡適認為新文化運動是中國的文藝復興運動，是中國人文傳統的再生。他曾向《新青年》同人建議：「我們這個文化運動既然被稱為『文藝復興運動』，它就應撇開政治，有意識地為新中國打下一個非政治的〔文化〕基礎。我們應致力於〔研究和解決〕我們所認為最基本的有關中國知識、文化和教育方面的問題。」[14] 帶着這一目的，胡適提出新思潮的意義是：研究問題，輸入學理，整理國故，再造文明。不管是陳獨秀將新文化運動定位為啟蒙運動也好，還是胡適所執著追求的「中國的文藝復興」也罷，兩者對中國文化傳統都抱持一種批評性或批判性的態度，他們都不滿意那種「維持四千年綱常名教於不墜」的文化保守主義態度，都謀求中國文化的更生、創新。

　　像胡適這樣將新文化運動看作是「中國的文藝復興」，並不只是個別的聲音，梁啟超的《清代學術概論》、周作人的《中國新文學的源流》也是從這個角度追溯新文化的傳統起源。《新潮》將其刊名英譯為 *The Renaissance*，更是表達這樣一種意向。他們都強調新文化運動與中國人文傳統一脈相承的繼承關係。

14　唐德剛譯注：《胡適口述自傳》，收入歐陽哲生編：《胡適文集》，第 1 冊，北京：北京大學出版社，2013 年，第 320－321 頁。

　　隨着對中國新文化保守的、穩健的思路的新的發掘和有力表現，激進的思想相對受到抑制。進入二十一世紀以後，中國的文化生態發生了較大變化。對古典文化的偏好日益佔據文化的中心，去新化的傾向愈來愈受到各種鼓勵，對新文化運動批評、惡詆的聲浪自然愈演愈大。文化復古的後果之一是「去新化」。宗教勢力的復活，正在填補意識形態崩解所造成的思想真空，各大宗教重新構建自己的信仰系統，由此也大大壓縮了新文化的空間。古典主義與宗教勢力曾在新文化的打擊下，已經支離破碎，如今卻又重新整合，新文化面臨前所未有的新的危機。在這種情勢下，我們確有必要對新文化運動之「新」意義再確認、再評估。

　　近代以來，人們普遍將中學與西學相區隔。在二者之間總是非此即彼、或抑中揚西、或貶西褒中，這種「二分法」做法從十九世紀下半期一直到新文化運動時期，都沒有多大改變，幾成為一種定式延續迄今。這與近鄰日本近代以來的所謂「東洋」、「西洋」之分有類似之處。這固然與中西文化之初期接觸，中學與西學的確分屬兩大系統，雙方差異之大，可以並立，而對雙方可能的相通之處缺乏應有的認識。與此相聯的另一個問題是，對新文化與舊文化的對立關係的強調，以致人們形成存此去彼、非此即彼的思維定式。在這種思維定式的制導之下，人們很容易走上以西方文化代替中國文化或以中國文化替換西方文化的「替換型」思維的路子，梁漱溟的《東西文化及其哲學》所提示的世界文明三種路向說即是這種思維方式的典型表現。隨着人們對新文化運動史的深入研究，發現新中有舊，舊中有新，所謂新舊並不是截然可分的。如此過去所謂中西對立、新舊對立之說，不妨調適為中西並存、新舊相容。文化的緊張感由此將得以緩解、化解。

　　過去我們存在一種誤解，以為繼承本國的傳統文化與輸入西方的近現代文化，雙方存在一種對立而不能兩存的關係。其實這也

是一個極大的誤區，兩者之間並不存在這種矛盾。隨着歷史漸行漸遠，傳統文化已成為愈來愈稀缺的資源，傳統已沉積為「古典」，對之我們當然應該珍惜、保存，不必避諱「保守」之名。在西方文化處於強勢文化的背景之下，西方在科學技術、制度設計、精神文化方面仍保持優勢，處在前沿的位置，因此我們必須取「拿來主義」的態度，盡量吸收西方的先進文化，不必計較「西化」之污。該「保守」的就要保守，該「開放」的就要開放，不必非此即彼。歷史的經驗告訴我們，不怕真誠的保守，就怕偽劣的假古董；不怕貨真價實的洋貨，就怕夾生不熟、未經消化的舶來品。日本作為東方世界現代化的先進，其突出優點即在保護傳統與追求「西化」並存。蔡元培先生以其特有的智慧謀求兼容中西文化，以獲取新文化的平衡發展。傳統文化與外來文化是新文化的兩大源頭活水，也是激活我們想像、創造的靈感源泉。

　　把握新文化的關鍵仍在理解中西文化的互動關係。從中國新文化的興起和發展的歷史看，西方文化的衝刺是催生中國新文化的外部動力，也是主要動力。中國新文化之「新」首先表現在輸入外來「新」的文化，然後才是傳統文化受此影響開始自我更新、推陳出新。如果説，未來中華民族的文化復興，中國文化將在世界大放光彩，那也是建立在中西結合的新文化在世界佔住了支配性地位，絕不可能是排他性的單一文化或儒教原教旨主義的復活。新文化運動給我們的重要啟示是如何在中西文化結合的基礎上，創造一種新文化。將新文化運動史論域移向中西文化關係，必有助於加深人們對中西文化關係的理解，促進中西文化之間的貫通、融匯。俄國作家列夫·托爾斯泰曾説過一句名言：「幸福的家庭都是相似的，不幸的家庭各有各的不幸。」將這句話引伸到衡估世界各國現代化的進程，我們也可以這麼説：「現代化成功的國家其實都是相通的，失敗的國家才各有各的原因。」在世界早期現代化進程中，有哪些

因素是共通的特徵呢？第一個共通的特徵是工業化，無論哪一個國家走現代化之路都必須完成工業化，非工業化的國家當然夠不上現代化國家的資格。這是現代化國家與自給自足佔主導地位的傳統農業經濟國家的區別。第二個共通特徵是更為強勢的組織化，一般來說，現代化的國家較傳統的帝國組織化程度要高。為提高自身的組織化程度，各國根據自己的歷史文化和政治傳統，採取不同的舉措：政治傳統比較保守的國家，如英國、俄羅斯、日本、德國選擇君主立憲制，強化自身的組織化程度；沒有政治傳統的新大陸國家——美國，則選擇共和制，這是一種新的政治建構；有些國家（如法國）則在共和制與君主制之間徘徊不定，革命與復辟長期較量，國家處在兩極對立的煎熬之中。從辛亥革命以後，中國選擇了共和制，但又強烈維護傳統帝國的中央集權制的政治傳統，希望在新的政治架構中，強化而不是消弱國家的整合和統一，這當然是提升自身的組織化程度、加強抗拒外部壓力的需求。在全球化的當今世界，各個民族之間的文化交流日益緊密，中國的發展愈來愈有賴於與世界的關係，愈來愈離不開世界的資源，尋求中國文化與其他民族文化的共通之處，這是中國文化在未來獲得機遇和發展的必由之路。

載《教學與研究》，2015 年第 8 期。收入葉祝弟、杜運泉主編：《現代化與化現代——新文化運動百年價值重估》，上冊，上海：三聯書店，2019 年，第 143－155 頁。

材料、詮釋與價值重估
——百年五四運動史研究之檢視

　　五四運動是一個意義不斷延伸的名詞。最初它只是對 1919 年 5 月 4 日學生運動的指稱。1919 年 5 月 19 日《民國日報》載北京中等以上學校學生聯合會〈致各省各團體電〉首揭：「五四運動，實為敵愾心之激發，亦即我四千年光榮民族性之表見。」5 月 20 日《晨報》刊北京學生聯合會〈罷課宣言〉稱：「外爭國權，內除國賊，『五四運動』之後，學生等以此呼籲我政府，而號召我國民，蓋亦數矣。」所謂「五四運動」即指此意。隨着運動的發展，6 月 5 日上海發生「三罷」，全國許多大中城市紛紛響應。7 月蔡曉舟、楊亮工編輯「第一本五四運動史料」——《五四》，隨即將敍述「五四運動」範圍擴大到 5、6 月份全國各地的愛國運動。[1] 五四運動後來有一個擴大版，既包括 1915 年陳獨秀創刊《青年雜誌》以來提倡的思想革命、反孔教運動、提倡新道德、新文學，又涵蓋 1919 年的學生運動和各地的市民運動、工人罷工、抵制日貨

1　又參見沈仲九：〈五四運動的回顧〉，載 1919 年 10 月 1 日《建設》第 1 卷第 3 號。沈文開首即道：「1919 年 5 月 4 日，北京幾千學生因為政府對付山東問題有失敗的消息，大家聯合起來用示威運動的法子去表示真正的民意，後來罷學罷市的運動，都是繼續這運動的，也都可包括在這個『五四運動』名詞內。」

運動。對五四運動的這種「廣義」界定，實際包含社會政治、思想文化兩個層面，「五四新文化運動」這一名稱即是對五四運動具有複合性質的概括。陸定一〈評性教育運動〉（載 1927 年 1 月 18 日《中國青年》第 148 期）可能最早使用了這一名稱。[2] 陳伯達〈論五四新文化運動〉（載 1937 年 6 月 15 日《認識月刊》創刊號）一文對這一名稱的時限（1915 － 1923 年）、內容有意識地做了界定。[3] 最早出現的新文化運動、五四運動研究著作——伍啟元著《中國新文化運動概觀》（上海：現代書局，1934 年初版）、陳端志著《五四運動之史的評價》（上海：生活書店，1935 年初版）對新文化運動、五四運動的處理都帶有泛化的傾向。華崗著《五四運動史》（上海：海燕書店，1951 年）是較早依據新民主主義革命理論展開五四運動歷史敘事的代表性著作。海外五四運動史研究則首推周策縱先生專著《五四運動史》，該書「導論」從廣義的角度對「五四運動的定義」作了最初的學術梳理。[4] 今年時逢五四運動百年，百年回看五四，從學術史視角檢討五四運動史研究實有必要。

2　陸定一此文在評述國內性教育運動的派別時，指出「性史」派「這派的代表是張競生。這派的形成，要從五四新文化運動說起。從五四以後接受新思潮的人的分化，使一部分跑到政治運動的路上，而另外一部分則鑽進了文學與藝術的圈子裏」。

3　陳伯達此文稱：「『五四』——這只是表示了這次新文化運動整個時代的里程碑。這次新文化運動的整個時代，事實上應該上溯到民國四年《新青年》的出版（五四前四年），而以民國十年關於社會問題的討論和民國十二年所謂『人生觀之論戰』為終點（五四後四年），接着『人生觀之論戰』，便是政治上狂風暴雨的時代了。」

4　Chow Tse-tsung, *The May Forth Movement: Intellectual Revolution in Modern China*, Cambridge, Massachusetts: Harvard University Press,1960, pp. 1-6.

一、五四運動史文獻材料的解讀

歷史研究的基礎是史料。傅斯年曾言：「史學便是史料學。」「但史料是不同的，有來源的不同，有先後的不同，有價值的不同，有一切花樣的不同。比較方法之使用，每每是『因時制宜』的」。[5] 史料之鑒別本身就是一個問題，沒有史料依據的歷史研究實為無根之談，不對史料之來源、價值、先後次序有一清晰的了，就談不上歷史研究，作為歷史學的五四運動研究自不例外。

五四運動的文獻材料主要有三個來源：當時的報刊、親歷者的回憶和評介、保存的檔案。

周策縱先生的《五四運動史》一書出版後，他曾將自己撰著此書所參閱的材料編輯過一本《五四運動研究資料》，這本資料幾不為國內學界所關注。該書第一部分「五四時期的期刊與報紙」即詳列「期刊標題索引」、「編者與貢獻者索引」、「新創期刊 1915 － 1923」、「五四事件後改進的舊期刊」、「支持新文化運動的主要報紙」。[6] 從其所列五四時期期刊報紙（604 種）可見，周先生研究五四運動史的原始文獻材料主要是報刊。實際上，最初編撰的幾本有關五四運動小冊子也是如此，楊亮工當年編輯《五四》一書之所以速成，即是因其所編乃是以當時的報紙報道為主要材料來源。[7] 1950 年代以後基於中國革命史研究的需要，人民出版社影印出版

5　傅斯年：〈史學方法導論‧史料論略〉，收入歐陽哲生編：《傅斯年文集》，第 2 卷，北京：中華書局，2017 年，第 327 頁。

6　Chow Tse-tsung, *Research Guide to the May Forth Movement*, Cambridge, Massachusetts: Harvard University Press, 1963, pp. 1-129.

7　楊亮工（功）編輯該書稱：「一由於一切事實皆為當時己身之所親歷，一由於一切文電輿論皆為當時各地報章所登載，俯拾即是。」楊亮功：《早期三十年的教學生活 五四》，合肥：黃山書社，2008 年，第 97 頁。

革命期刊 19 種，內中包括五四時期的《新青年》、《每週評論》、《星期評論》、《共產黨》等。1958 － 1959 年人民出版社出版《五四時期的期刊介紹》（三集）亦是出於同樣目的，其選輯期刊範圍受到限制，最著新聞性的報紙不在其列。1980 年代人民出版社影印革命期刊 26 種，其中有《星期評論》、《少年中國》、《新社會》、《北京大學學生週刊》、《秦鐘》、《覺悟》、《共進》等是五四時期的期刊。報刊雜誌是研究五四運動史的主要材料來源，這與當時新拓的公共空間有着密切的關係。

　　期刊在宣傳新文化，展開思想啟蒙方面功不可量，但新聞傳播的主要渠道是報紙。《晨報》、《申報》、《民國日報》是五四時期最負盛名的報紙，這些報紙在 1980 年代得以影印出版。周策縱先生所提支持新文化運動的主要報紙，除了人們熟知的《國民公報》、《京報》、《晨報》、《時事新報》、《民國日報》外，還有北京的《國風日報》、天津的《新民意報》。報紙是報道五四運動的主要傳媒，也是大眾百姓的主要信息渠道。報紙的傾向直接影響輿論導向。如果說，青年知識份子從北大系統的《新青年》、《新潮》獲取思想啟蒙的靈感，《國民公報》、《京報》、《晨報》、《時事新報》這些研究系主導的報紙則開闢了五四新文化運動的另一個戰場，他們互為倚角、相互奧援，吸納了包括李大釗在內的一批北大新派師生加盟。以《晨報》為例，它在 1919 年五四運動中，追蹤報道巴黎和會對青島問題交涉的進展，及時傳播北京學生運動和各地響應的情形，揭露北洋政府的政情內幕，大篇幅地宣傳新思潮（特別是社會主義）。《晨報》快捷的新聞報道、明確的輿論引導，發揮了期刊難以替代的作用，它是當時北京最著影響力的報紙。

　　親歷者的回憶和評介是五四運動史的第二個重要材料來源。匡互生 1925 年在《立達季刊》發表的〈五四運動紀實〉可能是最早的回憶文字。從此，五四運動學生一方人士陸續撰寫回憶錄，回

顧這次事件的親歷見聞。1949 年「五四」三十周年前後，五四回憶迎來了第一個浪潮，以後在 1959 年再推高潮。[8] 1979 年中國社會科學出版社出版三大冊《五四運動回憶錄》可謂集五四回憶之大成。從整理而成的〈五四時期老同志座談會紀錄〉可見這些進入耄耋之年老人的激動情緒。[9] 他們滿懷革命激情，回顧自己青年時期追求進步、投身五四運動的光榮歷史。這些回憶文字有些是自己親撰，有些可能係經人整理。由於年歲已高，其中有些細節可能並不確切。以周予同先生的回憶為例，關於「火燒趙家樓」一幕，他曾在 1933 年、1959 年、1979 年三次回憶中都提及，1933 年他撰文紀念逝去的匡互生，只是說「五四」當天：「當時匡互生最起勁，因為得不到武器，於是分頭帶火柴和小罐煤油等等。」並未具體說誰放的火，「我當時被群眾所擠，仆倒在地，因為忽傳警察開槍，有許多人從前面反退下來，所以沒有走進曹氏住宅，不知互生兄曾做了些其他什麼工作。」[10] 1959 年他再寫〈五四回憶片斷〉，雖沒有指名道姓是誰放的火，也認可為學生放火，「衝進上房的臥室，沒有看見人影，打開枱子的抽屜，也沒有什麼重要文件；於是帶有火柴、火油的同學們便將臥室的帳子拉下一部分，加上紙頭的文件，放起火來了。這一舉動沒有得到所有在場同學的贊同，火焰在短時間內也並不旺揚。」[11] 而在 1979 年再回憶這一場景時，他將與上

8　參見中國科學院第三歷史研究所編：《五四運動回憶錄》，北京：中華書局，1959 年；《光輝的五四》，北京：中國青年出版社，1959 年。

9　參見中國社會科學院近代史研究所編：《五四運動回憶錄》（續），北京：中國社會科學出版社，1979 年，第 1－22 頁。

10　周予周：〈五四前夕——悼互生兄〉，原載《立達學園園刊》，1933 年。收入北京師範大學校史資料室編：《匡互生與立達學園》，第 94－95 頁。

11　周予同：〈五四回憶片斷〉，原載《展望》，1959 年第 17 期。收入北京師範大學校史資料室編：《五四運動與北京高師》，第 30－31 頁。

述情景相關的人物一一對號入座，且說自己參與打砸汽車和點火燒宅。「院子裏停着曹汝霖的汽車，我滿懷憤怒一拳把車窗玻璃打碎，自己的手也劃破了，鮮血淋漓。」「我們找不到幾個賣國賊，便要燒他們陰謀作惡的巢穴。於是匡互生便取出火柴，同我一起將臥室的帳子拉下一部分，加上紙頭的信件，便放起火來了。這一舉動，被擔任遊行大會主席的北大學生段錫朋所發覺，跑來阻止我們說：『我負不了責任！』匡互生毅然回答：『誰要你負責任，你也確實負不了責任。』我倆將火點着，而火焰在短時間內並不旺揚。」[12]這樣，匡互生不僅成了第一個砸窗跳進曹宅的好漢，而且是放火燒趙家樓的英雄。這三次回憶，一次比一次細膩，他的敘說帶有「故事新編」的性質，且不乏將自己帶入故事的情節。類似的情形其他人也不乏有之。由於五四運動在革命史的地位愈來愈高，以至參與這一運動者「老夫聊發少年狂」，重新煥發青年時代的激情，熱衷把自己嵌入五四的大劇。儘管如此，對於五四運動是如何運動起來的，我們除了依賴這些當事的運動人士自述以外，別無選擇，至於其真實性，只有通過相互核驗、前後比勘，才能做出較為符合實情的判斷。

曾在北洋政府擔任過政府官員職務的「遺民」也不甘寂寞。顧維鈞在他的回憶錄中詳細披露了中國代表參與巴黎和會的談判過程，拒簽和約成為他外交生涯的亮點之一。[13]曹汝霖在他晚年的回憶錄中以「五四運動終身受冤誣」為題表達自己的心曲，把「五四」運動以後愈演愈烈的群眾運動，「推原禍始，未始非五四運動為之

12　周予同：〈火燒趙家樓〉，收入北京師範大學校史資料室編：《五四運動與北京高師》，第 36－37 頁。

13　參見中國社會科學院近代史研究所譯：《顧維鈞回憶錄》，第 1 冊，北京：中華書局，1983 年，第 172－234 頁。

厲階也」。[14] 由於立場不同，當事者回憶的差異幾乎是截然對立。

海峽對岸的文化老人並沒有沉默。聯合報社 1979 年將台灣回憶五四的文字輯成《我參加了五四運動》出版。毛子水以「不要怕五四，五四的歷史是我們的！」為題，明確表達爭奪五四話語權的意願。但如把這本小冊子與三大冊《五四運動回憶錄》放在一起，就不難看出兩岸用力的極不對稱。五四運動這一話題當時在台島仍是一個禁忌。

檔案是歷史研究的硬件，但在五四運動史研究中，卻是一個弱項。按理說，檔案是最原始的文獻，現有關涉五四運動的檔案文獻主要為官書文檔，收藏於政府機構之中，故檔案文獻在前期的五四運動史研究（1979 年以前）中幾很少利用，所以檔案反而成為擺在第三位的材料來源。與回憶錄具有私人性質不同，檔案帶有「官方」性質，既然是官方的，在革命話語中則被視為反動政府的文件，因而被棄置不用，即使利用也是從反面理解，基本持不信任態度。政府檔案作為五四運動的基礎性資料，對了解北洋政府的動態至關重要。由於歷史上種種原因，現存有關五四運動的檔案資料並不多。現在整理出版的主要有：(1) 中國社會科學院近代史研究所、中國第二歷史檔案館史料編輯處編《五四愛國運動檔案資料》，內收第二歷史檔案館館藏北洋政府時期關於五四運動的檔案資料。據「編輯說明」，該書是「為紀念五四運動六十周年」在王可風生前主持編輯的「《五四運動史料彙編》初稿基礎上，增刪調整」而成。[15] 全書共分為三大部分：一、五四運動發生的歷史背景。

14　曹汝霖：《曹汝霖一生之回憶》，台北：傳記文學出版社，1980 年再版，第159 頁。

15　中國社會科學院近代史研究所、中國第二歷史檔案館史料編輯處編：《五四愛國運動檔案資料》，北京：中國社會科學出版社，1980 年，「編輯説明」。

二、五四愛國運動經過。三、五四期間新思潮的傳播。該書第二部
分內容，為人們了解五四運動的政治情勢、特別是北洋政府方面處
置運動的舉措提供了基本材料。該書所收材料有一部分來自於北京
《政府公報》，它顯屬半公開的官文，並不是秘藏的檔案。從編者
對所選資料新加的標題，可以看出編者所持的政治立場。(2)《近
代史資料》編輯部主持，天津歷史博物館整理《秘笈錄存》(「近
代史資料專刊」之一，中國社會科學出版社 1984 年 8 月初版。知
識產權出版社 2013 年再版，對初版訛誤有所訂正)。五四運動的
直接起因是北洋政府與巴黎和會的外交問題。1927 年，曾任北洋
政府總統府秘書長的吳世緗，將秘書廳所存巴黎和會與華盛頓會議
期間北京政府與和會代表及駐外使館的往來文電等檔案彙集為《秘
笈錄存》(未定稿) 一書。當初吳世緗編輯此書，其目的在於「使
後人知我國在會經過困難真狀」，故其在資料選擇上對北京政府
有明顯的回護之意，一些地方還有所刪隱。(3)《北京檔案史料》
2009 年第 2 期為《檔案中的北京五四》專輯。該書收入北京市檔
案館藏檔案史料十二組，以及中國社會科學院近代史研究所藏、
1919 年 7 月編輯的《五四》中未行重刊的「文電錄要」，和連載於
《北京青年報》的六篇五四檔案解讀文章。[16] 這是有關五四運動檔案
的最新曝光。上述三種檔案材料的披露，為我們了解五四運動時期
北洋政府掌握的內部資訊和應對舉措提供了直接依據。近年來，有
的學者根據發掘的檔案材料研究北洋政府與參加巴黎和會的中國代
表處理對德和約的真實態度，取得了新的成果。[17]

16　參見梅佳：〈檔案中的北京五四──寫在前面的話〉，《北京檔案史料》，2009
　　年第 2 期，第 2 頁。

17　參見鄧野：《巴黎和會與北京政府的內外博弈：1919 年中國的外交爭執與政派
　　利益》，北京：社會科學文獻出版社，2014 年；唐啟華：《巴黎和會與中國外
　　交》，北京：社會科學文獻出版社，2014 年。

從報紙的新聞報道，可見五四運動的進展、規模和各方反應；從個人回憶，能夠了解各方人士介入運動的內情和運動的操作；從官方檔案，可以看出北洋政府是如何處置運動的。這些材料體現了五四運動的不同側面。若單獨使用這些文獻材料，可見五四運動某一側面，如合而觀之，也許可能得到一個比較全面、均衡的認識。歷史研究追求客觀、真實、公正，但五四運動的史料來源蘊藏着不同價值取向的矛盾，這些材料明顯帶有強烈主觀色彩和價值取向，我們使用時從一開始就很容易產生一種不同價值衝突集於一身的感覺。對於這些不同價值取向的材料，我們既需要作回到「歷史現場」的細密考證，又要以「後五四時代」超越心態保持對它們的距離感。

二、五四運動史：主義與詮釋的交織

隨着新文化運動的興起，歐美的各種新興思潮、各種主義湧入中國，五光十色的外來思潮相互激蕩，中國成了外來新思潮的競技場，「五四」以後進入一個主義混戰的時代。主義的興盛反過來對認識、解釋五四運動投射新的光影。從不同主義的視角詮釋五四運動，五四運動研究呈現多元的狀態。這是一個充滿爭議的事件。

首先是國家主義與個人主義的矛盾。青年黨領導人曾琦指出五四運動具有「可貴之價值」與「特有之意義」。「在五四以前，中國非無賣國賊，非無媚外政府也，前清末葉，政府擅與外人締結不平等條約，喪地不知幾千里，賠款幾萬萬，顧當時人民視若無睹，不聞起而制裁之，此何以故？蓋國家觀念尚未發達，國民意識尚未養成，因而對國權之喪失，自然無所感覺。至五四時代，則國家觀念已發達，國民意識已養成，對於國家權利之喪失，有如私人

財產之損害，痛心疾首，憤起抗爭，此種愛國運動，實為『國家主義運動』」。[18] 他把五四運動歸究為國家主義運動的功勞。1935 年胡適為紀念五四，則給予了完全相反的意義詮釋：「民國六七年北京大學所提倡的新運動，無論形式上如何五花八門，意義上只是思想解放與個人的解放。」「近幾年來，五四運動頗受一班論者的批評，也正是為了這種個人主義的人生觀。」[19] 這種把五四運動個人主義化、自由主義化的努力，更強調五四運動思想解放的性質和世界主義的視域。

　　國共兩黨由於所抱持的主義不同，對五四運動的認識也有很大差異。國民黨先後以《民國日報》、《中央日報》為主要陣地，在「五四」周年的日子十餘次發表社論、紀念文章，根據不同時期國民黨的政治需要，着力把五四運動的功勞歸究孫中山的領導，將五四精神三民主義化。[20] 從 1930 年代中期新啟蒙運動以後，共產黨及其左翼對五四話語的建構顯露其自身的特色。毛澤東代表中國共產黨人在〈新民主主義論〉中對五四運動的性質、背景、階級成分和歷史作用給予了新的詮釋：第一，「五四運動是反帝國主義的運動，又是反封建的運動。五四運動的傑出的歷史意義，在於它帶着為辛亥革命還不曾有的姿態，這就是徹底地不妥協地反帝國主義和徹底地不妥協地反封建主義」。第二，「五四運動是在當時世界革命號召之下，是在俄國革命號召之下，是在列寧號召之下發生的。五四運動是當時無產階級世界革命的一部分」。第三，五四運動「是

18　曾琦：〈五四運動與國家主義〉，收入陳正茂、黃欣周、梅漸農編：《曾琦先生文集》，上冊，台北：中研院近代史研究所，1993 年，第 394 頁。

19　胡適：〈個人自由與社會進步——再談五四運動〉，《獨立評論》，第 150 號，1935 年 5 月 12 日。

20　相關論述參見歐陽哲生：〈紀念「五四」的政治文化探幽—— 1949 年以前各大黨派報刊紀念五四運動的歷史圖景〉，《中共黨史研究》，2019 年第 4 期。

共產主義的知識份子、革命的小資產階級知識份子和資產階級知識份子（他們是當時運動中的右翼）三部分人的統一戰線的革命運動」。第四，「五四運動是在思想上和幹部上準備了一九二一年中國共產黨的成立，又準備了五卅運動和北伐戰爭」。據此，他認定五四運動是新民主主義革命的開端。[21] 毛澤東一錘定音，他的論斷日後成為馬克思主義者研究五四運動史的經典。

國共兩黨對五四運動的主要爭執也許並非運動的性質，而是運動的領導權，雙方都希望「五四」為我所用。對於五四運動的經過、性質，1930 年代中期，學界並無太大分歧。通讀伍啟元著《中國新文化運動概觀》、陳端志著《五四運動之史的評價》，我們可感受到左翼的新啟蒙運動與兩著的論述方式、使用話語有接近、甚至基本相似之處。陳端志以「五四運動是反帝反封建的啟蒙運動」作為結論，這似乎是當時知識界的共識。[22]

國共兩黨對五四運動領導權的爭執，是其政治分歧在歷史領域的延伸。因此，對五四運動的詮釋，不僅是一個歷史問題，而且與各自的意識形態建構密切相聯。抗戰以後，國共兩黨基於各自的政治需要，特別是為了爭奪青年資源，加大了對「五四」話語權的爭奪，五四運動遂成為意識形態之戰的重要組成部分。

新民主主義革命理論對五四運動史研究影響至深。東北大學編《五四紀念文輯》（東北新華書店，1950 年）、華崗著《五四運動史》（上海：海燕書店，1951 年）、胡華編著《中國新民主主義革命史》（初稿。北京：人民出版社，1952 年）和何干之主編《中國革命史講義》（北京：高等教育出版社，1957 年）敘述五四運動

21　毛澤東：〈新民主主義論〉，收入《毛澤東選集》，第二卷，北京：人民出版社，1991 年，第 699－700 頁。

22　陳端志：《五四運動之史的評價》，上海：生活書店，1936 年二版，第 260 頁。

的內容，在理論上基本遵循毛澤東的定調，對無產階級領導權、俄國十月革命對中國的影響、五四運動與中國共產黨成立的關係做了有力闡述，可謂新民主主義理論的具體文本解釋。1980 年代出版的李新、陳鐵健主編《偉大的開端》（北京：中國社會科學出版社，1983 年）、彭明著《五四運動史》（北京：人民出版社，1984年）在內容上雖作了較大篇幅的擴展，在敘事細節上亦多有拓新，但在理論上仍將五四運動史的論述維持在新民主主義革命的框架中未變。五四運動的革命性意義漸次在眾多的論著中被消化殆盡。傳統的革命史範式開始遇到「新革命史」思路的挑戰。

　　新時期五四運動詮釋出現了新的轉向。首先是重新確認新文化運動打出的民主、科學兩面大旗在思想解放中的歷史作用，充分肯定新文化運動批判禮教、破除舊習的啟蒙工作。這一突破開始是與「反封建」的革命性意義聯結在一起，後來演變成為現代化建設的方向，成為中國社會從傳統向現代轉型的助推器。追求民主、發展科學是中國現代化的硬道理。按照這樣一種新思維，在新文化運動中起過重要歷史作用的蔡元培、陳獨秀、胡適獲得重新評價，新文化的閘門得以重啟，新時期的思想解放運動直接以五四新文化運動的啟蒙工作為先導，兩者建立起新的歷史聯繫，思想解放的潮流奔騰向前。在學術層面，五四運動史研究從此獲得了前所未有的全面開發。

　　1990 年代中國文化的發展伴隨國學的復興，呈現出新的多元思路。曾經被當作新文化運動批判對象的梁啟超、梁漱溟、東方文化派、學衡派，他們的文化思想作為新文化的另一種見解、另一條建設思路，其合理性和存在意義受到了尊重和包容。新文化的面目由此又顯得模糊難辨，新中有舊，舊中有新，不新不舊，新舊雜存。在新民主主義革命理論框架內五四運動之所以獲得高評，在於它在政治層面具有「反帝反封建」的革命性意義，在於它作為群眾

運動所演示的成功的社會動員，隨着革命轉向建設，群眾運動在法治的框架下被嚴格限制，五四運動所包含的社會政治意義受到了極大的消解，以致人們傾向將新文化運動與五四運動區別開來，胡適晚年以為五四運動「是一場不幸的政治干擾」的觀點重新抬頭，新時期的五四運動史研究更多地是在思想文化層面展開。如果說，過去人們習用「五四」涵蓋新文化運動，現在反過來，出現了有以新文化運動取代五四運動的傾向，人們更願把五四運動作為新文化運動進程中的一個「事件」來處理。「五四」青年節作為新的思想解放象徵，彷彿成了知識份子的節日。

三、五四運動歷史意義的「價值重估」

我們現今已進入「後五四時代」。從新文化運動揚西抑東的東西文化觀到今日中國民族文化的偉大復興，從以群眾運動的方式謀求社會解放、民族解放到現在以法治規範公共秩序，從個性解放、思想解放到追求以人為本、社會福利、國家創新能力，「五四」以來中國現代化運動已經大踏步邁入新的更高台階。當年陳獨秀呼喚的民主、科學已成為中國現代化事業的主流選擇和核心價值。我們回首漸漸遠去的「五四」背影正在隱身到時代的幕後。隨着時間的推移，我們時代的諸種特徵與「五四」漸行漸遠。

歷史之樹常青。歷史的意義常常是在過去與現實、當前與未來的碰撞中奔發。若從「後五四」的角度檢視，站在時代的高度反思百年中國走過的歷程，五四運動之所以成為一個具有歷史里程碑意義的事件，在於它是現代性在中國生根的一個顯著標誌。現代性元素伴隨西力東漸從晚清依稀出現在中國，人們對它的認同是艱難的、猶疑的，現代性在中國的成長經歷了一個演變過程。國人從傳

統的農業文明轉向對近代的工業文明的認同，從古老的家國天下的
帝制秩序到自由、民主、自治的共和制的轉向，從傳統的儒教倫理
到容納個性解放的新文化秩序的確認，在近代中國是一個突發、快
速、激變的過程。

　　1915 年 9 月 15 日陳獨秀創辦《青年雜誌》，其意是重塑青年
形象，他的創刊宣言〈敬告青年〉即道明其宗旨所在。如果把他這
篇文章與梁啟超在 1900 年 2 月 10 日刊於《清議報》的〈少年中國
說〉相比，可以看出二者一脈相承之處，二者都把中國的希望寄託
在少年、青年身上。重新塑造中國少年、青年是兩文的用力所在。
比較而言，梁啟超的「少年」是朦朧的、想像的，陳獨秀的「青
年」卻是明確的、現實的，他提出青年的六大特徵：（一）自主的
而非奴隸的。（二）進步的而非保守的。（三）進取的而退隱的。
（四）世界的而非鎖國的。（五）實利的而虛文的。（六）科學的而
非想像的。無一不是具有現代性特徵。在陳獨秀帶領下，《新青年》
雜誌作者群形成了一股探討青年問題和青年人生觀的熱潮。高一涵
以長文〈共和國家與青年之自覺〉寄希望青年「自居於國家主人
之列」，擔負起建設民主政治之責任。他對何為共和？何為共和精
神？何為政府、人民責任？如何改造青年之道德？這一系列關乎時
局的政治問題做了清晰的解答，指出青年「自覺之道」在於「煉
志」、「煉膽」、「煉識」，以擔負共和主人之重任。[23] 高一涵這篇文
章是在 1915 年 9 月至 12 月連載，此時正是袁世凱醞釀復辟帝制之
時，高一涵在文中強調青年對於共和制的認同，實則就是反對袁世
凱復辟帝制，這是在進入共和制狀態下對青年身份認同所做的新的

23　高一涵：〈共和國家與青年之自覺〉，《青年雜誌》，第 1 卷第 1－3 號，1915
　　年 9 月 15 日－11 月 15 日。

確認。高語罕注意到「青年與國家前途」之密切關係。「欲國之強，強吾民其可也；欲民之強，強吾青年其可也，強之之道奈何？曰導正其志趣也，曰培養其道德也，曰發揚其精神也。顧精神之發揚，道德之培養，志趣之導正，首須研究青年之障礙，繼說明人生之究竟，終則詳論國民之責任。」[24] 李大釗呼喚「青春」，他認識到「青年之自覺」，「一在沖決過去歷史之網羅，破壞陳腐學說之囹圄」；「一在脫絕浮世虛偽之機械生活，以特立獨行之我，立於行健不息之大機軸」。他以豪邁的氣概發出了時代的強音：「以青春之我，創建青春之家庭，青春之國家，青春之民族，青春之人類，青春之地球，青春之宇宙。」[25] 這些激昂的文字對「新青年」形象做了濃墨重彩的勾勒，他們關注的主題是培植青年的「自覺」意識，是刷新青年的精神面貌，是青年對共和制的身份認同。新文化運動的最大成果就是喚醒了一代青年，也造就了一代青年，使他們自覺於「新青年」的職責。身處共和制架構中的青年份子由此找到了自己不同於舊的科舉制中的傳統士人安身立命之處，開始拓展一片新的天地。五四運動主要是由一批具有新思想、受到新思想洗禮的學生發動的，可以說沒有新文化運動就沒有五四運動，這是二者的關聯之處。

　　現代性之確認伴隨新的思想解放。這一過程與對傳統儒教倫理的批判甚至顛覆分不開，這凸顯在對近代文明的認知上。傳統儒家以謙曲、文弱為美，崇尚安逸、田園詩般的農家生活，這種道德觀、價值觀在新文化運動中遭到了清算。這突出的表現在對文明與野蠻關係的理解，在新文化運動中發生了極大的變化，這一點過去

24　高語罕：〈青年與國家之前途〉，《青年雜誌》，第 1 卷第 5 號，1916 年 1 月 15 日。

25　李大釗：〈青春〉，《新青年》，第 2 卷第 1 號，1916 年 9 月 1 日。

少見人提及。陳獨秀認定,「世稱近世歐洲歷史為『解放歷史』:破
壞君權,求政治之解放也;否認教權,求宗教之解放也;均產說
興,求經濟之解放也;女子參政運動,求男權之解放也」;「解放云
者,脫離夫奴隸之羈絆,以完其自主自由之人格之謂也」。以此為
鑒別,「有獨立心而勇敢者」為貴族道德,「謙遜而服從者」為奴隸
道德。與對獨立人格的尊崇一致,是對進取心的推許。「歐俗以橫
厲無前為上德,亞洲以閒逸恬淡為美風;東西民族強弱之原因,斯
其一矣。」[26] 他比較東西文明,稱「西洋民族以戰爭為本位,東洋
民族以安息為本位」;他對熱衷戰爭一方反而作了肯定,「西洋民族
性惡侮辱,寧鬥死;東洋民族性惡鬥死,寧忍辱。民族而具如斯
卑劣無恥之根性,尚有何等顏面,高談禮教文明而不羞愧」。[27] 文
明與野蠻的對立關係在相互轉化,「強大之族,人性,獸性,同時
發展」。所謂「獸性」謂意志頑強、體魄強健、信賴本能、順性率
真。陳獨秀把提倡「獸性主義」列為四大「教育方針」之一(其他
包括現實主義、惟民主義、職業主義)。[28] 這種對「野性」的偏愛
似乎成為新青年的精神特徵。毛澤東在〈體育之研究〉對文明與野
蠻的關係亦作了新的辨認:「近人有言曰:文明其精神,野蠻其體
魄。此言是也。欲文明其精神,先自野蠻其體魄。苟野蠻其體魄
矣,則文明之精神隨之。」[29] 他非常強調體育,這是身體觀的一個
重大轉變。體育優先是近代教育的一個特點,這與西方的影響密不
可分,傳統儒家價值觀則是把德育放在首位。傅斯年也發出過類似

26　陳獨秀:〈敬告青年〉,《青年雜誌》,第 1 卷第 1 號,1915 年 9 月 15 日。

27　陳獨秀:〈東西民族根本思想之差異〉,《青年雜誌》,第 1 卷第 4 號,1915 年
　　12 月 15 日。

28　陳獨秀:〈今日之教育方針〉,《青年雜誌》,第 1 卷第 2 號,1915 年 10 月 15
　　日。

29　毛澤東:〈體育之研究〉,《新青年》,第 3 卷第 2 號,1917 年 4 月 1 日。

的感慨，1926 年 8 月 17、18 日他致信胡適說，「我方到歐洲時，是欣慕他的文明，現在卻覺得學歐洲人的文化，甚易學而不足貴；學歐洲人的野蠻，甚難學而又大可貴。一旦學得其野蠻，其文明自來；不得，文明不來。近年很讀了些野人文學，希望回國以鼓吹神聖的野蠻主義為獻拙於朋友」。[30] 傅氏打算「鼓吹神聖的野蠻主義」的想法與陳獨秀提倡「獸性主義」教育的做法如出一轍。作為「新青年群體」的中堅人物，傅斯年與毛澤東不僅見解略同，而且在言語和表述上有相互接近甚至雷同之處。後來魯迅在〈略論中國人的臉〉中比較中西臉相特徵時得出兩個公式：人 + 原始性情 = 西洋人。人 + 家畜性 = 某一種人。他對野畜「馴順」為家畜所表現的「人性」並不以為然，以為中國人的臉「還不如帶些原始性情」。[31] 新文化先哲這些對強健體魄，復歸野性的呼喚，帶有一定的非理性成分，但其對傳統文明的大膽批判、對改造國民性的強烈意向不失為「片面的深刻」。現代中國風起雲湧的社會運動、翻天覆地的政治革命也許能從脫去羈絆的野性力量的復蘇找到某種根源。

　　五四時期是公共空間大為拓展的時代。「二次革命」以後，袁世凱嚴酷鎮壓革命黨，控制新聞輿論，公共空間大為壓縮。新文化運動興起以後，各地進步青年紛紛起來組織社團，創辦報刊，逐漸打破萬馬齊喑的沉悶局面。據統計，1919 年這一年中全國湧現的新思潮報刊就達四百餘種。[32] 在北京知名的代表性新報刊有《新潮》、《國民》、《北京大學月刊》、《新生活》、《平民教育》、

30　傅斯年：〈致胡適〉，收入歐陽哲生編：《傅斯年文集》，第 7 卷，北京：中華書局，2017 年，第 61 頁。

31　魯迅：〈中國人的臉〉，北京《莽原》半月刊，第二卷第 21、22 期合刊，1927 年 11 月 25 日。

32　參見方漢奇主編：《中國新聞事業通史》，第 2 卷，北京：中國人民大學出版社，1996 年，第 1 頁。

《五七》、《少年中國》、《新中國》、《新社會》、《少年》等。在天津有《天津學生聯合會報》、《覺悟》等。在武漢有《武漢星期評論》、《學生週刊》。在長沙有《湘江評論》等。在杭州有《雙十》、《浙江新潮》、《錢江評論》等。在四川有《星期日週刊》、《四川學生潮》等。知名的社團有：北大學生組織的新潮社、國民社、馬克斯學說研究會、平民教育講演團等；毛澤東、蔡和森等在長沙發起創建的新民學會；惲代英在武漢發起成立的互助社、利群書社；周恩來等在天津組織的覺悟社；在南昌有改造社。王光祈、曾琦、李大釗等發起組織的少年中國學會是五四時期規模最大的社團，其分支機構和成員遍佈全國各地。這些社團雖然宗旨不一，其成員大多為青年學生，通常以研究問題、揭露黑暗、改造社會、宣傳新潮、追求解放為職志。新報刊、新社團如雨後春筍般湧現，公共空間的拓展，為現代社會生活的活躍創造了必要條件。

　　五四運動是社會解放的時代。五四時期涉及討論的社會問題包括婦女解放問題、道德倫理問題、貞操問題、男女社交問題、婚姻家庭問題、女子教育問題、兒童問題、人口問題、喪葬問題，討論問題之廣泛前所未有，這是一個社會轉型的關鍵時刻。進步、覺悟、啟蒙、解放、革命這些新鮮、勁悍的詞匯充滿了報章雜誌。《新青年》、《新國民》、《新潮》、《新社會》、《新生活》、《新村》、《新生命》、《新教育》、《新文化》、《新新小說》、《新婦女》、《新人》、《新學報》、《新空氣》、《新學生》、《新共和》、《新自治》、《新湖南》、《新山東》、《新四川》、《新浙江》、《新江西》……以新字開頭的刊物表達了一個共同的心聲——去舊迎新，對新世界的憧憬，對新社會的渴望，對新文化的追求成為時代選擇的主潮。傅斯年說：「五四運動可以說是社會責任心的新發明，這幾個月裏黑沉沉的政治之下，卻有些活潑的社會運動，全靠這社會責任心的新發明。」「所以從五月四日以後，中國算有了『社會』了。」「中國人

從發明世界以後，這覺悟是一串的。第一層是國力的覺悟；第二層是政治的覺悟；現在是文化的覺悟；將來是社會的覺悟。」[33] 五四運動之前難道沒有「社會」嗎？當然不是。以「五四」為界，前後兩個社會是有區別的，「五四」以前的傳統社會是以家庭倫理、宗族倫理所支配的社會；「五四」以後的社會是一種新的社會，它處理的主要關係是個人與社會、國家與社會之間的關係，和過去的社會網絡關係發生了新的重大變化。傅斯年此語還有一層意思，他在陳獨秀所指陳的政治的覺悟、倫理的覺悟之後又加上「社會的覺悟」，這預示着社會的大解放，也就是社會主義運動的來臨。正如時人所論，「社會的解放，就是確立社會的民主主義。歐戰收局之後，軍國主義已經破產了，資本主義也跟着動搖了。各國國內改造底聲浪和解放底思潮，奔湧而至。而『五四運動』也應運而生。所以第一個目標就是社會的解放。大家對於以前的制度、組織以及習慣等等，根本的都發生懷疑。不但懷疑而已，並且都感覺非改造不可。而改造底前提，非先要求解放不可，所以社會的解放，尤其切迫緊要」。[34] 如果說辛亥革命時期的報刊，人們關注的主要是革命與憲政、共和與新政之間的對決這些政治問題，五四時期報刊主要討論的是各種社會問題。尋找靈丹妙藥解決社會問題，是吸引人們研究、傳播社會主義及其他思想的基礎。社會主義在中國的興起，決非偶然，從某種意義上說就是適應解決社會問題的需要而來，是對社會解放的渴求。

　　五四運動是一個「主義」奔放的時代。在傳統的儒教秩序崩解以後，主義作為替代物應運而生。主義作為泊來之物，日漸滲透到

33　傅斯年：〈時代曙光與危機〉，收入歐陽哲生編：《傅斯年文集》，第 1 卷，北京：中華書局，2017 年，第 417、411 頁。

34　淵泉：〈五四運動底文化的使命〉，《晨報》，1920 年 5 月 4 日。

中國社會生活的各個領域。人們選擇主義，政黨追尋主義，社會尊崇主義，主義成為理想、信仰、高尚之物。傅斯年高唱「主義」的讚歌，「人總要有主義的」，「沒主義的不是人，因為人總應有主義的」；「沒主義的人不能做事」；「沒主義的人，不配發議論」。他向大家發問，「（1）中國政治有主義嗎？（2）中國一次一次的革命，是有主義的革命嗎？（3）中國的政黨是有主義的嗎？（4）中國人有主義的有多少？（5）中國人一切的新組織、新結合，有主義的有多少？……中國人所以這樣沒主義，仍然是心氣薄弱的緣故。」[35] 傅斯年這一看法在五四時期具有典型意義。1919 年 6、7 月間，胡適與李大釗、藍志先在《每週評論》上圍繞「問題與主義」的爭論，似乎更堅定了人們對主義的信念，從胡適初始提倡「多研究些問題」到其轉向謀求解決空談主義的「弊害」，可以看到這一趨向。陳獨秀把主義比做方向，「我們行船時，一須定方向，二須努力」；「主義制度好比行船底方向」，「改造社會和行船一樣，定方向與努力，二者缺一不可」。[36] 從此，「主義」成為引導中國社會政治、思想文化向前發展的主潮。任何政黨、任何團體、任何學人都離不開「主義」的選擇。孫中山意識到有必要將原有的「三民主義」政綱

35　傅斯年：〈心氣薄弱之中國人〉，《新潮》，第 1 卷第 2 期，1919 年 2 月 1 日。
36　陳獨秀：〈主義與努力〉，《新青年》，第 8 卷第 4 號，1920 年 12 月 1 日。

理論化、系統化，並以之改組國民黨；[37] 新興的共產主義小組則從一開始就以其探求的理想主義建立政黨，政黨組織與主義的結合、主義的社會化成為中國社會政治向現代轉型、升級的一大特徵。

五四運動產生了新的社會政治動員模式。胡適、蔣夢麟總結五四運動的經驗時強調：「在變態的社會國家裏面，政府太卑劣腐敗了，國民又沒有正式的糾正機關（如代表民意的國會之類），那時候干預政治的運動，一定是從青年的學生界發生的。漢末的太學生，宋代的太學生，明末的結社，戊戌變法以前的公車上書，辛亥以前的留學生革命黨，俄國從前的革命黨，德國革命前的學生運動，印度和朝鮮現在的獨立運動，中國去年的『五四』運動與『六三』運動，都是同一個道理，都是有發生的理由的。」[38] 五四運動是對現實國家危機做出的迅捷反應，它與傳統的太學生干政傳統有着某種歷史繼承性，但它更具新的現代性意義。首以「運動」標榜，顯示出五四運動與戊戌變法、辛亥革命的區別所在。五四運動以前，北大已有頗具影響力的學生社團：新潮社、國民社；北京高

37　孫中山的三民主義思想最初表述在〈《民報》發刊詞〉：「余維歐美之進化，凡以三大主義：曰民族，曰民權，曰民生。」參見孫文：〈發刊詞〉，《民報》第一號，1905 年 10 月 20 日。1912 年 8 月 25 日孫中山〈在國民黨成立大會上的演說〉：「我同盟會素所主張者，有三主義：一民族主義，二民權主義，三民生主義。今民族、民權已達目的，惟民生問題尚待解決。」參見《孫中山全集》，2 卷，第 408 頁。1912 年 9 月 4 日孫中山〈北京共和黨本部歡迎會的演說〉：「兄弟前曾主張三民主義，民生主義亦即其一端，惟民生主義至今尚未達到。」參見《孫中山全集》，第 2 卷，第 441 頁。這可能是孫中山第一次使用「三民主義」一詞。以後「三民主義」一詞依稀出現在孫中山的言論中。「三民主義」一詞的頻繁使用是在「五四」以後，孫中山顯然認識到「主義」對政黨的重要性。國民黨重新提振，其中表現之一就是注意到輿論的重要作用。國民黨創辦《星期評論》、《建設》，與五四運動有著直接的關係。孫中山晚年演講「三民主義」，力圖使之具有系統化的理論形態，以與其他新興的各種主義抗衡。

38　胡適、蔣夢麟：〈我們對於學生的希望〉，《晨報》，1920 年 5 月 4 日。

師有同言社、健社、工學會。這些學生社團成為發動學生的骨幹力量。五四運動爆發後，5 月 6 日北京學生聯合會成立，成為主持學生運動中堅樞紐。隨後上海、濟南、開封、天津、武漢、長沙等地紛紛成立學生聯合會，這些學生聯合會起到了聯絡學生、組織集會、動員各界的作用。「當時政黨的力量已經幾乎沒有，就是最悠久的國民黨，它的組織和黨員間的聯絡指揮，遠不及這新成立的學生聯合會。」五四運動所造就的學生聯合會，不僅對推進運動進程發揮了主導作用，而且「對於五四以後的民族革命運動也是很有關係的」[39] 直到辛亥革命為止的近代中國革命，主要採用的革命手段是集合志士、聯絡會黨、運動軍隊、實行起義，而五四運動採取的鬥爭方法是罷課、罷工、罷市、街頭演講、群眾示威、抵制日貨。中國革命者的組織形式過去常常是以帶着濃厚宗教意味的秘密結社為主，孫中山創建同盟會領導的辛亥革命與會黨關係仍很密切；五四運動的組織形式主要是學生會、全國學生聯合會、工會、商會。「這種鬥爭方法和組織形式，在五四以前亦曾經局部的出現過，但是使這些鬥爭方法和組織形式在全國規模的運動中，在千百萬群眾親身的經歷中來大規模的成功的使用，則自五四運動開始。因之，五四運動是中國人民革命的方法與組織形式的一個重大的轉變。這對於中國革命運動以後的發展，有着重大影響和意義。」[40]五四運動更具現代意義的革命手段、組織形式、社會政治動員模式是其區別辛亥革命，而將中國革命推向新階段的重要標誌。

39　陳端志：《五四運動之史的評價》，上海：生活書局，1936 年二版，第 237 頁。又參見李劍農：《最近三十年中國政治史》，第十一章〈中國國民黨的改組與北洋軍閥的末路〉，上海：太平洋書店，1930 年，第 541－642 頁。李著有類似的評判。

40　博古：〈五四運動——中國現代史研究之一〉（下），《新華日報》，1939 年 5月 5 日。

　　五四運動對現代中國青年學生影響深巨。「五四」以後發生的青年學生運動都是以繼承「五四」相標榜，而並不以辛亥革命或戊戌變法的繼承者自居，說明中國青年運動的確發生了新的轉向。五四運動精神及其時代意義從事件發生的當月就被人們開始解讀。羅家倫詮釋「五四運動」的精神「是學生犧牲的精神」、「是社會制裁的精神」、「是民族自決的精神」。[41] 沈仲九解析五四運動的特色是「學生的自覺」、「民眾的運動」和「和社會的制裁」，據此他認定「五月四日以前的中國，沒有這種運動」。[42] 陳獨秀認為五四運動之區別於以往的愛國運動，在於它「特有的精神」，「這種精神就是（一）直接行動；（二）犧牲的精神。」[43] 羅、沈、陳三人的看法都有相互接近之處。蔡元培的認識向上提升了一步，他注意到，「從前的學生，大半是沒有什麼主義的，也沒有什麼運動」；「五四運動以來，全國學生界空氣為之一變，許多新現象新覺悟，都於五四以後發生」。他總結「五四」以後有四大變化：「自己尊重自己」，「化孤獨與共同」，「對自己學問能力的切實了解」，「有計劃的運動」。[44] 這些最初對五四精神特殊性的解讀，今天讀來也許有些樸素，但它確是五四那一代人真情實意的表達，是激勵以後學生運動的精神源泉。五四以後，學生運動表現的擔當精神、先鋒作用和合眾能力，顯現其是中國革命的重要組成部分，都是以繼承五四精神相標榜。

　　「說不盡的五四」，五四的思想意義在不斷敘說、論述、闡

41　毅（羅家倫）：〈「五四運動」的精神〉，《每週評論》，第 23 號，1919 年 5 月 26 日。

42　仲九：〈五四運動的回顧〉，《建設》，第 1 卷第 3 號，1919 年 10 月 1 日。

43　陳獨秀：〈五四運動的精神是什麼？〉，《時事新報》，1920 年 4 月 22 日。

44　蔡元培：〈對於學生的希望〉（1921 年 2 月 25 日），中國蔡元培研究會編：《蔡元培全集》，第四卷，杭州：浙江教育出版社，1997 年，第 333－337 頁。

釋、爭議中翻騰變化，新意迭出，其意在弘揚五四的愛國、進步、民主、科學精神。五四的愛國精神不是傳統的忠君愛國精神，它是現代意義的愛國精神，它伸張愛祖國，愛人民，愛民族文化的這一面，是對國家主權的維護，是和民族解放聯繫在一起。發揚五四精神，我們還要發掘五四精神的時代意義，提倡「五四」的文化自覺、思想解放的精神，提倡「五四」的民族自省、敢於創新、敢於批判的精神。以我們現今具有的學術條件和歷史眼光，拓展「五四學」新天地的時機已經到來。

原載《歷史研究》，2019 年第 2 期。收入周佳榮、黎志剛、區志堅主編：《五四百周年：啟蒙、記憶與開新》，上冊，香港：中華書局，2019 年。又收入中國社會科學院近代史研究所編：《五四運動與民族復興——紀念五四運動一百周年國際學術研討會論文集》，上冊，北京：社會科學文獻出版社，2022 年，第 35－52 頁。

新文化運動的文獻整理與歷史詮釋——
編輯《復興文庫 · 新文化運動》卷之旨趣

　　編輯歷史文獻資料的原則，依我個人的經驗而言：一是要有用，即所編資料全面、系統地反映歷史對象；二是要好用，即所編資料對使用者來說比較方便查找、使用。例如，編輯《魯迅全集》，首先的要求就是全，如果魯迅的作品不能盡入囊中、一網打盡，存在漏收現象，就不免有遺珠之憾。而對所收作品，如果不加以合理的編排，則給讀者易帶來查閱的困難。如何編排所收作品，這需要編輯對所收作品的體裁、內容、發表背景有一通透的了解，才可能做出恰當的安排。受命編輯《復興文庫》第一編第七卷《新文化運動》，對我來說是一項光榮的任務。我從事研究五四新文化運動史多年，得此系統整理、彙編新文化運動歷史文獻的機會，它可將自己多年在這一專題上的積累所獲和研究心得付諸實施。當然，它又有不可忽視的難度，新文化運動是一場涉及面廣、具有思想深度的文化運動，編選文獻要在廣度和深度上反映這場運動的實績確非易事，這對自己也是一個考驗。我編選這套資料是否已做到了上述兩點要求，有待讀者評說，但我的確是朝着這個方向盡力而為的。

一、新文化運動的歷史定位

　　編輯新文化運動的歷史文獻，首先要對這場運動的歷史演變和歷史地位有一準確、清晰、到位的把握。「新文化運動」一詞早在「五四」以前即已依稀出現。北京大學法科教授陳啟修在〈從「北洋政策」到「西南政策」——從軍國主義到文化主義〉（載《北京大學月刊》第 1 卷第 3 號，1919 年 3 月 25 日）一文中即有「主張以西南為新文化運動之圓心的起點」一語，內中使用了「新文化運動」一詞。陳啟修曾赴日本留學，在東京第一高等學校預科、東京帝國大學法學部政治科就讀，文中所用「軍國主義」、「文化主義」多少存有日本影響的痕跡。[1]「五四」以後，隨着「五四運動」一詞的出現和不脛而走，「新文化運動」一詞也漸多出現於報端，1919年下半年成為知識界比較流行使用的詞語。

　　現今我們一般認定新文化運動興起的標誌是 1915 年 9 月 15 日陳獨秀在上海創辦的《青年雜誌》，這多少帶有倒敘歷史的意味。《青年雜誌》發刊宗旨明確定位為「與青年諸君商榷修身治國之道」。1916 年 12 月蔡元培被任命為北京大學校長，他以「兼容並包，思想自由」為治校方針，整頓北大，聘任陳獨秀為文科學長，《新青年》編輯部隨後從上海搬到北京，北京大學因此成為新文化運動中心。

　　新文化運動興起之時，正是袁世凱施行逆流，復辟帝制；康有為、陳煥章倡導孔教，爭取孔教入憲。以蔡元培、陳獨秀、胡適、

1　　參見竹元規人：〈從 1919 年戰後日本的「文化主義」來看中國新文化運動〉，
　　收入歐陽哲生主編：百年回看五四運動——北京大學紀念五四運動 100 周年
　　人文學術論壇論文集》，下冊，北京：社科文獻出版社，2020 年，第 909－
　　922 頁。

李大釗、高一涵、錢玄同、魯迅、周作人、劉半農為代表的新文化派高舉民主、科學兩面大旗，在政治上堅守共和，反對復辟帝制；主張思想自由，反對立孔教為國教。在文化上提倡新文學，反對舊文學；提倡新道德，反對舊道德。由於民初特殊的歷史背景，這場運動明顯帶有清算舊文化的傾向。

五四運動期間，接受新教育洗禮的新型知識份子大力拓展公共空間，以傳播和研究新思潮為旨趣的新報刊、新社團如雨後春筍般在全國各地湧現，形成衝破黑暗政治和腐朽文化的思想巨流，將新文化運動推向了高潮。

新文化運動蔚然成為一場思想解放運動，外來的各種思潮，諸如無政府主義、馬克思主義、實驗主義、易卜生主義、新村主義、基爾特社會主義紛湧傳入中國，追尋主義成為時代的新風氣。隨着俄羅斯與東歐社會主義浪潮的東漸，中國思想界在歐戰後也出現轉向，探尋走向社會主義成為一股新的思想潮流。

新文化運動是一場社會解放運動，對各種社會問題的探討成為新思想界的志趣所在，婦女解放、家庭解放、個性解放、社會解放成為新知識階層的共同取向。

新文化運動興起的國際背景是第一次世界大戰，時稱歐戰。對歐戰進程的觀察，對戰爭雙方實力的評判和中國應對政策的處理，成為中國朝野上下思慮的重點。中國知識份子放眼世界，開始養成自己的國際觀，對東西新舊文化進行比較、鑒別，在世界文化的視域中建構中國的新文化。

1923 年知識界展開「科學與人生觀」論戰，科學派大獲全勝，科學觀念從此深入到思想領域的各個方面。一般認為這是新文化運動的高潮。

對於新文化運動的歷史認識，從革命話語看，新文化運動或五四運動是新舊民主主義革命的樞紐。在民主主義革命的話語體系

中，新文化運動是舊民主主義革命的高潮，通常被置於最後一章；五四運動是新民主主義革命的開端，是為新民主主義革命史的首章。從廣義的角度來理解五四新文化運動，它是新舊民主主義革命的聯結點，所以我稱之為是新舊民主主義革命的樞紐。在過去的革命史敘事中，通常以「五四」為界，將新文化運動段分為兩截，稱「五四」以前為資產階級領導的新文化運動，「五四」以後是無產階級領導的新文化運動。新文化運動作為一場運動，具有整體性、連續性的意義；當然也有階段性，這個問題可以探討。過去人們比較強調階段性的發展，忽略其連續性和整體性，這顯然難以說明新文化運動的思想主張在五四前後的連貫性和一致性，也難以解釋陳獨秀、李大釗與胡適在五四以後的合作，特別是在反對舊文化的戰線上共同合作這一面。

　　從中國近代文化演變的內在邏輯看，新文化運動是中國文化從傳統向現代轉型的關鍵。近代以降，中國文化在中西文化的衝突中開始自身的調整，首先是在物質層面學習西方，引進西方的工業、軍事和科技，開展洋務運動。然後是在政治制度層面借鑒西方，或主張君主立憲制，或主張民主共和制，出現了所謂立憲與革命之爭，清廷本身也在二十世紀初啟動了新政。1912 年民國建立以後，在制度層面依然存在恢復帝制或開明專制與維護共和之間的鬥爭；與此同時，在文化領域出現了康有為、陳煥章推動的孔教運動，力圖將孔教入憲，立為國教。新文化運動為反對帝制、反對孔教，掀起了一場追求現代化的文化運動。它將改革的鋒芒指向精神層面，在道德倫理、語言文學、意識形態領域開啟了革新。經過新文化運動，中國文化的主流朝着現代化的方向發展。

　　從北京大學校史看，新文化運動是北大之所以為北大的標識。《青年雜誌》1915 年 9 月 15 日創辦於上海，但真正產生巨大的社會影響和文化影響是在它搬到北大以後，也就是 1917 年初陳

獨秀主長北大文科以後。新文化運動傳播的各種主義、各種新思潮都是從北大這裏開始醞釀，並借助北大這個制高點向全國各地發散。北大是新文化運動的搖籃，新文化運動的核心陣地在北大。

　　上述觀點並非我的新創，而是學術界對新文化運動的共識，它是我編輯《復興文庫‧新文化運動》一卷所秉持的旨趣和基本觀點，也是我編輯、選擇相關歷史文獻的主要依據。

二、新文化運動的豐富內容

　　由於五四新文化運動在中國新民主主義革命的話語體系中所佔的特殊歷史地位，對它的文獻整理歷來為研究者所重視。過去對新文化運動歷史文獻的整理工作主要圍繞如下六大類來展開：

　　一是影印在新文化運動中發揮過重要歷史作用的報刊雜誌。如《新青年》、《每週評論》、《新潮》、《星期評論》、《少年中國》、《新社會》、《北京大學日刊》、《晨報》等，這些新文化運動的核心報刊，是研究新文化運動的核心歷史材料，曾在 1950 － 80 年代得以重新影印出版。最近，李強輯《五四時期重要期刊彙編》（二十冊，國家圖書館出版社，2012 年 10 月），又彙集影印了五四時期二十二種重要期刊，這些期刊均為未曾影印或比較難以尋找。

　　二是整理、編輯以五四運動或新文化運動為專題的文獻資料。如中國社會科學院近代史研究所編《五四運動文選》（北京：生活‧讀書‧新知三聯書店，1959 年 7 月第一版，1979 年 5 月重印）、近代史資料編輯組編《五四愛國運動》（上、下冊，北京：中國社會科學出版社，1979 年 3 月）、中共中央馬克思、恩格斯、列寧、斯大林著作編譯局研究室編《五四時期期刊介紹》（三集六冊，北京：生活‧讀書‧新知三聯書店，1978 年 11 月）、張先俟、

殷叔彝、洪清祥、王雲開編《五四時期的社團》（四冊，北京：生活・讀書・新知三聯書店，1979 年 4 月）、中華全國婦女聯合會婦女運動歷史研究室編《五四時期婦女問題文選》（北京：生活・讀書・新知三聯書店，1981 年 12 月）、陳崧編《五四前後東西文化問題論戰文選》（北京：中國社會科學出版社，1985 年 2 月）、趙家璧主編《中國新文學大系》（1917 － 1927 年）（影印本，上海：上海文藝出版社，1981 年 4 月）、孫郁主編《新文化運動史料叢編》（6 卷 9 冊，北京：人民文學出版社，2020 年 1 月）等。

三是發掘、整理五四運動檔案資料。現已出版的有：中國社會科學院近代史研究所、中國第二歷史檔案館史料編輯部編《五四愛國運動檔案資料》（北京：中國社會科學出版社，1980 年 2 月）、《近代史資料》編輯部主持、天津歷史博物館整理《秘笈錄存》（近代史資料專刊之一，北京：中國社會科學出版社，1984 年 8 月）、北京市檔案館編《五四運動檔案史料選編》（上、下冊，北京：新華出版社，2019 年 5 月）等。

四是約請五四親歷者撰寫回憶錄或做口述自傳，保存五四運動的歷史記憶。現已出版的有：中國社會科學院近代史研究所編輯《五四運動回憶錄》（上、下冊，北京：中國社會科學出版社，1979年 3 月；續，1979 年 11 月）、全國政協文史資料委員會辦公室編輯《五四運動親歷記》（北京：中國文史出版社，1999 年 5 月）、陳占彪編《五四事件回憶》（北京：生活・讀書・新知三聯書店，2014 年 5 月）等書。

五是搜集、整理五四運動在各地史料。如上海社會科學院歷史研究所編《五四運動在上海史料選輯》（上海：上海人民出版社，1960 年 6 月）、湖南省哲學社會科學研究所現代史研究室編《五四時期湖南人民革命鬥爭史料選編》（長沙：湖南人民出版社，1979年 8 月）、李永春編《湖南新文化運動史料》（長沙：湖南人民出

版社，2011 年 5 月）、張影輝、孔祥征編輯的《五四運動在武漢史料選輯》（武漢：湖北人民出版社，1981 年）、胡汶本、田克深編《五四運動在山東資料選輯》（濟南：山東人民出版社，1980 年 8 月）、天津歷史博物館、南開大學歷史系《五四運動在天津》編輯組編《五四運動在天津（歷史資料選輯）》（天津：天津人民出版社，1979 年 12 月）、中共四川省委黨史工作委員會主編《五四運動在四川》（成都：四川大學出版社，1989 年 5 月）、中共江蘇省委黨史工作委員會、中國第二歷史檔案館編《五四運動在江蘇》（南京：江蘇古籍出版社，1992 年 1 月）、中共浙江省委黨校黨史教研室編《五四運動在浙江》（杭州：浙江人民出版社，1979 年 5 月）、河南省地方誌編纂委員會總編輯室龐守信、林浣芬編《五四運動在河南》（鄭州：中州書畫社，1983 年 4 月）等，據統計，全國各地約有十多個省市編輯了五四運動在當地的資料，從這些資料可見新文化運動和五四運動在各地的傳播和影響。

　　六是整理、編輯五四運動重要歷史人物的文集、書信、日記。例如，中國蔡元培研究會編《蔡元培全集》（18 卷，杭州：浙江教育出版社，1998 年）、任建樹編《陳獨秀著作選編》（6 冊，上海：上海人民出版社，2009 年）、季羨林主編《胡適全集》（44 冊，合肥：安徽教育出版社，2003 年）、中國李大釗研究會編《李大釗全集》（5 冊，北京：人民出版社，2013 年）、劉思源等編《錢玄同文集》（6 卷，北京：中國人民大學出版社，2000 年）、《魯迅全集》（18 卷，北京：人民文學出版社，2005 年）、鍾叔河編訂《周作人作品集》（長沙：嶽麓書社，2019 年）、中國文化書院學術委員會編《梁漱溟全集》（8 冊，濟南：山東人民出版社，2005 年）等，舉凡與五四運動相關的重要歷史人物，大多已有文集、選集、甚至全集出版，這可能是五四運動文獻整理中取得進展最大的一個方面。

　　通覽前人已做的上述工作，新文化運動或五四新文化運動史

研究已具備較好的文獻基礎。新編《新文化運動》卷作為《復興文庫》第一編第七卷，收錄文獻時間範圍上自 1915 年，下迄 1923 年。個別文章因涉及主題的關係，發表時間雖在此前後，仍舊收錄，以便讀者了解問題的來龍去脈。考慮到文字所限，本卷所收文獻如係著作或長篇論文，因篇幅較長，一般均作節選處理。

本卷共分七冊。每冊確定一主題。各冊所收文獻，在同一主題下，根據內容酌情分類，每類收文一般按發表時間順序編排，有些文獻如確認寫作時間，則按寫作時間排列。這是一項對新文化運動歷史文獻比較系統的整理、彙編工作。各冊內容依次為：

第一冊《新文化運動的發動》，收錄文獻內容包括：一、塑造新青年形象，二、反對立孔教為國教之論爭，三、文學革命，四、民初政治亂象之省思。

強調青年與國家前途之間的關係，這是二十世紀初中國新思想界崛起的一個重要標識。1900 年 2 月 10 日梁啟超在《清議報》第 35 冊發表〈少年中國說〉一文，文章開首即道：「日本人之稱我中國也，一則曰老大帝國，再則曰老大帝國。是語也，蓋襲譯歐西人之言也。嗚呼！我中國其果老大矣乎？梁啟超曰：惡是何言，是何言，吾心目中有一少年中國在！欲言國之老少，請先言人之老少。老年人常思既往，少年人常思將來。惟思既往也，故生留戀心；惟思將來也，故生希望心。惟留戀也，故保守；惟希望也，故進取。惟保守也，故永舊；惟進取也，故日新。」說明中國不是外人心目中的老大帝國，而是「少年中國」。「少年中國」是中國的將來、是中國的希望、中國的進取之所在。文中還豪邁地宣稱：「故今日之責任，不在他人，而全在我少年。少年智則國智，少年富則國富，少年強則國強，少年獨立則國獨立，少年自由則國自由，少年進步則國進步，少年勝於歐洲，則國勝於歐洲，少年雄於地球，則國雄於地球。」這是第一次將青年與國家前途如此緊密地聯繫在

一起的雄文。文末表示：「『三十功名塵與土，八千里路雲和月。莫等閒白了少年頭，空悲切。』此岳武穆《滿江紅》詞句也，作者自六歲時即口受記憶，至今喜誦之不衰。自今以往，棄『哀時客』之名，更自名曰『少年中國之少年』。」[2] 表現出從此與過去決絕，「待從頭，收拾舊山河」的豪情壯志。

梁啟超所表現的「少年中國」思想主題在《青年雜誌》這裏得以全面展開。陳獨秀在創刊號〈社告〉中明確將該刊定位為：「一、國勢凌夷，道衰學弊。後來責任，端在青年。本志之作，蓋欲與青年諸君商榷將來所以修身治國之道。二、今後時會，一舉一措，皆有世界關係。我國青年，雖處蟄伏研究之時，然不可不放眼以觀世界。本志與各國事情學術思潮盡心灌輸，可備攻錯⋯⋯」顯然，這是一份定位面向青年讀者、作者的雜誌，也是中國大地上第一份具有思想啟蒙意義的青年雜誌。在陳獨秀的帶領下，《青年雜誌》同人紛紛投入了這樣一場啟迪青年的文化運動。

青年主題在《新青年》可以説持續展開，讀者群產生了熱烈反響。高一涵、高語罕、易白沙、李大釗、劉叔雅、羅家倫、楊昌濟，⋯⋯這些人中有的第一次投稿《新青年》，如高一涵〈共和國家與青年之自覺〉（第 1 卷第 1 號）、高語罕〈青年與國家前途〉（第 1 卷第 5 號）、李大釗〈青春〉（第 2 卷第 1 號）等即是以青年為主題撰文，顯示了時人對這一問題的特別關切。五四運動中，青年作為國家的先鋒作用得以彰顯，人們對青年更是刮目相看。作為五四運動學生領袖之一的許德珩借題發揮，撰寫了〈五四運動與青年的覺悟〉一文，特別闡述了五四運動與愛國青年的聯動關係。

2　參見李華興、吳嘉勳編：《梁啟超選集》，上海：上海人民出版社，1984 年，第 122－127 頁。

　　在探討青年與國家前途關係的熱潮中，出現了一部小冊子，也可能是當時唯一的一部專著——曾琦《國體與青年》（少年中國學會 1919 年出版）。這部著作的目次：一、弁言。二、青年之意義與其價值。三、新時代之青年……十二、建造新國家之青年。十三、新中國青年之責任。從其內容可見，這是一部全面探討青年與新中國關係的專著。因其主題的特殊重要性，當時胡適為之作序，李大釗作跋，大力推介這部著作。

　　五四運動以後誕生了少年中國社，這是當時最大的社團組織。其主要組織者王光祈、李大釗對創造該社的宗旨做了說明，分別撰寫了〈「少年中國」之創造〉、〈「少年中國」的「少年運動」〉。一股生機勃勃、昂揚向上、奮勇向前的青年力量出現在中國大地上。這是中國希望所在，也是新的活力所在。

　　觸發新文化運動興起的文化上的一個導火線是當時的孔教運動。民國初年，康有為、陳煥章發起了孔教運動，他們要求將孔教立為國教，並寫進憲法，以爭取在國家意識形態的正統地位。此事在國會遭到了來自國民黨方面及其他黨派議員的反對。這個問題當時頗為國人關注。過去我們主要是凸顯《新青年》上有關反對孔教的言論，如易白沙〈孔子平議〉、陳獨秀〈駁康有為致總統總理書〉、〈憲法與孔教〉、〈孔子之道與現代生活〉、李大釗〈孔子與憲法〉、吳虞〈家族制度為專制主義之根據論〉、〈禮論〉、〈儒家主張階級制度之害〉等文，強調《新青年》在反孔教問題上的立場和作用。實際上，當時對孔教派舉動做出反應的並不只有《新青年》一家。新文化運動以前，章太炎基於其在政治上一貫與康有為對立的立場，就發表過〈駁建立孔教議〉（1913 年 2 月），與康有為分道揚鑣的梁啟超也發表過〈孔子教義實際裨益於今日國民者何在，欲昌明之其道何由〉（1915 年 2 月 20 日）、〈復古思想平議〉（1915 年 7 月 20日），表明其反對孔教的立場。新文化運動興起以後，基督教華人

代表馬相伯代擬〈反對孔道請願書〉五篇（1916 年）、章士釗在《甲寅》發表〈國教問題〉（1917 年 2 月 5 日），陳啟修從憲法學的角度發表〈孔道與國憲〉（1917 年 9 月）。這些不同派別人士的反孔教言論，表明當時孔教運動的挫敗是各種力量合力反對的一個結果。

　　文學革命是新文化運動的主要內容，也是新文化運動影響力最大的一個方面。趙家璧主編《中國新文學大系》（1917 － 1927）於 1935 － 1936 年間由上海良友圖書印刷公司出版，全書共 10 卷，對新文學運動的成就做了系統、全面的總結。其中胡適編選《建設理論集》、鄭振鐸編選《文學論爭集》，對「文學革命」理論主張的歷史文獻做了周到的整理、編輯，此次所收文獻基本上是從這兩書中精選，只是在前面新增了黃遠庸的〈致《甲寅》雜誌記者〉（1915 年 10 月），此信提出：「愚見以為居今論政，實不知從何處說起……至根本救濟，遠意當從提倡新文學入手，綜之當使吾輩思潮，如何能與現代思潮相接觸，而促其猛省，而其要義，須與一般之人，生出交涉，法須以淺近文藝，普遍四周。史家以文藝復興，為中世紀改革之根本，足下當能語其消息盈虛之理也。」這封信後被胡適稱為「中國文學革命的預言」。[3]

　　新文化運動興起之初，正是袁世凱復辟帝制之時，國內政治一片亂象。對時局的憂慮成為志士仁人的焦點所在。新文化界各方面人士在政治上都持反對帝制的立場。梁啟超是護國運動的精神領袖，也是反對張勳復辟的主使，他發表了〈辟復辟論〉（1916 年 5 月）、〈反對復辟電〉（1917 年 7 月 1 日），成功地挫敗了兩次帝制復辟。陳獨秀、胡適雖無意直接干預政治，但對復辟帝制都表現了堅

3　胡適：〈五十年來中國之文學〉，《胡適文存》，卷二。收入歐陽哲生編：《胡適文集》，第 3 冊，北京：北京大學出版社，2013 年，第 214 頁。

決否定的態度，陳獨秀發表〈袁世凱復活〉(1916 年 12 月 1 日)、〈駁康有為《共和平議》〉(1918 年 3 月 15 日)，胡適發表〈歸國雜感〉(1918 年 1 月 15 日)，抗議袁世凱、張勳的政治倒退行為。溫和的「東方文化」派對國內紛擾不安的政治局勢深為不滿，素以平和中立面貌出現的《東方雜誌》也刊出杜亞泉、白堅、楊端六、錢智修等人探討政局的文章，以為解脫政局困境尋找出路。進步的《新青年》同人則日趨激進，陶孟和〈我們政治的生命〉(1918 年 12 月 15 日)、陳獨秀〈談政治〉(1920 年 9 月 1 日)、胡適等〈我們的政治主張〉(1920 年 5 月 13 日) 諸文，顯現他們在政治方面的覺悟與努力。

　　第二冊《新報刊、新社團的創建》，收錄文獻內容包括：一、新創辦的報刊發刊詞，二、新創建的社團報告及代表性文獻。

　　五四時期是公共空間大為拓展的時代。「二次革命」以後，袁世凱嚴酷鎮壓革命黨，控制新聞輿論，公共空間大為壓縮。新文化運動興起以後，各地進步青年紛紛起來創辦報刊，組織社團，逐漸打破萬馬齊暗的沉悶局面。

　　過去出版的《五四時期期刊介紹》、《五四時期的社團》兩套書系，對這個時期新創辦的報刊、社團歷史文獻做了比較系統的整理，這是研究五四運動史的兩部基本文獻，也是利用率極高的歷史文獻。但是基於當時的認識水平，《五四時期期刊介紹》只收入具有革命傾向的進步期刊，相對溫和、中性的文化學術類期刊基本不收，這就將當時一些頗具影響的文化、時事類刊物排除在外。有人在《讀書》1993 年第 11 期刊文批評《五四時期期刊介紹》未收《學衡》雜誌即是一例，丁守和先生對此做了回應。[4]

4　參見張汝倫：〈認真地思想和生活〉，《讀書》，1993 年第 11 期。丁守和：〈對認真思考者的回答〉(《讀書》，1995 年第 4 期) 對張文的批評作了回應。

此次我在編選這一冊時，除了收入具有革命傾向的進步期刊外，也適當地收入了一些具有一定影響力的文化學術期刊的創刊詞，如章士釗〈《甲寅日刊》發端〉(1917 年 1 月 28、29 日)、〈《太平洋》本志宣告〉(1917 年 3 月 1 日)、蔡元培〈《北京大學月刊》發刊詞〉(1918 年 11 月 10 日)、蔡元培〈歐美同學會叢刊發刊詞〉(1920 年 3 月 10 日)、〈《學衡》弁言〉(1922 年 1 月)、胡適〈發起《讀書雜誌》的緣起〉(1922 年 9 月 3 日)、〈《歌謠週刊》發刊詞〉(1922 年 12 月 17 日)等，從而增添了新文化運動的文化色彩。

第三冊《民主與科學》，主要內容包括：一、追尋民主政治，二、傳播科學觀念，三、科學與人生觀論戰。

新文化運動打出了民主、科學兩面大旗，這實際指出了運動的發展方向。相對來說，對科學的歷史文獻整理因為專業研究的緣故，比較重視。1934 年中國科學社出版了任鴻雋編選的《科學通論》，收文範圍是以《科學》雜誌刊文為主，它對 1915 年至 1927 年之間中國科學界對科學的認識和研究文獻做了初步的整理彙編。此次，我們以此書為藍本，增補了一些不在《科學》雜誌發表的相關文章，如楊銓〈科學與中國〉(《留美學生季報》第 1 卷第 4 號，1914 年 12 月)、王星拱〈科學的起源和效果〉(《新青年》第 7 卷第 1 號，1919 年 12 月 1 日)和〈什麼是科學方法？〉(《新青年》第 7 卷第 5 號，1920 年 4 月 1 日)、馮友蘭〈為什麼中國沒有科學〉(Yu-Lan Fung, *International Journal of Ethics*, Vol. 22, No. 4, Apr, 1922, pp. 237-263)文，這就豐富了五四時期人們對科學認識的內容。

對民主的認識與討論的相關文獻，過去未見人系統整理，這項工作幾乎是從頭做起。編輯這方面的文獻相對來說有一定難度，我們既要查尋五四時期探索民主的方方面面的各種文獻材料，又要從中選擇那些具有進步傾向、代表中國政治現代化趨向的言論。

五四時期談論民主的材料來源相對來説比較散，不像「科學」議題的材料那樣集中在《科學》雜誌。民國初年除了以「民主」對譯英文 Democracy，與「民主」同意或近似者還有「民治」、「庶民主義」、「平民主義」，或音譯「德謨克拉西」等詞。陳獨秀在《新青年》上雖然高舉民主、科學的旗幟，但《新青年》從學理上探討有關民主政治的文章並沒有人們想像的那麼多，這與議題的政治敏感性多少有些關係。瀏覽五四時期的時評政論，人們會發現有關探討民主政治方面的文獻材料也不是很多，從某種意義上説當時鼓噪民主（民治）雖然形成一定的聲勢，但真正探尋民主思想並在學理上達到相當水平的論著則很稀少，富有創見的著作可以説幾乎沒有，大多是一些快意的伸張民治的議論和直白的民主政治主張、或者是歐美政治思想的譯介。這是在編輯這方面文獻時給我留下的印象和遺憾。

作為新文化運動的尾聲或高潮是 1923 年的「科學與人生觀論爭」。當年這場論爭結束時，亞東圖書館、泰東書局就彙編《科學與人生觀》，並請陳獨秀、胡適作序，對之進行總結。我最初設置這一目，編輯此節時內部有不同意見。經過幾番討論，後來還是接受了我的做法，只是在篇幅上稍作壓縮。

第四冊《東西文化論爭》，收錄文獻內容包括：一、中國思想界對歐戰的觀察，二、東西文明與新舊思潮之爭，三、五四以後新舊思想能否調和之爭論。此冊原還擬有第四目「圍繞梁啟超、梁漱溟東西文化觀論爭的文獻」，後因篇幅所限刪去。

東西文化論爭是五四時期的一場重要論爭。這個問題伴隨八十年代「文化熱」的興起，引起了人們極大的探討興趣，陳崧編選過一本《五四前後東西文化問題論戰文選》（北京：中國社會科學出版社，1985 年 2 月），對相關文獻做了一次初步的整理、編選。

我在編輯此冊時，將其定名為「東西文化論爭」。改「論戰」

為「論爭」實際表明我對這個問題的理解，五四時期發生過不少的文化討論，這些討論自然伴隨着激烈的爭論，在大講「階級鬥爭」的年月裏，這些爭論都上升到「論戰」的高度，以顯示爭論中那種你死我活的鬥爭火藥味。隨着時間的推移，人們對這些論爭的熱情大大降溫，硝煙彌漫的火藥味漸漸消隱，我以為既然是文化性質的討論，還是用「論爭」比較合適。

這一冊「一、中國思想界對歐戰的觀察」是新設、新選的材料。陳崧一著沒有編選這方面的材料。實際上，五四時期東西文化論爭的導源是與歐戰緊密相聯的。這一目的設置和所收材料很好地說明了這一問題。鑒於晚清對外五次戰爭失敗後，中國被迫與西方列強和新興的日本簽訂不平等條約，過去人們常因此慨歎「弱國無外交」。但民初以後，這一頹局逐漸得以改觀。在第一、二次世界大戰期間，由於中國把握好戰爭形勢，運用靈活的外交策略，正確選邊，為戰後中國贏得了戰勝國的資格，從而大大提升了中國的國際地位。從這個意義上說，弱國不是無外交，而是更需外交。

歐戰爆發後，中國政府持守中立政策，不介入戰爭；思想界則從熱眼旁觀，到冷靜分析。隨着戰爭的激烈推進，協約國與同盟國兩大軍事集團對壘的局面逐漸失衡，中國把握時機，入場參戰，為協約國輸送華工，這一外交決策為中國在戰後贏得了戰勝國的資格，這是中國外交在國際上打開新局面的重要開端。「中國思想界對歐戰的觀察」梳理了中國各方人士從解析歐戰，到決策參戰的各種歷史文獻，展現了中國外交決策調整的理路和依據。

中國思想界對歐戰的觀察及其分歧，我自感這是當時中國思想界進步和轉向的重要緣起。接下來是《新青年》與《東方雜誌》兩刊就如何認識東西文明展開針鋒相對的討論、五四以後新舊思想能否調和之爭論，最後是圍繞梁啟超《歐遊心影錄》、梁漱溟《東西文化及其哲學》的論爭。這一冊因為篇幅所限，內容做了一些壓

縮，刪減了與梁漱溟《東西文化及其哲學》一著商榷的幾篇文章，
僅保留胡適〈讀梁漱溟先生的《東西文化及其哲學》〉一文，該文
是對梁著批評最中要害、也最尖銳的一篇書評。

　　第五冊《新思潮的傳播與新文化的建構》，收錄文獻內容包
括：一、戰後中國思想界的轉向，二、新思潮的傳播與相互激蕩，
三、問題與主義關係的討論，四、五四以後關於新思想、新文化的
討論。其中「一、戰後中國思想界的轉向」是新設目。通過展示新
思想界對歐戰後世界形勢觀察的材料，可以看出社會主義、「去兵」
思想、社會革命成為當時的思想潮流，中國思想界的面貌開始煥然
一新。

　　五光十色的外來思潮和主義通過新文化運動傳入中國。我們
主要選擇了宣傳俄國革命與馬克思主義，傳播無政府主義、易卜生
主義、實驗主義、新村主義、基爾特社會主義方面的思想文獻，從
這些思想文獻可以看出，社會主義思潮在五四時期影響之大，已成
為當時引領進步思想界的主要思潮。過去我們比較注重馬克思主
義、無政府主義，對新村主義、基爾特社會主義的文獻整理和研究
相對較少，實際上新村主義在當時影響也不小，青年毛澤東受之影
響，在長沙嶽麓山就搞過「新村」實驗。

　　在各種主義紛湧進入中國時，建構主義成為時代的新風潮，
傳輸主義與研究中國實際問題的關係成為當時思想界關注的一個問
題。胡適、藍志先、李大釗三人在《每週評論》發文討論「問題與
主義」之間的關係，這是新思想界內部的一場討論，它對引領思想
界正確把握輸入主義與解決中國實際問題之間的關係有一定助益。

　　「五四以後關於新思想、新文化的討論」這個問題過去研究並
不多，相關的文獻材料卻不少，我們專闢此目，展示了這方面的諸
多文獻，這是一個具有創新意義的設置。通過此節收錄的文獻，可
以發現五四以後，人們對於什麼是新思想、新舊文化的區別、新文

化的內容、新文化運動的教訓等問題都有過認真而熱烈的探討，發表過不同的意見。過去我們研究新文化運動，常常止步於五四，這一目的材料將我們的視野延伸到五四運動以後三、四年時間。

第六冊《社會問題討論與社會解放》，收錄文獻內容包括：一、婚姻家庭問題，二、婦女解放問題，三、社會問題與習俗改革，四、倫理道德與國民性改造。

五四時期是社會解放的時代。新文化運動涉及討論的社會問題包括婦女解放問題、道德倫理問題、貞操問題、男女社交問題、婚姻家庭問題、女子教育問題、兒童問題、人口問題、喪葬問題，討論問題之廣泛可以說前所未有，對這些問題的探討充斥五四前後的各種新媒體，這是一個社會轉型的關鍵時刻。

中國全國婦女聯合會婦女運動歷史研究室編輯的《五四時期婦女問題文選》，內容僅限於婦女問題。這次我們設置了四個專題：一、婚姻家庭問題，二、婦女解放，三、社會問題與習俗改革，四、倫理道德與國民性改造。視域大大擴展，涉及的社會問題更為廣泛。對新文化運動探討這些問題的文獻做了新的精選，力圖反映當時人們研究這些問題的實際思想深度。

家庭是社會最基本的細胞，家庭問題是一切社會問題的根本。五四時期對家庭婚姻問題的討論頗為熱烈。過去人們關注這方面的材料多注重具有革命性意義的材料，實際上，這時期還有一些不乏進步而相對穩健、理性的改良型方案，如楊昌濟〈改良家庭制度芻記〉（《甲寅》雜誌第 1 卷第 6 號，1915 年 6 月 10 日）即從世界的視野，對信奉基督教、回教和在中國的不同家庭婚姻狀況做了比較，對中國固有的納妾制度做了批判。顧誠吾〈對於舊家庭的感想〉（《新潮》第 1 卷第 2 號，1919 年 2 月 1 日）則從學理的角度對於中國舊家庭制度為什麼不曾改革、中國舊家庭所持的思想邏輯（名分主義、習俗主義、運命主義）做了解剖。

　　第三、四個專題尚未見人系統清理，這次新設可以幫助人們了解新文化運動在這方面的主張。蔡元培〈北京大學進德會旨趣書〉（《北京大學日刊》1918 年 1 月 19 日）、胡適〈貞操問題〉（《新青年》第 5 卷第 1 號，1918 年 7 月 15 日日）、李大釗〈廢娼問題〉（《每週評論》第 19 號，1919 年 4 月 27 日）、錢玄同〈論中國當用世界公曆紀年〉（《新青年》第 6 卷第 6 號，1919 年 11 月 1 日）、顧孟餘〈人口問題、社會問題的鎖鑰〉（《新青年》第 7 卷第 4 號，1920 年 3 月 1 日）、劉半農〈「她」字問題〉（《新人》第 1 卷第 6 號，1920 年 9 月 8 日）都是頗具代表性的思想文獻，他們提出的思想主張成為新文化運動的共識，因此具有經典的意義。這些問題在「五四」以後逐漸得以解決，或者要求解決的呼聲成為社會的主流。所以，五四運動作為社會革命的界標的確不可低估。

　　第七冊《新教育、新學術的建構》，收錄文獻內容包括：一、新教育思想，二、從國學研究到「整理國故」，三、新人文學術的建構。

　　新文化運動的一項重要內容是在推廣新教育。從事教育史研究的學者似乎不太關注其與新文化運動的關係。我曾經邀請搞教育史的學者參加在北大主辦的紀念五四運動一百周年國際學術研討會，但他們對此似乎沒有表現出應有的強烈興趣。實際上，新文化運動與新教育密切相關，蔡元培作為北京大學校長，是中國現代大學教育的設計師，也是示範者；他主長教育部時提出的一系列改革，包括廢除尊孔的教育宗旨、取締經科，對儒學意識形態是巨大的衝擊，對中國教育的發展產生了革命性的效應。他整頓北大的舉措使北大從一個舊的官僚養成所變成一個現代性的大學。新文化運動主要是在新學堂、新知識階層、新報刊展開，這些都與新式教育的推廣分不開。我們設置「新教育」的專題，力圖表現新文化運動在教育方面的主張與作為，它可從一個側面看出新教育與新文化運

動之間的關係。蔡元培、范源廉、陳獨秀、李大釗、胡適、蔣夢麟、張伯苓、陶行知諸人發表的新教育主張，展現了新文化人為推進新教育所做的諸般艱辛努力。

　　新文化運動不僅傳輸西學，而且也研究國學。為此我們專題清理了從民初的國學研究到 1920 年代的「整理國故」這一過程中的相關文獻。圍繞國學研究，學術界上至名宿王國維、章太炎、梁啟超，下到新銳胡適、黃侃、朱希祖、毛子水、顧頡剛、鄭振鐸等秉持不同的思想主張，表現出不同的思路，我們精選這些學人有關國學、國故的文章，展現了五四前後國學研究的多元選擇。

　　學術的生命力在於創新。設置「新人文學術的建構」這一專題，就是表現五四時期人文學術的創新及其成就。王國維《殷周制度論》、胡適《中國哲學史大綱》、蔡元培《美術的起原》、梁啟超《清代學術概論》、李大釗《史學要論》、顧頡剛《古史辨》、魯迅《中國小說史略》等，都是這時期具有創新意義的文、史、哲方面的研究成果，它們代表着五四前後中國人文學術的新發展。

　　《復興文庫》所收各冊在統稿時對篇幅設置了上限，即每冊不得超過 40 萬字，以保持各冊篇幅和內容的相對均衡。《新文化運動》卷七冊，共 284.3 萬字，個別單冊已略微超進 40 萬字上限。從篇幅上看，我自感這一卷幾乎達到了飽和狀態。實際上，這已是看校樣後經過刪減後保留下來的篇幅。

三、重新認識新文化運動的歷史作用

　　研究新文化運動須以歷史材料為基礎，通過這次對新文化運動歷史文獻的整理，將為推進新文化運動史打下新的文獻基礎。我個人在整理編輯過程中，對新文化運動歷史也獲致一些新的認識。

　　新文化運動的興起既有特殊的歷史境遇，這就是民國初年的政治、文化環境和國際、國內形勢，又有中國近代社會歷史演變邏輯的內在必然。離開當時的歷史語境，來評估新文化運動的某些思想主張，如反對孔教的觀點，白話與文言之爭，就並不恰當，也很難準確地理解和把握新文化運動的實際內涵。

　　新文化運動本質上是現代性在中國的生成，它與青年、創新、進步、革命、反叛、解放、改造這些行動方案聯繫在一起，這是一場帶有狂飆色彩的文化運動。隨着中國現代化運動達成階段性目標，我們對新文化運動的狂放氣質也會逐漸疏離，但先驅者的精神將長存於世。

　　新文化運動真正將中國帶入到世界文化的潮流中去，中國知識界開始在廣闊的國際視野中尋找出路，將歐美各種新興的主義、思潮、學說引進中國，以民主、科學為準繩，以現代化為目標，中國朝着不可逆的現代化進程發展。我以為新文化運動所指陳的這一大方向過去是、現在仍然是、未來還將是中國發展的必由之路。

　　新文化運動在新文學創作、白話文運動、國學研究、外來文化輸入、新教育推廣方面做出了諸多貢獻，結下了創造性的成果，為中國現代文化的發展打下了新的基礎。隨着這些領域後續出現的發展和升級，新文化運動的許多成果自然顯現出粗糙、偏激、過時甚至老化的一面，對此，我們自不必局促於新文化運動框域的限制，畫地為牢；也不宜因超越前人而妄自菲薄先行者做過的工作。處理好傳承與超越、積累與發展之間的關係，是我們繼續推進中國新文化的必要條件。

　　新文化運動造就、培育了一代新青年。新文化運動代表蔡元培、陳獨秀、胡適、李大釗、魯迅、錢玄同在五四時期大顯身手，引領時代風氣，受他們思想影響的毛澤東、許德珩、傅斯年、羅家倫、鄧中夏、惲代英、周恩來等青年學子迅速成長為現代中國政

治、文化的棟樑之材。與戊戌——辛亥上一代人較早退回到歷史的幕後不同，五四這一代人在中國政治、文化舞台上活動時間明顯要長，他們中有些人活到 1980 年代，晚年在改革、開放的新時期還繼續發揮作用，這說明接受新文化洗禮的新型知識份子更具有旺盛、持久的生命力。

新文化運動作為一場思想文化領域的革命，它實際建構了替代傳統儒學意識形態的現代意識形態。新文化運動時期形成的社會觀、倫理觀、中西文化觀對形塑中國現代新的社會形態提供了觀念性的基礎。一百多年來，中國新文化經過了曲折、艱難的發展歷程，中國社會取得了巨大進步，中華民族的文明程度有了新的提高，中西關係出現了新的變化，當年新文化運動健將們所倡導的觀念、所持守的主張，有的經過歷史考驗而更為堅確，有的因已經消化或時過境遷又逐漸淡化，我們理應與時俱進，適時調整中西文化關係的坐標，確立新的文化自信，為實現中華民族的偉大復興而繼續奮鬥。

原載《中共黨史研究》，2023 年第 6 期。

附

錄

百年回看五四運動——北京大學
紀念五四運動 100 周年人文論壇綜述

　　今年是五四運動一百周年。北京大學是新文化運動的搖籃、五四運動的策源地。為紀念這一具有歷史意義的日子，6 月 22 日－ 23 日，北京大學歷史學系、北京大學五四運動研究中心、北京大學人文學部聯合主辦「百年回看五四運動——北京大學紀念五四運動 100 周年人文論壇」。來自國內北京、上海、天津等地和海外的七十多位專家學者彙聚一堂，交流五四運動研究的最新成果。論壇開幕式於 6 月 22 日上午九時在北京大學第二體育館舉行，北京大學副校長、哲學系教授王博出席並致辭。

　　這次論壇共收到論文五十三篇。其中有十六篇分三場被安排在大會發言，其他三十七篇論文按其內容分六場在小組報告。22 日上午大會發言的十位學者是：中國社會科學院近現代史研究所研究員耿雲志、台北中央大學教授汪榮祖、魯迅博物館研究員陳漱渝、北京大學教授王中江、中國社會科學院近代史研究所研究員楊天石、華東師範大學教授許紀霖、北京師範大學教授方維規、澳門大學教授王笛、首都師範大學教授梁景和、中國人民大學教授楊念群。

　　22 日下午和 23 日上午，會議議程為分組發言和討論。與會學者分別圍繞「國際視野中的五四運動」、「五四運動與中國現代社

會政治」、「五四運動與中國現代思想文化」、「五四運動與中國現
代教育、科學、宗教」、「五四時期歷史人物與思想研究」、「五四
新文學、新學術研究」六個專題宣讀提交的論文並展開討論。

　　23 日上午分組討論結束後，繼續進行大會發言。發言學者
有：北京外國語大學教授張西平、美國羅文大學教授王晴佳、台灣
中研院近代史研究所研究員黃克武、北京師範大學教授李帆、北京
大學教授陳洪捷。最後，論壇召集人北京大學歷史學系教授歐陽哲
生作了總結。

　　參加這次論壇的學者具有三個特點：一是跨學科、跨專業，
來自歷史、哲學、中文、政治、教育、科技、外語等學科，專業背
景的多樣化是這次論壇的最大特點，也可以説是一大優勢。這一優
勢的凸顯之處就是避免對五四運動或新文化運動作單一化的解釋，
提供了不同專業的視角，相互之間可以互補，從而對五四運動或新
文化運動的多重面相、複雜面相作比較全面的解釋。二是參會學者
來自不同地域，不同國別，這次論壇雖未稱國際會議，但參加論壇
的學者來自中國大陸、中國台灣、澳門，還有美國、日本、韓國的
學者。這些地域背景迥異的學者帶來研討五四運動不同視角，很明
顯的增加了這次論壇的地域特色。三是參會學者來自不同年齡段，
可謂老、中、青三代的絕妙結合。老一輩有年過八旬的楊天石、耿
雲志先生和接近八十的汪榮祖、陳漱渝，中年學者是這次會議的主
力，四十五歲以下的青年學者也有十餘位。三代學者之間所表現的
學術視域和研究方式雖有差異，但在追求創新和求知這一點上並無
實質的區隔。

　　提交論壇的論文就其關涉的內容和取得的新的拓展，主要體
現在如下六個方面：

　　一是大力拓展五四運動史的國際視域，將五四運動置於世界
視野中去考察。五四新文化運動與世界存在着密切的互動關係，新

文化之所以新，主要是援西入中，充分吸收歐美近世文明的優秀成果，窺取世界歷史的發展方向。過去五四運動史研究在這方面比較薄弱。王笛關注到美國主流媒體，諸如《紐約時報》、《基督教科學箴言報》、《華盛頓郵報》、《洛杉磯時報》等對中國的報道，考察五四運動以後至華盛頓會議期間，美國對華態度和政策形成的社會基礎，他特別提到美國媒體在考慮支持中國時，把支持當前中國政府，還是扶持中國人民走向法治和民主，區別得很清楚，並因此出現了不同的聲音。孫江指出五四事件在日本輿論界引起了軒然大波，著名大正德謨克拉西代表吉野作造與眾不同，對「五四」中國學生抗議「侵略的日本」深表理解，進而提出了「和平的日本」與中國國民「提攜合作」的訴求，為此寫信給李大釗，並派人與《晨報》記者淵泉、李大釗聯繫。「五四」事件一年後，北京大學學生得以組團訪問日本，但兩國學生的思想出現了新的轉向，大家更關心的是「過激思想」——蘇俄革命，披露了五四時期中日知識界互動不為人知的另一段史事。臧運祜指出五四前後的民國學界，關於「近代中日關係」的歷史著述進入一個高潮時期，他選擇這一時期出版與再版的關於「近代中日關係」的五個版本，圍繞其「國恥」意識之下的歷史書寫問題，分別進行了論析，認為民初學界在「國恥」意識之下對於「近代中日關係」的歷史書寫，同樣也是近代民族主義的建構過程之一步、塑造工程之一部。侯中軍注意到，五四運動前英國駐華外交情報系統開始監視中國的布爾什維克活動情形，五四運動後加強了此類監視活動。其監視對象主要是無政府主義者與工人運動背後有無俄國革命者的支持。英國將中國蓬勃興起的工人運動視為傳統中國政治運動的延續，不認為中國具備發展社會主義的土壤。陳友良認為，辛亥五四期間的政論家通過同人報刊論政，尤其是具有留英背景的《甲寅》、《太平洋》雜誌，他們的辦刊理念其實是受到英國同人政論報刊觸發的，並立志予以效

仿，他們樸實說理，勇於發表，敢於主張，用一種科學客觀的態度幫助改良政治和啟蒙社會，為新生的民國奠定思想基礎。毛明超考察了早期《新青年》中的德國想像，他發現自 1915 年創刊以來，《新青年》始終關注德國，但其側重與態度則有變化。最初的對德興趣主要集中於軍事層面：德國在「一戰」初期的勝勢使得軍國主義被視為重塑青年與民族救亡的必由之路。同時，《新青年》中所倡的獨立自主與個性解放，乃至「新思潮」之核心的批判態度，其基礎正來源於德國哲學家。這時《新青年》中的德國想像具有雙重性：一方面以之為鏡效法而自強；另一方面對德國社會主義政黨與自然主義文學的關注，最終轉化為對馬克思主義接受。儒學與五四運動的關係問題，涉及到如何理解儒家思想與啟蒙運動所代表的現代性的關係問題。張西平從「世界看儒學」為出發點，詳細展開儒家文化在歐洲的傳播以及它對歐洲啟蒙運動的影響，在更為宏闊的文化場域來揭示儒家文化的世界影響及其現代性意義。顧鈞以胡適和西方漢學家王克私、恒慕義作為例證，評述了最早介紹五四「文學革命」的英語文獻。他們提交的論文都是作者長期經營、關注的領域，運用了大量外文文獻材料，可謂經心打造的力作。這一組論文還有一篇來自日本竹元規人、一篇來自韓國孫成旭的論文，他們對五四時期中日之間的社會思潮的互動與比較，1920 年代韓國對五四運動不同聲音的轉變作了探討，顯示了其特有的國別視角。

　　二是對五四運動與中國現代學術、思想、文化的歷史關係提出了諸多新的觀點，加深了對新舊文化交替的理解。耿雲志認為不可簡單地將梁漱溟《東西文化及其哲學》歸結為文化保守主義。梁氏明確承認接受西方文化是不可避免的，他不贊成調和的態度，從抽象的議論看，梁氏的這本書除了讚揚孔子之說，其餘的議論與西化派、新文化派並無太大的分歧。對梁氏此書做了新的解讀。許紀霖提到五四新文化運動期間，圍繞着新舊與中西文化，曾經有

過三場論戰:《新青年》與林琴南、陳獨秀與杜亞泉、張東蓀與傅斯年之間的辯論。前者被認為是「新派」,而後者則是「舊派中的新派」。他們之間的區別,與其說是知識上的新舊,不如說是對傳統的態度不同。經過這三場論戰,《新青年》在口岸城市中大獲全勝。張旭東以「白話革命」為中心,重新認識這場運動給現代中國文化思想結構秩序帶來的奠基性影響。他認為,離開白話文就沒有新文化、沒有新國民、沒有新社會。在文化和歷史的雙重意義上,白話革命不僅再造了一種新的、具有制度意義的國民語言,而且在此基礎上進一步開闢出一個全新的文化空間、思想空間、政治空間乃至道德—情感—審美空間。這種新的「符號秩序」(symbolic order)既是現代文化的形式基礎,也是它的道德基礎。方維規對「封建」一詞的歷史涵義在新文化運動以後的變異,以及後來人們以之對新文化運動的定性和追認做了考察。李帆論述了民國初年北大內部桐城派與章門弟子的關係問題,這是新文化運動得以在北大發生、發展的關鍵所在。就史實而論,將桐城派驅除北大客觀上起到為「文學革命」掃清障礙的作用,使得北大整體上趨向新文化運動。這一舉動淵源於章門弟子與桐城派的「駢散之爭」,背後的實質乃為「漢宋之爭」。章門弟子對桐城派的種種責難,不僅基於文學和思想主張的差異,也夾雜着「學者」對「文人」的輕蔑態度。就新文化運動的歷史前提和時代語境而論,為「新」文化做鋪墊的一些思路和做法仍為「舊」。馬勇認為在新文化運動中雖有左中右的區別,但大體上說他們都是新文化運動中一個份子,只是在某些問題上偏於激進,或偏於保守,偏於守成,或堅守中立,置身於局外而已。從這個意義上說,所謂的新舊衝突是存在的,但其性質可能並不像過去所評估的那樣嚴重,他們的交鋒與交集,其實就是你中有我,我中有你,新中有舊,舊中有新的狀態,沒有嚴格意義上的絕對的新,也沒有嚴格意義上的絕對的舊。鄒小站提到新文化運

動興起之初，其思想傾向、思想議題都與民初思想直接相關，其關
注個人權利與個性解放，其思想啟蒙的路向選擇，其對於儒學（孔
教、禮教）的激烈批評態度，都淵源有自，並非憑空而來。他指
出，這一時期的思想有兩個重要的轉向，即從國家主義、強有力政
府論轉向關注個人權利、關注國民的自我發展，從側重政治改造轉
向側重於社會改造、思想文化改造。民初的孔教運動以及圍繞孔教
問題的思想爭論，廣泛而激烈，是後來新思想界激烈批評傳統的重
要緣由。羅檢秋批評目前的五四研究大抵偏重於思想觀念和政治事
件，對其學術根基缺少探討。在思潮變幻、主義風行的激情歲月，
學術的社會角色被無形遮蔽了。五四思潮的發動、參與及稍後的詮
釋者大多是知識精英。他們大體注重思想革新，而又浸潤於古今中
西之學。當研究者着眼於中西文化的特殊性，糾結於中西文藝復興
的差異及其政治關聯時，則中國「文藝復興」說不免牽強附會。但
如果探析其學術基礎及源流，注意其與近代學術多元化的內在一致
性，則其思想意義和文化價值鮮明可見。張昭軍認為五四時期中國
史學的文化轉向，既是清末文明史研究的繼續和深化，又很大程度
上與新文化運動相關。新文化運動立足現實而展開的文化討論，需
要從歷史上尋求論據和解答。新文化運動所促動的中國現代學術轉
型，史學是其重要成員。在胡適等將「國故」整理成現代學術的方
案中，文化史研究擔當了樞紐和轉換器的角色。五四時期中國史學
的文化轉向，以魯濱遜的新史學為外源，以胡適、梁啟超倡導最為
有力，以柳詒徵的《中國文化史》成就最為突出。文化轉向涉及到
學術觀念、理論方法、研究對象、學科體制等方面，影響廣泛。王
風認為「人的文學」也好，「為人生的藝術派的文學」也好，這個
以「人」為中心的文學主張的提出，為新文學注入了實質性的內
容，使其與以往的文學，尤其是以往的白話文學區別開來。以往的
白話文學作為通俗文學，其製作基本上是迎合社會心理和商業需

求，而關注於「人」的新文學則有自己鮮明的內核。也正是這個「人」字，使得新文學脫離歷史上白話文學的慣性，由俗文學轉化成了雅文學。「個人主義」是「五四」時期最重要的思潮之一，楊念群對個人主義在現代中國的歷史命運及其興衰做了論述，他認為「個人主義」對於渴求個性解放和個人獨立的五四青年具有巨大的影響力。但「五四」新文化運動之後不久，對「個人主義」的正面闡揚逐步退潮，與奉獻「國家」、「社會」相比，單純追求個人獨立幾乎成為「自私自利」的代名詞，反復遭到批判。其原因有二，一是「個人主義」與中國崇尚群體道德倫理的傳統相抵觸，二是「一戰」以後社會主義思潮興起，「個人主義」作為資本主義私有制產生的理論基礎，其啟蒙價值遭到嚴重質疑。翁賀凱認為學界對基爾特社會主義在五四時期的傳播存在泛化的傾向，不加區隔將所謂「研究系」知識份子整體上視為基爾特社會主義思想的信奉者與傳播者。細審研究系諸人在五四時期的相關言論可見：張東蓀確是其時基爾特社會主義在中國最重要的主張者；蔣百里雖一度傾心基爾特社會主義，但他對費邊社會主義同樣持欣賞的態度；梁啟超事實上從未公開表示傾向基爾特社會主義；而張君勱更是多次明確批評基爾特社會主義的「職能民主」思想不可行，明確傾向於其時德國社會民主黨的國家社會主義和與之親和的英國費邊社會主義思想。細細品味，這些觀點對新文化運動在學術、思想、文化方面的面相及其源流研究做了諸多新的拓展和闡述。

　　三是重新梳理了五四運動與中國現代社會政治的關係，別開生面地對五四政治史的內容做了新的發掘。五四運動對中國現代社會政治影響巨大，甚至可以說五四運動開啟了中國現代社會政治的諸多方面，但是過去有關五四運動與中國現代社會政治的研討，卻並不能令人滿意。張寶明認為，就對中國現代政治模式產生重大影響的政治文化而言，五四新文化運動走過了從文化運動到政治文化

運動的發展過程。近代以來，從專注於西學知識的引進，到超越於西學知識進而上升為文化政治的運作與政治文化的建構，一個以馬克思主義意識形態為引領的先進政治文化在上個世紀二十年代生根開花。梁景和認為，五四時期是思想文化的開放時代，這一文化開放時期形成了一股影響深遠的婚姻自由思潮，正是在這個思潮的激蕩下，人們認識到中國傳統婚姻文化存在諸多陋弊之處，需要變革與改造。改造的重要目的是要滿足個體的情感需要，而情感需要是人性的本質之一。五四時期倡導的婚姻自由思潮具有提高個體生活質量，增強個體生活幸福感的功能，故當肯定之。歐陽哲生利用檔案文獻對北洋政府如何處理五四運動的歷史面相做了新的揭示，力圖呈現當時北洋政府與運動人士互動關係的複雜面相，以對五四運動這曲大戲的戲劇性演變情節有更為周到、深入的了解，避免對北洋政府簡單化、臉譜化的理解。郭雙林提及最近人們注意到信息傳播與五四運動的關係，並出現了一批相關研究成果，他在此基礎上，從傳播學的角度，對 1919 年的五四事件做出新的解釋，內容涉及「電報與共時性場域的建立」，巴黎和會上山東問題的提出，五七國恥日與五四事件的關係，「支」電與上海「六三」運動的關係，「通電」即參與，他對「政治時間」，即現代政治生活中政務處理的時間性問題作了新的探討。王續添認為五四運動開啟了中國現代國家的再造和重建的歷史進程，開啟了中國現代國家構建和民族復興的新航向。五四前中國現代國家初創和改造的挫敗，對西式即歐美式共和國的幻滅，從而引發了人們開啟中國現代國家非西方模式的新探索。金安平以北京大學政治學系參與五四運動的學生後來的分化與發展為案例，說明五四運動對許多青年學生來說是政治社會化過程中的重要環節和重要事件，但他們的政治成長是經歷多次選擇和多種選擇才完成的。有的人在被「五四」喚起的政治價值和政治熱情中奮鬥了一生；更多的則是從五四的波瀾壯闊中回歸日

常，在中國近現代整個政治轉型時期，另有政治選擇。政治學專業的學生並沒有表現出比其他專業的學生更強烈的政治熱情和政治偏好。程美東認為，五四是新知識群體對於國家被列強踐踏、社會被無能腐敗的官僚階層統治失望的悲情意識的激情表達，五四標誌着新式精英知識群體以整體的自覺來承擔中國現代化發展的重任，五四也標誌着以下層民眾為主體的社會革命運動開始愈來愈發揮其對中國現代化的影響了。田嵩燕認為，作為一個政治、思想派別的國家主義派是在五四一代分化重組的背景下出現的。國家主義派在組織上源起於少年中國學會內部的分裂及其成員在政治上的重組，在思想上源起於新文化陣營的思想分化及後五四時代的思想觀念之變遷。在五四之後新文化運動轉向政治運動的時代背景之下，國家主義派也從一個鬆散的思想同盟轉型為正式的政黨組織。過去人們談論政治史的話題通常都是宏大敘事，而這些論文大多卻是以具體史事為對象，敘史方式主要以材料為依據，而不是大量地闡釋理論，這對改寫政治史不啻是新的嘗試。

四是關注五四新文化運動在宗教、教育、科學這些專門領域的推進，拓展五四運動史的研究範圍。新文化運動與中國現代宗教、教育、科學關係極為密切，過去在這方面雖有一些成果，但與會者都指出其比較單薄。王中江通過不同的方面呈現出新文化運動中宗教觀的複雜面貌和內涵，證明為什麼說它是多元的，並藉此擴大和深化對新文化運動「多元性」的認知。王揚宗從科學教育納入國民教育體系，學會、研究所的學術機構的建立，評議會構建的學術獨立體制三個方面論述了五四運動與中國現代科學建制化的關係。科學何以能夠在中國戰勝儒學，贏得胡適所言的「無上尊嚴的地位」？周程考察新文化運動時期科學大潮的特徵後發現，民國初期之所以「沒有一個自命為新人物的人敢公然譭謗『科學』」，主要是因為科學與儒學相比在研究對象和宗旨的設定、研究手段和方

法的選擇等方面存在顯著差異，前者明顯佔有優勢。但是，科學與儒學均有各自的社會功用，故既不能以儒學抵制科學，也不能用科學取代儒學。科學與宗教關係是五四新文化運動的重要議題。自近代新知識份子發起新文化運動後，知識界對科學與宗教的關係進行了持續不斷的思考和爭論。張永超認為，「五四」時期的「反孔」、「非耶」等思潮不應被孤立看待，應當尋求不同個體事件間的「一貫之道」。從思想演進層面看，從「反孔」到「非耶」是一種邏輯進展；從思想依據層面看，以孔子為代表的儒家理性傳統則是「非耶」的緣由之一。在「非耶」思潮中人們可以看出「復古」思潮的再現，由此「反孔」、「非耶」與「復古」思潮形成一種三重奏局面，這構成了「五四」時期思想理路的內在困境。岳亮以五四「四大副刊」之一的《晨報副刊》為例證，以 1922 年出現的「非基督教運動」的大討論為中心，探討了科學與宗教之間的新型關係。《晨報副刊》主張科學與宗教的二元並立，提出宗教與科學的互相容納與互相吸收，破除了舊信仰舊文化後新信仰的構建可以包括宗教在內，將思想界、文化界、教育界許多著名人物捲入其中，掀起前所未有的討論熱潮。新文化運動的訴求與教育密切相關，但是迄今關於新文化運動的研究很少涉及其教育思想。陳洪捷嘗試從總體上分析新文化運動的教育觀念，認為新文化運動的教育觀念呈現出三種既相關、又不相同的取向，一是以陳獨秀為代表的政治、道德教育觀，二是以蔡元培為代表的精英主義教育觀，三是以陸費逵、黃炎培為代表的實利主義及職業主義的教育觀。相對來說，這一組論文的專業知識含量比較高。作者多為這些領域的專門學者，帶有強烈的專業化傾向。

　　五是對五四人物及其思想的研究持續推進，在材料和闡釋兩方面都做了新的發掘。論壇集中研討的人物為蔡元培、梁啟超、胡適、魯迅、李大釗、錢玄同、成舍我。楊天石發掘了一批錢玄同與

錢秉雄、錢三強父子之間的未刊家書，解讀了內含與五四新文化運動相關的信息。胡軍從蔡元培既同情，又不滿學生運動，對學生運動素抱的「成見」，認為學生的重任在於研究學問三方面討論了蔡氏對五四運動的基本態度和看法。楊金榮指出，胡適對「五四」的紀念，更多的是個人和集體記憶與認同。不同身份的胡適，在紀念「五四」時投射進了現實關照。胡適紀念「五四」不願觸及國民黨威權統治的忌諱，折射了「五四」之後自由主義所面臨的艱難境地；胡適紀念「五四」主要以現場演講形式建構的物質空間、以報刊文章建構的精神空間和以廣播演講建構的「第三空間」，這既是社會環境的限制，也是「五四」之後自由主義者容忍的結果。席雲舒根據胡適英文論著中對於「中國的文藝復興」的系統論述，將胡適與五四時期留日知識份子進行區分，將歐洲文藝復興和啟蒙運動進行區分，並將胡適「中國的文藝復興」思想與法國和德國兩種啟蒙主義思想資源進行比較，論證了胡適「中國的文藝復興」思想並非來自十八世紀歐洲的啟蒙運動，他所闡述的是中國宋代以來的人文主義和理智主義的再生運動，這一運動與歐洲十四至十六世紀的文藝復興具有歷史的內在一致性。彭姍姍基於新發現的杜威《社會哲學與政治哲學》系列講演的英文原稿，以及當時發表的四個不同版本的中文記錄稿和一個版本的英文記錄稿，考察胡適在 1919 至 1920 年間關於杜威「社會哲學與政治哲學」系列講演的策劃和翻譯。她揭示了胡適這一翻譯行為可以被視為一種有目的的政治行為，即，進一步回應「問題與主義」之爭，有意與馬克思主義等社會思潮爭鋒，與陳獨秀競爭《新青年》的主編權，以引領一種「自由主義」的思想文化路向。姜異新談到魯迅對於五四新文化運動的抵抗性問題，作為五四新文化運動的健將，魯迅何來抵抗之說？原來魯迅對於五四事件的無記載、零敘述是對主流新文化敘述逐漸敷演出渲染性與轉喻性的抵抗；魯迅反諷敘述模態對蘊含着線性進化觀的新文

化思維的有力抵抗；魯迅對於整個五四新文化運動文學話語維度的
反思，這些都是魯迅「抵抗性」的表現，而其抵抗的精神支點立基
於自決的主體。王憲明考察了李大釗〈青春〉一文的寫作時間與語
境，研探了李大釗〈青春〉等文的思想主旨及「青春」思想的主要
內涵，在此基礎上進一步分析了李大釗「青春」思想在中國近代思
想文化發展史上的貢獻和重要地位。侯杰、殷樂指出 1919 年爆發
的五四運動，對正在北京大學求學的成舍我的人生觀和職業選擇產
生了重要影響。成舍我的辦報理念和辦報活動，可以從一個側面見
證五四時期成長起來的知識份子所經歷的時代風雨的洗禮，以及所
面對的現實困境和自我選擇、奮起和抗爭，為人們更好地認識和理
解五四運動提供了一個案例。韓策討論了梁啟超和章宗祥的關係，
發現他倆之間其實有不少公私交往，而且並非無足輕重，勾勒了梁
啟超與章宗祥比較「隱晦」的關係，成為該文的用力所在。

　　六是對五四運動的評價與歷史紀念做了新的闡述。汪榮祖反
思了五四運動的三點負面影響，他指出五四最大的影響是西化，惟
西方馬首是從，甚至中國歷史都要由西方人來講；五四既將現代化
等同西化，不知西方也有其現代化的過程；新文化運動由於愛國運
動的激盪，浪漫壓倒啟蒙，所謂啟中國之蒙的西潮也是十九世紀以
來的浪漫風潮，已失十八世紀的啟蒙精神。陳漱渝認為，五四新文
化運動不是中國優秀傳統文化的線性延伸，而是中華文明的再造，
相當於鳳凰涅槃，浴火重生。這火種不是採自清末，更不是採自明
代。五四新文化運動是世界潮流衝擊的產物，引發中國文化發生現
代性質質變的，不是「傳統」，而是「西潮」。王晴佳從學術美德、
學術角色、學術風氣三個維度考察了五四這一代學人發生的新的變
化，他提示處在成長期的五四學人這三者之間辯證和複雜的關係值
得重視和進一步研究。黃克武討論了 1950 年代港台政論雜誌之中
自由主義者與新儒家如何以五四為議題來批評國共兩黨，以及國民

黨如何結合自由主義與新儒家之觀點來闡述自身立場。他指出近年來對於五四意識形態化的批評與反省，其實也正是五四學術化的一個重要契機。劉一皋以 1948 年之平津五四紀念為分析對象，以報刊為主要材料依據，指出作為這一變革時期的重要歷史資源，五四紀念所包容的意義，更為豐富且複雜。其原因一是此類報刊材料數量較大，內容多樣化，基本能夠反映五四紀念的各個層面；一是五四紀念作為一種不斷強化並調適的集體歷史記憶的形式，公開材料能夠更清晰地反映歷史重塑的特點與疑點。楊琥通過梳理五四以後國民黨在各個歷史階段對五四運動的評價和詮釋的材料，發現國民黨人對五四運動的闡釋，始終未能建立一套獨立的、自成體系的話語；其內部關於五四運動的認識和評價，也不完全一致。表面上看，這似乎是一件微不足道之事，但實際上，這也是國民黨在思想輿論領域失敗的原因之一。李學智從關於五四運動的領導權、性質及其歷史意義、關於「全盤反傳統」與「全盤西化」、關於人物評價、關於研究的內容、視角、方法四個方面回顧了近七十年來不同時期學界對五四運動的認識和評價，認為不同時代的政治特點和社會狀況影響了人們對於五四運動的認識。

　　為期一天半的人文論壇日程緊湊，收穫滿滿。論壇的論文材料豐富，視角獨特，知識密度大，體現了五四運動史研究的新進展。與會者可以說享受了一場學術盛宴，一場學術同仁的歡聚，一次令人難忘，必將給與會者留下深刻記憶的人文論壇。參會學者提供的高質量、高水平論文和精彩迭出的報告，是這次論壇成功的精華所在。大家的互相配合、共同努力，終於將這次人文論壇辦成了一次高規格、高質量的人文論壇。會後將結集出版論文集，以向學術界展示這次人文論壇的豐碩成果。

載《中共黨史研究》，2019 年第 7 期

□ 責任編輯：黎耀強
□ 裝幀設計：簡雋盈
□ 排　版：時潔
□ 印　務：劉漢舉

政治與文化的雙重變奏
——五四運動的本事、紀念與詮釋

□ 著者
歐陽哲生

□ 出版
中華書局（香港）有限公司
香港北角英皇道 499 號北角工業大廈一樓 B
電話：（852）2137 2338　傳真：（852）2713 8202
電子郵件：info@chunghwabook.com.hk
網址：http://www.chunghwabook.com.hk

□ 發行
香港聯合書刊物流有限公司
香港新界荃灣德士古道 220-248 號
荃灣工業中心 16 樓
電話：（852）2150 2100　傳真：（852）2407 3062
電子郵件：info@suplogistics.com.hk

□ 印刷
美雅印刷製本有限公司
香港觀塘榮業街 6 號海濱工業大廈 4 樓 A 室

□ 版次
2023 年 11 月初版
2024 年 5 月第二次印刷
© 2023 2024 中華書局（香港）有限公司

□ 規格
特 16 開（230 mm×155mm）

□
ISBN：978-988-8860-89-0